高等学校教师岗前培训教材

高等教育心理学（第2版）

主编 冯 维

GAODENG JIAOYU XINLIXUE

西南大学出版社
SWUPG 国家一级出版社 全国百佳图书出版单位

图书在版编目(CIP)数据

高等教育心理学 / 冯维主编 . -- 2版 . -- 重庆 : 西南大学出版社, 2025. 4. -- ISBN 978-7-5697-3065-4

Ⅰ. G44

中国国家版本馆CIP数据核字第2025WF7960号

高等教育心理学(第2版)

主　编:冯　维

责任编辑:路兰香
责任校对:熊家艳
装帧设计:汤　立
排　　版:夏　洁
出版发行:西南大学出版社(原西南师范大学出版社)
　　　　地址:重庆市北碚区天生路2号
　　　　邮编:400715
　　　　市场营销部电话:023-68868624
印　　刷:重庆天旭印务有限责任公司
成品尺寸:185 mm×260 mm
印　　张:17
字　　数:291千字
版　　次:2025年4月第2版
印　　次:2025年4月第1次印刷
书　　号:ISBN 978-7-5697-3065-4

定　　价:38.00元

前言

高等教育心理学是一门理论性和应用性兼备的学科，着重研究高等教育情境中学与教的各种心理活动和规律。高等教育心理学是高校新教师上岗培训，取得高校教师资格证的一门必修课程，对提高高校新教师的教育心理学素养、教育教学能力具有十分重要的作用。

我国自20世纪以来，先后出版了多本高等教育心理学教材。笔者先后在重庆出版社和西南大学出版社主编出版过高等教育心理学教材。为适应高等教育不断改革与发展的需要，以及结合教材使用反馈信息，需要对西南大学出版社于2020年出版的《高等教育心理学》进行内容修订。针对本教程修订特做如下说明：

考虑到高校新教师上岗培训时间短、要求高、针对性强等特点，我们在修订中突出了教材的基础性、经典性、实用性和新颖性。在保留原有核心内容的基础上，我们积极吸纳发展心理学、心理健康教育、社会心理学及教育管理学等领域的最新研究成果，从多元视角系统阐述高等教育心理学的基本理论与原理，深入剖析高校师生的心理现状与问题，并提出切实可行的教育对策。

本次修订对第二章和第六章进行了重新撰写，并在其他章节中补充了高等教育心理学研究的一些新进展和新成果，丰富与完善教材的内容。修订后的《高等教育心理学》共三编九章。

第一章导论。着重阐明大学生的心理现象与实质、心理发展的特点，以及影响大学生心理发展的因素，使高校教师对大学生的心理发展有所了解。

第一编大学生的学习心理。包括第二章学习理论、第三章大学生的学习动机、第四章大学生的知识学习、第五章大学生的学习策略，使高校教师能够认识到大学生学习动机的重要性，领会大学生学习内容的多样性，注重对大学生学习能力的培养。

第二编大学生的德育心理。包括第六章大学生的规范学习、第七章大学生的心理健康，使高校教师认识到大学生规范学习与心理健康的重要性，从而提高大学生的品德修养与心理健康水平。

第三编大学生的教育管理心理。包括第八章大学教师心理、第九章大学生班级群体心理与管理，使高校教师更好地认识自己的教育教学及管理工作，不断提高教育、教学质量和管理水平。

本书由西南大学冯维教授主编，对全书进行统稿；参加本书修订的同志分别来自西南大学、鲁东大学、重庆医科大学、红河学院、重庆机电职业技术大学等单位。各章修订执笔人分别是：冯维（第一章、第二章、第四章、第六章），王云峰（第三章、第九章），张美峰（第五章），赵海钧（第七章），李丹（第八章）。

本书是在借鉴、参考和引用大量文献资料的基础上完成的。限于篇幅，我们只列出了主要参考文献，对相关的论文和著作未能一一列出，谨此向有关作者表示衷心感谢。

冯维

重庆北碚茵梦湖

2025年4月

目录

第一章

导论 1

第一节 大学生的心理现象 1

第二节 大学生的心理发展 10

第三节 大学生心理发展的影响因素 14

第一编 大学生的学习心理

第二章

学习理论 28

第一节 学习的概述 28

第二节 行为主义学习理论 33

第三节 认知派学习理论 42

第四节 人本主义学习理论 47

第五节 建构主义学习理论 50

第三章

大学生的学习动机 57

第一节 学习动机概述 57

第二节 学习动机理论 61

第三节 影响大学生学习动机的因素 66

第四节 大学生学习动机的培养和激发 72

第四章
大学生的知识学习 79
第一节 知识学习概述 79
第二节 陈述性知识的学习 85
第三节 程序性知识的学习 90
第四节 知识的转化与迁移 97

第五章
大学生的学习策略 111
第一节 学习策略概述 111
第二节 学习的认知策略 114
第三节 学习的元认知策略 122
第四节 学习资源管理策略 127
第五节 学习策略的教学 130

第二编 大学生的德育心理

第六章
大学生的规范学习 140
第一节 规范的概述 140
第二节 大学生的态度形成与改变 144
第三节 大学生的品德发展与培育 156

第七章
大学生的心理健康 172
第一节 心理健康概述 172
第二节 大学生常见的心理健康问题 181
第三节 大学生心理健康问题的成因 185
第四节 大学生心理健康教育的内容 188
第五节 大学生心理健康教育的途径与方法 192

第三编　大学生的教育管理心理

第八章

大学教师心理　202

第一节　大学教师的社会角色　202

第二节　大学教师的威信与师爱　208

第三节　大学教师的能力素质　213

第四节　大学教师的心理健康　222

第九章

大学生班级群体心理与管理　231

第一节　大学生班级群体心理概述　231

第二节　大学生班级的常见群体心理　235

第三节　大学生班级管理中的人际沟通　245

第四节　大学班集体的形成与管理　250

参考文献　257

第一章 导论

【内容提要】

高等教育心理学是研究高等教育情境中学与教的各种心理活动和心理规律的科学。高等教育心理学的研究对象,一是大学生,二是高校教师。本章着重阐述与分析大学生的心理现象,大学生的心理实质,大学生的心理发展特点,以及影响大学生心理发展的诸多因素。搞清楚这些基本问题,对学好高等教育心理学具有重要的意义。

【学习目标】

了解大学生心理现象的主要内容,理解大学生心理现象的实质,掌握大学生心理发展的特点,能够运用所学的知识分析影响大学生心理发展的诸多因素。

【学习重难点】

学习重点:大学生心理发展特点及影响因素。

学习难点:大学生心理的实质。

第一节 大学生的心理现象

大学生是青年中有理想、有文化、朝气勃勃、热情进取的群体,是一个国家与民族发展的希望,是推动社会进步的重要新生力量。大学生在生活与学习中,必然会产生各种主观的活动和行为表现,这就是心理现象。心理现象与每个大学生息息相关。大学生无论是学习、生活,还是从事各种活动或科学研究,都伴有心理现象。

一、大学生的心理现象

从大学生心理产生的角度,可以把大学生的心理现象分为三个主要方面:

(一)心理过程

大学生的心理从产生到发展是一个动态的过程。心理过程是指大学生心理活动的加工程序,包括心理事件的相互作用和相互转化的加工进程。通常把大学生的认知过程、情绪活动、意志活动统称为心理过程。

认知过程是大学生获取知识和运用知识的心理过程,包括感觉、知觉、记忆、思维、想象等。大学生对事物的认知总是从感觉和知觉开始的,感觉与知觉是认识世界的门户。大学生在学习、生活、活动的过程中,有许多事物直接作用于他们的眼、耳、鼻、舌等感觉器官,从而获取这些事物的颜色、形状、声音、气味、滋味、软硬、粗细、冷热等个别属性的信息,这就产生了视觉、听觉、嗅觉、味觉、触觉、温度觉等各种感觉。知觉反映事物的整体及各属性之间的关系,如大学生认出毕业的高中同学,看到了美丽的景观。感觉和知觉常常是同时发生的,因而也称为感知。凡是过去大学生感知过的事物、思考过的问题、体验过的情绪、操作过的动作,都可以以映像的形式储存在他们的头脑中,在一定条件下,这种映象可以从他们的头脑中提取出来,这个过程就是记忆。如大学生能够回忆教师上课的内容,想起一部电影的情节和人物的言谈举止。大学生在各种活动中,为了完成一定的任务,达到一定的目的,需要解决许多问题。如撰写一篇论文、设计一项工程、构思一幅图画等,都需要动脑筋、想问题,这就是大学生的思维。思维是对事物本质和规律的间接的概括反映。例如,大学生通过对电闪雷鸣的感知,了解其知识、原理和规律。大学生在感知、记忆、思维的基础上,还需要在头脑中创造出新事物的形象,这就是想象,如想象到国外留学的生活情景,外星人的形象。大学生的感知、记忆、思维、想象,都必须有注意的参与,注意总是伴随着大学生的各种认知过程。注意是这些认知活动的共有特性,是认知事物的必要条件。

在认知客观事物的过程中,大学生总是以某种态度来对待它们,内心会产生一种特定的体验,如高兴、满意、悲伤、痛苦、愤怒、焦虑等,这些都是他们情绪、情感的不同表现。情绪、情感是与大学生的生物性需要和社会需要相联系，具有特定主观体验、外显表情和生理变化的心理活动。

大学生认识世界，是为了适应社会、改造社会、服务社会。为此，就需要他们提出奋斗或生活的目标，制订计划，选择达到目标的途径与方法，并且要克服在实现目标过程中所遇到的各种困难和障碍，并坚持努力下去，以达到预期的目标。这种有意识、有目的、有计划地调节和支配大学生行动的过程就是意志活动。

大学生的心理是认知过程、情绪活动、意志活动的统一体。在现实生活中，大学生的认知、情绪与情感、意志是紧密联系、相互作用的。一方面，大学生的认知活动是其情绪和情感、意志产生的基础，能够推动大学生的情绪、情感和意志的进一步发展。例如，一个大学生认识到学习的重要性和必要性，就会孜孜不倦地热爱学习和勤奋学习，克服在学习中遇到的各种困难，争取取得优异的学业成绩。“知之愈深，爱之愈切”“知识就是力量”就是指认知活动对大学生情绪、情感和意志的影响。另一方面，大学生的情绪、情感和意志也影响着他们的认知活动。大学生积极的情绪、情感能够激发或促进他们的认知活动，使他们的感知更加敏锐、记忆更加完善、思维更加深刻、想象更加丰富，而大学生消极的情绪、情感则会阻碍他们的认知活动，使其感知木讷、记忆衰退、思维迟钝、想象贫乏。由此可见，积极的情绪与情感对大学生的学习、生活会产生重大的影响。大学生在采取意志行为、克服困难、改造客观世界的同时，又可以不断提升自己的认知能力，加深对客观世界的认识。例如，大学生在克服学习困难的过程中，会进一步加深对所学知识的理解。此外，大学生的情绪、情感和意志也是密切联系、相互作用的。大学生的情绪、情感既可以成为他们意志行动的动力，也可以成为他们意志行动的阻力，而大学生的意志也可以控制和调节自己的情绪和情感。

（二）个性心理

每个大学生都是独立的个体，各自都有自己的精神面貌，记录着自己的生活史。个性是指一个大学生总的精神面貌，它反映的是大学生之间稳定的心理差异的特征。个性心理既与一个人的先天素质有关，也与其生活经验和学习有关。个性心理一般分为下面两方面：

1. 个性心理特征

个性心理特征是大学生独特的多种心理特征的组合。它集中反映个体心理面貌的稳定的类型差异，从而把众多的大学生区分开来。例如，有的大学生积极上进，有的大学生则甘于平庸。古语“人心不同，各如其面”就是这个道理。大学生的心理差异主要表现在其能力、气质和性格方面。例如，有的大学生具有较强的写作才能，有的大学生具有体育和音乐才能，还有的大学生具有较强的绘画才能等，这些都是大学生在能力方面的差异。在性格方面，大学生之间的差异也很大。例如，有的大学生比较急躁、冲动、情绪化，而有的大学生则冷静、克制、理性、开朗。在做事态度方面，大学生也有不同的特点。例如，有的大学生为人忠厚，做事认真踏实，学习勤奋，而有的大学生则为人虚伪，做事偷工减料，学习马马虎虎。

2. 个性倾向性

个性倾向性是推动大学生进行活动的动力系统，是大学生个性中最活跃的因素，制约着大学生的所有心理活动，决定着大学生对周围世界的认识和态度的选择与倾向。个性倾向性主要包括大学生的需要、动机和价值观。需要是个性倾向性的基础，是大学生对内外环境的客观需求的反映，是产生行为的源泉。大学生有各种需要，如安全需要、归属需要、尊重需要、交往需要、成就需要等。这些需要一旦被大学生强烈意识到就会驱使他们去行动。动机是引起与维持大学生活动，并促使该活动向某一目标行进的内在动力。大学生无论是从事简单或是复杂的活动，都是在某种动机推动下进行的。如大学生的学业成就动机会推动他们勤奋学习，刻苦钻研。价值观是以需要为尺度对客观事情重要性的认识，是区分好坏、美丑、益损、正确与错误、符合或违背自己意愿的观念系统。例如，大学生认为人生是奉献，还是索取？在处理人际关系的时候，是先人后己或利人利己，还是损人利己？在就业选择的时候，大学生是选择到北京、上海、广州、深圳等一线大城市工作，还是到国家最需要的西部或边远地方去工作？这些问题都属于价值观问题。价值观居于个性倾向性的最高层次。价值观指导着大学生的行为并渗透于整个个性之中。如大学生的职业价值观支配着他们对职业的选择，大学生的道德价值观影响着他们的道德行为。

总而言之,大学生的心理是一个整体。大学生的心理过程和个性心理是彼此紧密联系在一起的。一方面,大学生的心理过程是个性心理形成的基础。没有大学生对客观事物的认知,对客观事物与其需要的态度体验所产生的情绪和情感,对改造客观事物的意志,他们的个性心理就无法形成。另一方面,大学生已经形成的个性心理又制约着他们的心理过程,并在心理过程中加以体现,从而对心理过程产生重要的影响,给个体心理过程打上独特的烙印。

(三)群体心理

前面我们所阐述的大学生的心理过程和个性心理,都是发生在大学生个体身上的具体心理现象。但大学生是社会的成员,总是生活在各种社会环境和社会关系中,大学校风、规章制度、班级管理、师生关系、同伴关系等都会对大学生产生很大的心理影响,这就决定了大学生必然会产生各种群体心理现象。如同学之间的竞争与合作、从众心理、班级的凝聚力与规范等。

群体是基于相同的社会原因、心理或目标的人以特定的方式组合在一起进行活动并相互制约的共同体。群体心理是对处于一定社会环境条件下的群体心理现象及其规律的反映。大学生的群体心理与个体心理既有联系,也有区别。两者的联系在于:大学生群体由大学生个体组成,大学生个体离开群体就会失去社会性,甚至难以生存。因此,大学生群体心理对大学生的个体心理有重要的影响。两者的区别在于:大学生的群体心理具有共同性或平均性、自发性和感染性的特点,而大学生的个体心理具有自主性、差异性和理智性的特点。因此,高等教育心理学既要研究大学生个体的心理现象,也要研究大学生群体的心理现象。

二、大学生心理与行为的关系

大学生的心理是一种精神活动,看不见,摸不着,无法对其进行直接观察和研究。但大学生的心理活动与行为反应之间有着密切的关系。因为大学生的心理活动通过行为表现出来,因此,教师常常可以通过对大学生行为的直接观察和分析,来认识和了解他们的心理活动。

行为是大学生对客观事物的反应系统,包括一系列的反应动作和活动,如大学生的读书、写作、劳动、讲演、文体活动等。大学生的任何行为都不是无缘无故发生的，总是在一定的刺激诱导下发生的。刺激是引起大学生行为的各种因素，既包括来自大学生内部的生理或心理因素，如大学生的生理需要或心理需要，也包括来自外部的物理、化学或社会因素，如光波、声波、别人的言谈举止。大学生的心理是对刺激的反应。如大学生感受到他人对自己的轻视、谩骂，遭遇挫折或不公平，会产生生气、愤怒等不良情绪反应。大学生得到教师的表扬、家长的赞美、同学的肯定，会感到高兴与快乐。大学生的这些情绪反应会通过他们的面部表情、动作姿态、言谈举止等表现出来。正因为如此，教师可以通过大学生得到的刺激来预测他们的心理反应，推测他们的心理活动。

值得注意的是，大学生的心理与行为的关系是错综复杂的，两者之间的关系既可能一致，也可能不一致。有的时候，大学生有什么样的心理就有什么样的行为，但有的时候，他们的心理与行为的关系不一致。例如，“心口不一”“口是心非”，说的就是这种情况。因此，教师在研究大学生的心理现象时必须慎重，要客观地观察和测量大学生的行为，并通过探讨大学生的心理与行为的关系，来全面深刻地认识和理解大学生的心理活动及其规律。

三、大学生心理的实质

大学生是人类的一个特殊群体。大学生的心理实质，符合人类心理的规律。因此，心理学对人类心理实质的理解，适合于对大学生心理实质的理解。在这里，我们通过阐述与分析人类心理的实质来解释大学生的心理实质。长期以来，对人类心理实质的理解存在着两种针锋相对的观点：唯心主义认为，心理是人脑之外不依赖于脑而独立存在的一种东西，是虚无缥缈不可捉摸的东西。辩证唯物主义认为，心理是脑的机能，是对客观现实的主观能动反映。只有辩证唯物主义才能对人类心理的实质给予科学的解释。

（一）心理是脑的机能

人的心理现象是观念的东西，离不开物质的载体。人的心理是人脑按特殊方式组成的物质的高级产物。脑是人的心理活动的器官，没有人脑这个物质基础，就不可能产生人的心理。大量对人脑半球功能特化的研究发现，左半球通常控制人的言语、阅读、书写、数学运算和逻辑推理；右半球通常控制人的空间、音乐、艺术、形象和创造力等非言语过程。如果人脑受到损害，人的正常心理就会受到影响。医生因治疗癫痫病用手术切断患者的大脑左右半球之间的神经纤维类型后，患者的说话、阅读、书写和计算等活动都会受到一定的影响。又如，由于脑肿瘤或脑血栓使患者的大脑皮质前部的布罗卡区受到损害后，患者虽能看懂文字和听懂别人的谈话，但丧失了说话的能力。长期以来，研究者采用多种方法来探讨心理的脑机制。机制(mechanism)是指一个工作系统的组织或部分直接相互作用的过程和方式。对心理脑机制的探讨方法主要有下面几种：

一是切除法。通过切除或损毁动物脑的一定部位或切断通向该部位的神经通路，然后观察其行为的变化。例如，损毁了动物大脑枕叶的最后部分的枕极，虽然动物的视觉器官和视觉神经通路完好，视觉却完全丧失。因此，该部位被认为是视觉区。

二是刺激法。用弱的电流刺激脑的特定部位，以观察病人的行为反应。在切除病人脑部的癫痫病灶时，手术在头部局部麻醉下进行，因而可以获得病人的口头报告。潘菲尔德在手术过程中，征得患者及其家属的同意后，刺激患者颞叶有关部位，病人报告说，他看到熟悉的人、房屋、狗等，或听到单词、句子、歌曲等。在刺激布罗卡区时，病人往往立刻停止说话，电极刺激结束后立刻又接着说下去。这说明，如果损伤布罗卡区，病人将立刻丧失说话的能力。

三是脑电图法。该方法借助一定的仪器在头皮上记录人脑电活动情况，由一系列曲线表现的脑电波显示脑电活动的一般概况，其差异可以反映某些心理活动的变化。该方法常用于脑损伤和精神失常诊断，以及鉴定做白日梦，记录解决数学问题等特殊行为时的脑电活动模型。

四是脑成像技术。这是一类对脑结构和功能状态进行显影成像研究的技术方法。主要有：(1)计算机断层成像技术。将X光照相和计算机处理方法结合起来观察活脑的组织病变技术。(2)正电子发射断层成像技术。根据神经活动中所放出的带电正离子，使某些在神经活动中使用的化学物质带放射性，然后注入病人体内，研究脑的各个部分的代谢活动情况。(3)磁共振成像。运用原子核所产生微小磁场进行摄影，发现脑的各部分的情况。

上述研究方法,很好地说明了脑是心理活动的器官,没有人脑这块物质基础,人的心理活动就不能产生。

(二)心理是对客观现实的主观能动反映

心理是脑的机能,并不意味着大脑本身就能单独产生心理。人类的大脑只是反映外界事物的物质器官,是产生心理的自然前提。它只是提供了人类心理产生的可能性,要把这种可能性变为现实,必须依赖外界的客观现实。

1.客观现实是心理活动的源泉

人类的心理活动总是具有一定内容的。这种心理内容是客观事物在人脑中的反映。人类无论是简单还是复杂的心理现象,其内容都可以在客观世界中找到它的源泉。例如,过春节时,大学生行走在大街上,看到到处张灯结彩,感受到喜气洋洋、欢天喜地的气氛,是对春节现象的如实反映。如果没有光波、声波的存在,大学生就不可能产生视觉和听觉。即使是人脑中虚构的科幻、神话或鬼怪等现实生活中不存在的荒诞形象,不管其本身如何超脱现实,但构成它的原始材料还是来自客观现实,是对客观现实的真实写照。如埃及的狮身人面像,丹麦的美人鱼,在现实生活中是根本不存在的,但都是人类使用了想象组合的形式,即把狮子的身体与人的脸,把漂亮女孩的外貌与鱼的尾巴,经过加工以后把它们的特征组合在一起而形成的。又比如,我国的《西游记》《聊斋》中的许多人物形象,都是运用拟人化的方式创造出来的。这些都说明心理的内容来自客观事物,客观事物是心理的源泉,离开了客观现实,人就无法产生心理。

人的心理按其内容及发生的方式来说是客观的,但对客观现实的反映总是由具体的人来进行的。由于每个人的遗传素质、家庭环境、所受教育的不同,因此人对客观现实的反映具有主观性。也就是说,人的心理反应不单是客观事物影响的结果,还是通过个体的需要、价值观、兴趣爱好、性格等内部心理活动的特点而折射出来的。同样的外部刺激,不同个体的心理反应往往不一致。例如,看同样一部电影,有的大学生赞不绝口,有的大学生无动于衷,还有的大学生嗤之以鼻、猛烈抨击。即使是同样一个大学生在不同的时期,对同样的客观事物也会有不同的反应。例如,大学生的考试焦虑,与考试的重要性有很大的直接关系。面临研究生入学考试等重大考试,他们的考试焦虑往往比普通课程考试更加强烈。

2.社会实践生活对人的心理起着制约作用

人的心理在实践活动中发生和发展起来并表现在实践活动中,离开了人类的社会生活条件,脱离了人类的社会生活实践,就不会形成人的心理。例如,1920年,在印度发现两名狼窝中长大的女孩,小的女孩约2岁,很快就死去了。大的女孩8岁,取名卡玛拉。她用四肢爬行,用双手和膝着地休息,舔食流质的东西,只吃丢在地上的肉,怕火、怕水、怕光,夜间却视觉敏锐,白天睡觉,深夜号叫;从不穿衣服,即使天气寒冷,也会撕掉给她御寒的衣物。经过医护与教育人员的精心照料与教育,卡玛拉2年学会了站立,4年学会了6个单词,6年学会了直立行走,7年学会了45个单词,并学会了用手吃饭,用杯子喝水。到17岁去世时,她的智力发展只相当于正常4岁儿童的水平。由此可见,卡玛拉虽有人脑这块精致、复杂的物质,但由于从小脱离人的社会生活条件,没有人际交往与沟通,缺乏教育与引导,没有社会生活实践,也就无法产生人的正常心理。

社会实践活动不仅是人的心理发生发展的基础,也是检验人对现实的反映是否正确的标准。判定一个人的心理活动是否符合客观现实,对现实的反映是否正确,不是依据主观上觉得如何而定,而是要依据客观上社会实践的结果如何来定。当人们根据对现实的认识进行活动时,活动产生的结果便检验着反映是否正确。例如,大学生最初找工作,比较理想化,定位比较高,一心想到大城市、大单位、福利待遇好、薪水高的岗位工作,在面试的过程中遇到许多困难与挫折以后,就发现自己的想法不切合社会实际,就会调整自己的就业要求。正是通过实践活动,人的心理才能正确反映客观现实,认识事物的本质和发展规律。这充分说明,社会生活实践对人的心理起着制约作用。

人对客观现实的反映不是像镜子反映事物一样,是直接、被动的反映,而是在实践活动中对客观现实的能动反映。人对客观现实的能动反映主要表现在两方面:一是通过实践活动,人能够把现实中所获得的直接印象即感性经验,通过词的概括,同已有的知识经验联系起来,对感性材料进行加工改造,以揭示事物的本质和规律,这也是人的心理的高级反映形式——意识的能动性表现。二是人能够主动调节和支配实践活动,并通过实践活动反作用于客观世界,即按照人的意志去改造客观世界。由于人有意识,在进行活动之前,活动的目的和结果就以观念的形式存在于人的头脑中,并以此做出计划,指导自己的行动,以便达到预期目的。在活动过程中,还可以通过意志活动,有效地克服各种困难,保证目标的达成。当然,人在反映客观现实和改造现实时所表现出来的主观能动性,要受到客观现实及其规律性的制约。

综上所述,大学生的心理实质是对客观现实的主观能动反映。在这种反映中,外界事物的影响总是通过大学生内部心理活动的特点而折射出来。这种反映是通过实践活动而实现的,实践活动检验、校正着大学生对客观现实反映的正确性,心理又执行着实践行为的调节机能。

第二节　大学生的心理发展

个体的心理发展并不随着生理的成熟而告终,心理发展是一个从出生经成年到老年的持续过程。大学生的心理发展不仅具有一般青年的特征,而且具有自身的特点。

一、大学生心理发展的含义

关于个体的心理发展,不同的心理学家有不同的认识和理解。传统的心理学观点认为,个体的成熟是发展的终点,它通常在成年期达到。如美国心理学家霍尔认为,个体心理发展是人类种族进化的复演过程。现代心理学提倡毕生发展观,认为个体的发展是一个在时间和顺序等方面不相同的各种变化范型的体系,毕生都在进行。个体的心理发展具有多维性,发展的方向因行为种类的不同而有所不同,有的心理并不在出生时开始发展,而有些心理现象也并非在中途达到终点。例如,荣格、何林渥斯等心理学家认为,个体的心理发展是终身的事情,涉及个体心理发展的全貌。我国心理学家朱智贤认为,心理的个体发展,是指人的个体从出生到成熟到衰老的过程中心理发生发展的历史。林崇德教授认为,个体心理发展的过程是社会化(socialization)的过程,即个体掌握和积极再现社会经验、社会联系和社会关系的过程。通过社会化，个体获得在社会中进行正常活动所必需的品质、价值、信念以及社会所赞许的行为方式。

综合上述心理学家对个体心理发展的认识和研究，我们认为大学生的心理发展是指大学生从入学到毕业所发生的心理变化过程。

二、大学生心理发展的特点

（一）过渡性

大学生正处于青年期向成年期的转变，处于走向成熟、走向独立的转变。他们的心理发展由获得和丧失的结合组成。一方面，他们放弃了中学时期的一些幼稚想法或思维方式，如不假思索的情绪冲动等心理体验；另一方面，随着他们年龄的增长，心智的逐渐成熟，在心理发展方面获得了新的增长。在认知方面，大学生的思维已经由经验型向理论型转化，并掌握了辩证思维；情感体验从外显性、冲动性向内在文饰和理性的方向发展，情感的表达更加具有社会道德感和责任感；在意志方面，由自觉性和坚持性不够，发展到有较强的自觉性，能够坚持自己的行动方向；在自我意识发展方面，自我评价比过去更加客观，自我体验更加深刻和细腻，自我控制能力进一步增强；在道德发展方面，朝着社会规范和社会责任要求的方向发展。

（二）不平衡性

一般而言，大学生的心理发展总是按照一定的规律和顺序进行。由于每个学生的遗传素质、生活经验、教育环境不尽相同，其心理过程和个性心理特点的发展进度和达到成熟水平的时期并不完全相同。例如，有些学生在心理方面发展比较成熟，有强烈的学习动机和学习自觉性，学习的积极性持久而稳定，对学习认真负责，有较强的独立生活能力，遇事有主见，对自己的前途和未来的发展考虑得比较周全，能较好地处理自己遇到的各种问题，不怕困难和挫折，善于人际交往。而有些大学生则显得比较幼稚，学习积极性不高，学习自觉性和主动性比较差，需要父母、教师的督促和操心，遇事缺乏主见，独立生活的能力不强，处理个人问题和事务显得比较吃力。

（三）矛盾性

大学时期，正是独立性和依赖性错综复杂、充满矛盾的时期。加之由中学进入大学后，他们的学习方式和生活环境发生了较大变化，这必然会引起他们的许多心理矛盾和冲突，主要表现在以下几方面：

1.心理的闭锁性和渴望交往的矛盾

一方面，大学生的内心世界逐步变得复杂，不大轻易将自己的内心活动表露出来；另一方面，他们又十分渴望与人交往，渴望拥有友谊，渴望爱情以及别人的理解。

2.理想自我和现实自我的矛盾

大学生的想象比较丰富，对未来有比较热烈的向往和设计，这就形成了一个理想自我。理想自我为大学生指明了奋斗的目标。但当他们感到自己达不到理想中的自我时，就与现实发生了矛盾。

3.强烈的求知欲和鉴别力不够之间的矛盾

大学生有旺盛的求知欲，对自然和社会领域的很多现象都有较强的探究欲望。但由于大学生缺乏社会经验，鉴别力不够，有时难以辨别社会现象的真相，分不清社会事件的利弊，这就产生了强烈的求知欲和鉴别力不够的矛盾。

4.情绪性和理智的矛盾

处于青年期的大学生比较容易激动，可能会因为一点儿小事而生气、愤怒、心怀不满，甚至意志消沉，不能很冷静地控制自己的情绪。但是当他们冲动和激动的情绪平静下来后，也能够冷静、客观地看待问题，分析并解决问题，这就表现为不能很好地处理情绪和理智的矛盾。

5.广泛的兴趣爱好和职业定向的矛盾

大学生往往都有很多的兴趣和爱好，并且很想在这方面有所作为，使其成为自己将来的职业，但是现实的就业环境往往不尽如人意，有时需要他们做出与自己的兴趣爱好不一致甚至相反的决定。

（四）可塑性

可塑性是指大学生能够按照教育者所期待和需要的方向变化和发展的潜在可能性。青年期是人的各种心理品质全面发展、急剧变化的时期，这一时期的心理发展存在着不稳定、可塑性大的特点。虽然大学生在认知方面有时容易偏激，在情绪方面有时会走极端，在意志方面有时比较懦弱或固执，在个性方面有很多基本的品质已经形成，但大学生喜欢接受新事物和新观念的特性，使他们容易受到外界环境因素的影响，特别是教师、父母、同龄人、大众传播媒介的影响，朝着积极的方向发生变化，具有很大的可塑性。

（五）探索性

大学期间是大学生人生观、价值观和世界观形成的重要时期。随着大学生知识经验的丰富，各种能力的不断提高，社会交往的扩大，视野的开阔，他们对个人与国家的发展前途及未来，自己将来的学习、事业与家庭生活充满了憧憬与向往，并为之努力奋斗，不断进取。大学生开始认真考虑人生的一些重大问题。例如，是进一步继续学业深造，读研究生，还是大学毕业就找工作，进入社会打拼？选择什么样的婚恋对象更适合自己？建立什么样的家庭？他们对这一系列的问题进行多方面的尝试与探索，进行体验。他们在不断的探索中发现自我，否定自我，激励自我，充实自我，完善自我。

（六）创造性

大学期间是大学生智力发展到高峰，抽象逻辑思维高度发展，辩证思维日益提高，思维与想象力都非常活跃的时期。大学生是时代发展的先锋，是新思潮的代言人，善于接受新事物、新观念，兴趣爱好广泛，不因循守旧，敢于打破传统观念与陈规陋习，敢于向前人挑战，勇于学习创新，大胆进行创业尝试与实践，到社会生活中锻炼提高自己，有大无畏的精神。但大学生在创造中会出现一些不切实际的幻想，出现没有经过充分假设、论证、推演就盲干，失败后容易心灰意冷，甚至一蹶不振的情况。

第三节　大学生心理发展的影响因素

影响大学生心理发展的因素非常多，既有来自遗传的因素，也有来自家庭、学校、社会等方面的因素，是多种因素相互影响、综合作用的结果。

一、遗传因素

遗传是指亲代的某种特性通过基因在子代再表现的现象。关于遗传的作用，长期以来学术界争论不休。有的学者特别强调遗传的作用，甚至把它夸大到比任何因素都重要的地位，他们通过对一些遗传因素引起的精神性疾病的研究，如对双生子、家谱分析法等的研究，鼓吹遗传决定论。其中对双生子的对比研究尤为突出。研究者基于这样的假设：如果双生子之间后天的差异性很大，说明后天的教育和环境起主要作用，如果他们之间的后天差异很小，说明遗传起主要作用。他们一是把在相同环境下成长的同卵孪生子[monozygotic twins(MZ)]与异卵孪生子[dizygotic twins(DZ)]进行比较研究；二是把在不同环境下成长的同卵孪生子或异卵孪生子之间进行比较研究，看他们之间的相关程度，以此推测环境或遗传的作用。例如，美国明尼苏达的研究者不仅测查了在一起抚养的217对同卵孪生子和114对异卵孪生子，还测查了分开抚养的44对同卵孪生子和27对异卵孪生子。被研究的孪生子的平均年龄为22岁。结果发现，几乎在比较的每个项目上，不论是分开抚养还是在一起抚养的同卵孪生子都较异卵孪生子的相关系数大，并且同卵孪生子之间在许多方面差异都较小。这在某种程度上证明，遗传对人的心理发展确实起着一定的作用，见表1-1。

表1-1　合养或分养的孪生子的差异比较

特质	分　养		合　养	
	同卵	异卵	同卵	异卵
健康	0.48	0.18	0.58	0.23
社会能力	0.56	0.27	0.65	0.08
成就	0.36	0.07	0.51	0.13

续表

特质	分养		合养	
	同卵	异卵	同卵	异卵
应急	0.61	0.27	0.52	0.24
自我障碍	0.48	0.18	0.55	0.38
侵犯性	0.46	0.06	0.43	0.14
控制性	0.50	0.03	0.41	0.06
保守性	0.53	0.39	0.50	0.47
亲和力	0.29	0.30	0.57	0.24

（注：表中数据为相关系数）

英国科学家高尔顿曾采用家谱分析法，比较研究了英国在政治、经济、文学、艺术等领域的977位名人的后代与977位普通人的后代，发现名人后代中有322人成为名人，而普通人后代中只有1人成为名人。于是他认为，一个人的能力是由遗传得来的，它受遗传决定的程度，正如一切有机体的形态及躯体组织受遗传决定一样。英国心理学家艾森克认为60%~70%的天才是由遗传决定的，只有30%的天才是由环境决定的。美国心理学家格赛尔则提出成熟论，认为成熟就是由基因引发并指导，遵循一个不变的规则有序的规律，使个体获得发展的过程。

美国心理学家霍尔提出了种族复演论，强调人的心理发展是种族进化的复演过程，认为生理因素通过遗传作用引导和控制人的整个心理发展过程。霍尔在撰写的著作《青年期》中描述道：青年期是一个疾风怒涛的、内部和外部冲突对立的时期。这个时期的青年人，情绪是矛盾、两极分化的，表现为时而热情，时而冷漠，时而极度高兴、愉快，转而就会变得烦躁抑郁或悲伤不安。如果说婴幼儿期重演着人类的原始时代，那么青年期则重演着人类的浪漫主义时代。

遗传决定论强调遗传的决定作用，认为个体心理发展及其个性品质早在基因中就决定了，发展只是内在因素的自然展开，环境和教育只起到引发的作用。遗传决定论者因过分强调作为先天因素的遗传的决定作用，导致忽略了后天的环境和教育对个体心理发展的影响，由此容易抹杀后天环境和教育转变遗传可能性的客观事实。但不可否认的是,遗传提供了人身心发展差异的物质基础。尽管后天的教育、社会文化、家庭环境等因素对个体的心理发展起着至关重要的作用,但作为身心兼备的一个人,遗传因素是不可忽略的。遗传的作用主要表现在以下几个方面。

(一)影响个体的智力发展及情绪

智力水平差异是指个体之间在智力水平的高低程度上的差异。研究表明,人类的智力发展水平呈常态分布,智力超常或低常的人各占2.2%~2.3%,近一半的人属于中等智力。我国著名心理学家黄希庭等人(1999)对120名大学生的智力测试发现,大学生的智力发展呈偏态分布,即大学生的智力都在中等和中等以上的水平(见表1–2)。因为大学生是经过激烈的高考竞争而选拔上来的优秀中学生,所以他们的智力水平比较高。尽管大学生的智力水平在总体上比较高,但是他们的智力发展同样存在差异性。从表1–2可见,在被测试的120名大学生中智力超优水平的占9.2%,优秀水平的占39.2%,中上水平的占40.8%。

表1–2　120名大学生的智力分布情况

智商	等级	占比(%)	
		大学生	常模
130及以上	超优	9.2	2.2
120~129	优秀	39.2	6.7
110~119	中上(聪明)	40.8	16.1
90~109	中等	10.8	50.0
80~89	中下(迟钝)		16.1
70~79	低能边缘		6.7
69及以下	弱智		2.2

美国心理学家加德纳的多元智力理论将人类智力分为:言语智力、空间智力、逻辑—数学智力、音乐智力、运动智力、社交智力、自知智力等7种。他认为,无论哪种智力的发展与其生物基础都是分不开的。如某些人天生对音乐、色彩敏感或肢体灵活敏捷,来源于其天生的感觉器官和运动器官的特点。听

力不好的人要成为音乐家要比听力敏感的人困难很多,色盲要成为画家比正常人也要困难很多。

另外,研究发现,遗传或生物因素对个体的情绪有较大影响。情绪过程不同于其他心理过程,主要表现在情绪总是伴随着一定的生理反应。格罗夫斯等人(1988)的研究表明,不同的生理反应发生在不同情绪之中。愉快的情绪往往伴随通往肢体的血流增加,而不愉快的情绪则有相反的影响。人在恐惧、疼痛和激动时会出现瞳孔放大的现象,而在愉快时瞳孔则会缩小。对积极情绪和消极情绪的脑电波研究发现,在大脑的前方可以发现对积极和消极情绪的不同反应。在积极情绪下,大脑左前半球的脑电活动增加。大脑半球活动的不对称比消极情绪时增高。麦克里兰等人(1987)在用生化手段测量情绪反应时,发现在合群动机较高时,人体中的多巴胺含量有所升高,而在权力动机较高时,则发现去甲肾上腺素含量升高。考夫曼和卡根(1996)曾记录32名女大学生对电影片段的反应,发现她们看到电影片段中的愉快镜头时,手上的温度上升,而面对一些威胁性的镜头时,手上的温度降低。

另一种观点认为情绪的特点是一种普遍的,无分化的生理唤醒。不同情绪的唤醒模式都是一样的。如在对愤怒、应激、抑郁、悲哀、害怕、敌意、权力需要等不同情绪的研究中都同样发现有血压升高、心率增加、皮肤温度增高的生理现象,以及去甲肾上腺素和肾上腺素升高的生化现象。特勒根(1988)的研究发现,个体40%的积极情感变化,55%的消极情感变化,以及48%的生活满意度变化,是由基因引起的。共同的家庭生活环境,只能解释22%的积极情感变化,2%的消极情感变化以及13%的生活满意度变化。这些研究都承认情绪的产生与遗传素质或生物因素密不可分。

(二)影响男女两性的不同心理发展

大量研究发现,女性擅长形象思维,求同思维发展较好,求异思维发展不足,容易受思维定式的束缚。男性比较偏向于抽象思维和逻辑思维,在思维的灵活性、广泛性和创造性方面明显优于女性。他们善于随机应变,用多种方法处理同一问题,举一反三、触类旁通的迁移能力较强。女性在语言口头表达运用方面占优势,词汇丰富,言语流畅,但女性在言语理解、言语推理方面均比男性差。在个性方面,男性更独立、有主见,进取心更强,善于决断,意志更坚定,具备较强的竞争心理,富于攻击性;女性则情感细腻、敏感、温和、富于同情心,善解人意,具有忍耐力,但容易优柔寡断,有一定依赖心理。

桑代克曾以实验证明,女性在语言表达、短时记忆方面优于男性;而男性在空间知觉、分析综合能力以及对实验的观察、推理和历史知识的掌握等方面优于女性。麦科比和杰克林(1982)的研究发现,女性的语言表达能力优于男性;男性的空间能力、数学能力优于女性。另外有研究还表明,在智力测量中,男性在常识、领悟、算术、填图、图形排列和图形拼凑等方面略优于女性,女性则在相似、词汇、数字广度等方面略优于男性。而黄希庭等人(1999)的研究则发现,女性仅在数字符号方面显著高于男性,其他方面没有多大的差别。

(三)影响个体的气质特征

气质(temperament)是心理活动表现在强度、速度、稳定性和灵活性等方面动力性质的心理特征。气质相当于我们日常生活中所说的脾气、秉性或性情。

对气质的探讨,人类早就有所涉及。比如我国孔子把人分为“狂”“狷”“中庸”等,并且认为“狂者进取,狷者有所不为也”。古希腊学者希波克拉底认为人体内有四种基本体液——血液、黏液、黑胆汁、黄胆汁;每一种体液对应于一种气质;人体中的这四种体液可以以不同比例混合,其中占优势的体液主导着人的气质类型。希波克拉底对气质的划分具有开创性意义,现代心理学吸收了他的观点的合理部分,把个体的气质分为以下四种类型。

1.多血质(sanguine)

其特征是活泼好动,敏感,反应迅速;不甘寂寞,善于交际;智慧敏捷,注意力易于转移;容易接受新事物,但印象不很深刻;情绪和情感易于产生也易于改变,体验不强,但明显地表露于外。其显著特点是:有很高的灵活性,容易适应变化的生活条件。

2.胆汁质(choleric)

其特征是直率热情,精力旺盛;脾气急躁,易于冲动;反应迅速,智慧敏捷,但准确性差;情绪明显表露于外,但持续时间不长。其显著特点是:有很高的兴奋性,行为上表现出不均衡性,工作特点带有明显的周期性。

3. 黏液质(phlegmatic)

其特征是安静稳定，交际适度；反应缓慢，沉默寡言；善于克制自己，情绪不易外露；注重稳定但又难于转移；善于忍耐，沉着坚定；不尚空谈，埋头苦干。其显著特点是安静，均衡。

4. 抑郁质(melancholic)

其特征是行为孤僻，反应迟缓；多愁善感，体验深刻，但情绪不易外露；具有很高的感受性，善于觉察到别人不易发觉的细小事物。

大量研究发现，气质更多受遗传因素的影响。巴甫洛夫通过大量实验研究发现，气质类型是由神经过程的特点决定的。神经过程的强度、均衡性与灵活性的特点会影响到个体的气质特征。神经过程的强度是指神经细胞能经受的刺激强度，神经过程的均衡性是指神经活动中兴奋力量是否均衡，神经过程的灵活性是指神经活动中兴奋与抑制的转换是否灵活。它们的不同组合造成了个体气质的特征差异(见表1-3)。

表1-3　神经活动过程的特性、高级神经活动类型与气质的关系

神经过程的基本特性			高级神经活动类型	气质类型
强度	平衡性	灵活性		
强	不平衡	—	兴奋型	胆汁质
强	平衡	灵活	活泼型	多血质
强	平衡	不灵活	安静型	黏液质
弱	—	—	抑制型	抑郁质

由于个体的神经过程的特点是天生的，所以遗传素质相同或相近的人，气质类型也比较接近。气质没有好坏之分，每种气质都有优缺点。例如，多血质的大学生情感丰富，反应灵活，易接受新事物，容易适应新的环境，但是注意力不是很专一，情绪不太稳定，兴趣容易转移。黏液质的大学生稳重、克制、沉着、忍耐、不尚空谈，埋头苦干，但反应比较缓慢，不善交际。气质不能决定个人的成就大小。据研究，俄国有四位著名作家分别属于不同气质类型：普希金是典型的胆汁质，赫尔岑是多血质，克雷洛夫是黏液质，果戈理则是抑郁质，但

他们在文学方面都获得了巨大的成功。因此,我们不能以一个人的气质预测其在事业上的成就。

一个人的气质类型在一生中是比较稳定的,但又不是不能变化的。如果在童年期生活条件极为恶劣,或者在成年期遇到了重大的生活事件,可以导致人的气质发生变化。但这种变化过程是很缓慢的,甚至当条件适宜的话,原来的气质面貌还会得到恢复。所以,有人说气质的变化可能是一种被掩盖的现象,"江山易改,本性难移"就是这个道理。

由此可见,遗传对大学生心理发展的影响,更多体现在智力、情绪、两性差异、气质这些与生物因素相关较大的特征上,而在大学生的动机、价值观、性格等与社会因素关系紧密的特征上,后天的教育和环境更重要。遗传只提供了大学生心理发展的可能性,不决定他们心理发展的现实性,而环境和教育则决定了大学生心理发展的现实性。教育对大学生的心理发展起主导作用。

二、家庭因素

家庭是以夫妻为主体,包括父母、子女等亲属在内的社会关系的组织形式。它是个体过群体生活的一种最普遍、最固定和最持久的社会生活的基本单位。虽然许多大学生离开家人来到千里之外的大学求学,但仍与家庭脱离不了各方面的关系,家庭对大学生的影响是非常直接和深远的。家庭中很多因素都可以影响到大学生的心理发展,例如,家庭结构、家庭心理气氛、亲子关系等。其中对大学生最重要和最主要的影响是父母的教养方式。

大学生父母的教养方式概括起来大致分为四种类型:(1)溺爱型。父母爱子心切,宁肯自己省吃少穿,也要想方设法满足子女的要求,对子女的事情大操大办,甚至偏袒护短,娇惯纵容,养成了子女任性、懦弱、依赖、被动、为所欲为、骄横、自私自利等不良心理品质。(2)专制型。父母对子女缺少慈爱、温暖和同情,常用粗暴的态度命令、禁止、威吓等手段教育子女,把自己的意志强加给子女,经常干涉子女的行动,从而使子女情绪不稳,缺乏安全感,产生逆反心理,使子女与父母感情疏远,难以感受家庭温暖,难以建立自尊自信,缺乏独立性与自主性。(3)放任型。父母认为子女是"树大自然直""子女是靠学校和社会教育出来的",因而他们对子女缺乏责任心,采取放任自流的态度,很少关心子女的需求和进步，对子女的奖惩往往随心所欲，甚至对子女的缺点、不合乎道德规范的行为也不教育，甚至纵容。父母的放任行为，使子女形成了冷漠、自我控制力差、易冲动、不遵守社会规范、具有攻击性、情绪不稳定等不良人格特征。(4)民主型。父母尊重子女的独立人格与意愿，对子女既不娇惯，也不过于严厉，不随心所欲地支配子女，关心子女成长中的进步与问题，对子女有明确合理的期望要求，能够坚持自己的正确原则，对子女的缺点、错误，能够采用耐心恰当的方法加以解决。生活在民主型的家庭里的子女，一般具有独立、自信、能动、开朗、乐观、情绪稳定、对人亲切、能够与人合作、有进取精神等良好心理品质。

我国一些学者对大学生父母教养方式的研究发现，若大学生父母接受过良好的教育，他们在教养子女方面显得更加理性科学，倾向于给予子女更多的理解、温暖和沟通，同时他们又对子女寄予较高期望，希望子女能够接受更高的教育，达到自己的期望与要求，但有时会对子女的事情和行为进行干涉。城市大学生父母比农村大学生父母给予子女的过度保护更多。由于家庭因素对大学生心理发展具有重要性，因此，教师在教育大学生的过程中，要注意适当地与大学生家长保持联系与沟通，尤其是当大学生遇到意外事情或遭遇心理危机时，教师更要及时主动寻求大学生家长的帮助和支持，要家校相互合作、相互配合，增强对大学生教育的效果。

三、学校教育因素

学校是由专职人员承担的有目的、有系统、有组织，以影响受教育者的身心发展为直接目标的社会机构。相比家庭教育而言，学校教育更为严谨和规范，有着比较系统的教育思想和教育体系、科学的教育方法。大学是大学生学习和生活的主要场所。大学的主要功能是培养社会所需要的各类专门人才。大学生知识经验的获得、专业技能的提高、道德品质的培养，理想、世界观、价值观的形成等都是由大学的教育质量决定的。大学教育在大学生的心理发展中起着举足轻重的作用。因为大学生虽然已离开家人，但未直接进入社会工作，进行激烈的竞争打拼，他们既脱离了家庭的一定束缚，又没有真正成为社会的独立成员，他们这种相对超脱的社会地位，使他们能够在大学专心学习。

一个环境优美、教育资源丰富、师德高尚、教风严谨、学风踏实的大学,不仅能提高大学生的专业知识和技能,而且能使大学生形成积极向上、努力进取、奋发有为的优良心理品质,成为社会的合格人才。大学教育对大学生心理发展的影响,主要表现在两个方面。

(一)开发大学生的智能

智能主要是指大学生的认识能力,主要包括他们认识客观事物的正确性、敏捷性、深刻性、宽阔性和完善性;分析、抽象、概括的思维水平,以及运用知识经验解决问题的能力等。大学生智能的发展虽然以脑的机能、遗传、成熟为自然条件,但主要是在教育条件下实现的。一方面,教育要考虑到大学生身心发展的水平,关注其学习准备状态和接受程度,这是教育的出发点,是实施有效教育的前提;另一方面,适宜的教育能促进大学生的心理发展进程,提高其心理发展的质量。例如,大学生的智能发展水平常常与大学教育的质量、教师的教学水平和科研能力有很大的直接关系。如果教师学识渊博、治学严谨、见解独特、富有创新,在教学中能够很好地调动大学生学习的积极性、主动性与参与性,就能够更好地促进大学生思维能力的发展。

值得注意的是,大学教育影响大学生智能发展是以他们掌握知识和技能为中介的。掌握知识和技能是大学生智能发展的主要和必要的条件,但大学生智能发展不等于掌握知识和技能。大学生智能发展是指大学生心智活动本身所发生的质的变化,它有其自身的特点和过程。从心理学的角度来说,知识以思想内容的形式为大学生所掌握,技能以行为方式的形式为大学生所掌握。大学生从知识、技能的掌握到智能的发展是一个复杂的过程。大学生必须不断吸收、理解和领会教师所传授的知识,掌握所学习的技能,才能使自己的智能水平得到进一步的提高。

(二)塑造大学生的人格

大学生人格的发展过程也是在大学教育的影响下逐步实现的。大学教育对大学生自我意识的完善、性格的形成、价值观的确立、道德规范的内化、社会角色的学习等人格特征的发展有着重要的影响作用。首先,大学生生活在班级群体中,班级群体的各种规章制度、舆论,以及班级群体的各种社会心理,都会对他们人格的发展产生一定的影响。其次，教师特定的社会角色及在大学生心目中的特定地位，特别是教师的教育方式与师生关系对大学生的影响是比较深远的。研究发现，在民主型教师的教育和管理下，大学生与教师的关系比较融洽，更愿意与教师交流、沟通，学习刻苦，各方面表现得比较主动和积极，情绪稳定，性格乐观开朗。另外，教师的威信对大学生心理发展的影响不能低估。学识渊博、人品高尚、威信高的教师，大学生对他们十分钦佩和信服，愿意把这些教师作为人生学习的楷模，愿意接受他们的教诲和帮助。

教育对大学生心理发展的影响是比较复杂的。大学教育是教师与大学生之间产生的双边教育活动。教师要使大学生主动积极地接受教育，就必须考虑大学生的接受能力，考虑他们的身心发展水平和其个体差异而进行因材施教。如果教师的教育不得法，违背了大学生心理发展的规律，则可能延缓或阻碍他们的心理发展，对其心理发展产生不利的影响。

四、社会环境因素

大学生的心理发展是社会化的过程。大学生是社会的成员，必须适应社会发展的要求，掌握社会的文化知识和技能、道德规范和价值观念，按照社会的要求行事，做一个合格的社会公民。

随着世界科学技术的不断进步、各国之间的竞争日益激烈，大学生作为最敏感、最活跃的群体，往往最先觉察到社会的变化，并且深受这种变化的影响。我国的现有政治制度、经济制度、各种教育政策，能够积极地影响大学生的心理发展。在我国安全稳定的社会环境下，大学生关心时事政治、注意国际动向、热心国家大事，能够针对社会现象发表自己的见解；而相关的教育法律法规及政策的出台，也为大学生学习提供了坚固的保障。随着我国经济不断发展，外部环境发生变化，社会对劳动力的需求与社会实际供应之间出现了一定的供需矛盾，大学生择业的难度和就业的风险加大，这使较少经历挫折的大学生倍感压力，容易产生迷茫和困惑的心理，产生焦虑、担忧、烦恼等不良情绪。这些心理问题在大学生群体中比较普遍，亟待有关方面解决。

文化是在一特定群体或社会的生活中形成的，并为其成员所共有的生存方式的总和，其中包括价值观、知识、信仰、艺术、法律、风俗习惯、风尚、生活态度及行为方式,以及相应的物质表现形式(周晓虹,1998)。任何文化一经形成和巩固,就影响到社会成员的心理发展,给其心理打上深刻的烙印,使其建构起相似的心理结构,形成类似的性格特征,并表现出相似的思维方式、情感体验、行为模式。我国传统文化提倡勤奋、节俭、求同、自抑、忍让、保守知礼、循规蹈矩、淡泊谦逊,这些对大学生价值观和性格的形成和发展都有一定的影响。

在现代社会,大众传播媒介,如广播、影视、报纸、书籍、网络在大学生的社会生活中所占的地位愈加重要,它们无所不在,无所不能,对大学生的个性塑造、社会认知、情感培养、价值观和人生观的形成都起着潜移默化的重要作用。大众传播媒介在丰富大学生课余生活、开阔大学生视野、促进大学生社会化的同时,其中一些色情、暴力、崇尚金钱、享乐至上的负面内容也对大学生产生了负面的影响,在某种程度上妨碍了他们心理的健康成长。总之,大学生的心理发展受到多种因素的综合影响。教师在促进大学生心理发展的时候,要充分考虑这些因素,并加以正确引导。

本章小结

1. 大学生的心理现象分为三方面:一是心理过程。心理过程指大学生心理活动的加工程序,包括心理事件的相互作用和相互转化的加工进程。通常把大学生的认知过程、情绪活动、意志活动统称为心理过程。二是个性心理。个性指一个大学生总的精神面貌,反映的是大学生之间稳定的心理差异的特征。个性心理包括个性心理特征和个性倾向性。三是群体心理。群体心理是对处于一定社会环境条件下的群体心理现象及其规律的反映。

2. 大学生的心理与行为的关系是错综复杂的,两者之间的关系既可能一致,也可能不一致。

3. 大学生的心理实质是脑的机能,是对客观现实的主观反映。外界事物的影响总是通过大学生内部心理活动的特点折射出来,这种反映是通过实践活动而实现的。

4. 大学生的心理发展是指大学生从入学到毕业所发生的心理变化过程。大学生心理发展的特点是:过渡性、不平衡性、矛盾性、可塑性、探索性和创造性。

5.遗传提供了大学生身心发展差异的物质基础。家庭中父母的教养方式对大学生的影响最大。学校教育开发大学生的智能,塑造大学生的个性品质。社会环境对大学生的价值观、人生观的形成起着潜移默化的重要作用。

复习思考题

一、简答题

1.大学生的心理现象包括哪些方面?

2.大学生的心理与行为的关系如何,如何理解?

二、论述题

1.论大学生心理的实质。

2.论大学生心理发展的特点。

3.论大学生心理发展的影响因素

三、分析题

在大学常常看到,刚入校的大学生对大学生活充满了憧憬与向往,对学校和教师的看法和评价比较肯定和积极,经过几年大学学习、生活等多方面的感受与体验后,这些看法与评价会往往会发生较大的变化。你觉得大学生的这些变化受到了哪些因素的影响,请对此进行分析。

第一编

大学生的学习心理

第二章　学习理论

【内容提要】

学习是大学生的主要任务，是他们掌握知识与技能、培养品德的重要途径。本章主要剖析学习的实质及类型、大学生学习的特点，分析与论述有关学习理论的主要流派和观点，以及如何应用这些学习理论。

【学习目标】

了解学习的实质和大学生的学习特点，掌握不同学习理论流派的主要观点，并能够将所学原理应用到大学的教学实践中。

【学习重难点】

学习重点：大学生学习的特点及不同学习理论的主要观点。

学习难点：不同学习理论在教学中的应用。

第一节　学习的概述

学习是一种常见现象，它作为人类的一种普遍行为，始终是教育心理学研究的核心议题。从教育心理学的研究历史来看，不同学派对学习本质的理解各不相同。

一、学习的实质

学习是一个复杂和多维的概念，不同的教育心理学家对学习有不同的理解和阐述。美国著名心理学家鲍尔和希尔加德(G.H.Bower&E.R.Hilgard，1987)认为，学习是指一个主体在特定情境中由重复经验引起的，对于那个情境的行为或行为的变化。不过，这种变化是不能根据主体的先天反应倾向、成熟或暂时状态(如疲劳、醉酒、内驱力等)来解释的。《教育大词典》(1998)指出,学习是由经验或练习引起的个体在能力或倾向方面的变化。我国台湾地区学者张春兴(2000)认为,学习是因经验而产生,是知识获得或行为改变的历程。尽管学者们对学习的理解不同,但大家普遍认为学习包括三个层次。

(一)人与动物的学习

指有机体凭借经验积累而产生的行为或行为潜能相对持久的变化。学习是人与动物共有的活动。人通过学习掌握知识、获得技能、形成品德。如人学会了使用语言、操作计算机、烹饪、驾驶等。动物通过不断尝试和实践,学会了寻找食物的技巧和躲避危险的方法。这些都是有机体通过实践或体验而产生的变化,是一种能够观察或测量的变化。如人从不会写字到会写字,鸟从不会飞到会飞。但有的变化是潜在的,是不能从外部观察到的。如人通过学习形成了表象、态度、志向、观念等。另外,学习引起的变化是比较持久的。稍纵即逝的变化,如由成熟、药物、疲劳、醉酒等引起的变化等,都不是学习的结果。

(二)人类的学习

指人在社会生活实践中,以语言为中介,自觉、积极、主动地掌握社会和个体的经验的过程。人的学习与动物的学习的本质区别在于:人掌握了口头语言与书面语言,有了语言才有了知识经验的积累和传递,才能将人类文化代代相传和发扬光大。人的学习内容非常丰富,不仅包括向个体直接学习,还包括对人类的整体经验的学习。如学生通过阅读书籍、听取老师的讲解来掌握科学文化知识;职场中的人通过参加培训课程、与他人交流等方式提升自己的专业技能和综合素质。人进行学习不仅是为了满足个人的需要,更是为了满足社会的需要。人通过学习不仅可以改变行为,还可以发展和塑造思维模式、情感态度、价值观念等;通过学习不仅要认识世界,更要改造世界。动物缺乏以词语为单位的语言,不能通过物化形式保存和传递它们的经验。动物学习是为了满足生理的需要,是为了生存,是本能的适应行为。

(三)学生的学习

指在学校教育环境下,在教师指导下,有目的、有计划、有组织地掌握系统的科学文化知识和技能,以及发展能力,从而形成一定世界观与社会道德品质的过程。学生学习是人的学习的一种特殊形式,既有人类学习的共同点,也有其特殊性。

学生学习的特殊性表现在以下三个方面。一是在教师的指导下进行。教师受过专门的教育和培训,了解学生身心发展的规律,懂得教学方法,能够按照教育目的、教学大纲、课程要求等培养学生。学生在教师的指导下学习,可以少走弯路且学得更多、更快、更好。二是学生的学习以间接经验为主。学生主要是通过教师的教学,学习人类丰富的知识、经验。学生在学习过程中,尽管也可能有所创新,但主要是学习前人积累起来的间接经验。因此,学生的学习与劳动者、科学家通过实践直接去探索尚未发现的事实与真理的认识活动不同。教师在教学中需要注意理论联系实际,使学生将所学的间接经验与他们的直接经验结合起来,帮助学生理解所学的知识和技能。三是学生学习有一定的被动性。学生通过系统性和规范性学习,可为未来发展奠定基础,从而逐步成长为具有一定知识和能力的社会成员。如果学生意识不到当前学习与将来生活实践之间的必然联系,意识不到学习的重要性和必要性,就会缺少学习积极性,产生敷衍心态。

二、学习的类型

学习是一种复杂的现象,不仅学习内容范围广,而且学习形式多样。许多心理学家主张将学习进行分类,以利于认识不同种类学习的特点以及特殊规律,便于提高学习效率。不同的心理学家从不同的角度将学习分为不同的种类。在这里,我们着重介绍下面几种主要观点。

我国教育心理学家冯忠良依据学习内容不同,将学习划分为三种。其一,知识的学习,指学生对知识的理解、掌握和应用的过程。主要解决的是学生是否知道以及知之深浅的问题。其二,技能的学习,指学生通过学习或练习获得动作经验的过程。技能又分为心智技能和操作技能,主要解决的是学生是否会做以及熟能生巧的问题。其三,社会规范的学习。是一种将外在于主体的行为要求转化为主体内在行为需要的内化过程,包括主体对社会规范的认识、执行及情感体验。

美国心理学家戴维·保罗·奥苏贝尔(D.P.Ausubel)依据学习的形式与性质,提出了二维的学习分类。一是根据方式不同,将学习分为接受学习和发现学习。接受学习是指教师直接将学习的内容以确定的形式传授给学生。发现学习是指教师并不直接传授知识,而是提供问题情境,以促进者的角色引导学生独立思考探索,发现知识、学习知识。二是根据学习材料与学习者原有知识的关系,将学习分为机械学习和有意义学习。机械学习是指学习材料不能与学习者原有认识结构建立联系,或者学习者缺乏意义学习的态度,靠死记硬背学习。意义学习是指学习者将符号等所代表的新知识与已有认知结构中的适当观念建立起实质的联系。

美国教育心理学家加涅(R.M.Gagne)依据学习结果不同,将学习划分为五种类型。其一,言语信息学习。指学生在学习后能用语言表达知识,有陈述观念的能力。例如,能够说出"细胞"的定义,表达出"心理健康"的含义。其二,智慧技能学习。指学生学习后具有运用概念和规则办事的能力,可以使用知识与环境互动。例如,学生在学习数学后,可以运用数学公式进行计算。其三,认知策略学习。指学生获得内部组织起来的、用于调节和控制认知活动的特殊认知技能,表现为调节和控制自己的注意力、学习行为、记忆、思维和问题解决过程。例如,学生掌握了遗忘规律并加以利用,从而提升自己的记忆能力。其四,动作技能学习。指学生通过练习获得按一定规则协调自身肌肉进行运动的能力,是一种平稳而流畅、精确而适时的动作操作能力。例如,弹琴、游泳、踢足球等。其五,态度学习。指学生习得的、影响个体行为选择的内部状态,是一种对人、对己、对事、对物的反应倾向。例如,学生在学习中勤奋努力,在生活中对同学热情友好等,都是一种态度。

上述教育心理学家关于学习类型的观点各有千秋,虽然他们的表述不完全相同,但存在一定的共同之处。

三、大学生的学习特点

大学生的学习是在大学教师的指导下,通过自己的勤奋努力来实现的。

大学生的学习与中小学生的学习比较起来，有自己的特点。主要表现在以下几个方面。

(一)学习的专业性

大学生学习的最大特点是具有很强的专业性。这是由高校要为社会培养各级各类专门人才的培养目标和任务决定的。专业性不仅体现在大学的专业设置、学科体系、课程结构、教学内容、教学实践等方面，还体现在培养大学生的知识结构、技能水平、智能水平和心理品质上。

(二)学习的自主性

大学生学习具有高度的自主性。大学生在学习中必须发挥主动性和自觉性，进而加强对自己学习行为的管控，调节自己的学习节奏；必须摆脱依赖教师的学习心理，也不能依靠家长的督促进行学习。大学生有更多自由支配的时间，要根据自己的需要、兴趣、特长等选择学习内容，加强学习管理，制订周密的学习计划，善于独立思考、刻苦钻研；要根据学习任务和自身特点，选择恰当的学习方法，从而获得良好的学习效果。

(三)学习的探索性

大学生的学习内容具有一定的难度和深度，面临诸多挑战，因此他们不仅要吸收和消化教师所传授的知识和技能，还必须主动大胆探索未知领域。大学生要具备强烈的求知欲和好奇心，不能一知半解、不求甚解；要敢于质疑、敢于提问，善于反思；要探索不同的学习方法和学习思维方式，以便更加全面系统地掌握所学的知识和技能。

(四)学习的实践性

大学生的学习具有很强的实践性，他们除了掌握课堂知识，完成教师布置的学习任务，还要参加社会实践活动，在社会实践中锻炼自己，提高自己的综合能力。大学生的社会实践活动主要包括专业实习、参与社会调查、进行社会咨询服务、短期务工等。通过社会实践活动，大学生能提高发现问题、分析问题、解决问题的能力，成长为满足社会需要的合格人才。

（五）学习的广泛性

大学生的学习内容非常广泛，不仅要研习必修的专业课知识，还要完成选修课内容，以及聆听学术报告，参与各种社团活动、兴趣小组活动等。大学生群体思维活跃，喜欢接受新观念、新事物，愿意体验各种有意义的活动。如积极参加各种知识竞赛、创业活动，在教师的指导下进行一些研究性工作等。大学生通过广泛学习，可开阔视野，丰富兴趣爱好，增加才干。

第二节 行为主义学习理论

行为主义起源于20世纪初的美国。行为主义认为一切知识都来自感觉经验，强调采用实证主义研究方法探讨问题。在关于遗传和环境对学习的影响的论争中，行为主义更加重视环境的重要性。行为主义心理学家人数众多，他们对于学习的解释虽然不完全相同，但都把学习看作是外显行为改变的过程，且主要表现在刺激与反应的联结上。

一、桑代克的联结论

桑代克（E.L.Thorndike）是美国著名的心理学家，曾是哥伦比亚大学的教授。桑代克一生从事心理学教学和研究，发表的论文众多，著作丰厚，对教育心理学发展影响重大。他通过研究动物的学习过程，提出了著名的联结主义理论，是动物心理学的开创者。

桑代克以小鸡、猫、狗为研究对象做了大量实验，其中最著名的是猫开门的实验。桑代克把一只处于饥饿状态的猫放入笼子里，笼子外面有猫喜欢吃的鱼。笼子内设计了可以打开门闩的装置，猫只要按下门闩，门就会打开（见图2-1）。当猫刚被放入笼子里时乱抓乱咬，试图逃出笼子。它在拼命挣扎的过程中偶然碰到门闩，最终逃出笼子并吃到了鱼。桑代克记下猫逃出笼子所需要的时间后，再一次把猫放回笼子内，让猫进行下一轮的尝试。如此反复多次，桑代克绘制出猫学习打开笼子的曲线（见图2-2），并由此提出了他的学习理论。

图 2-1　猫开门的实验

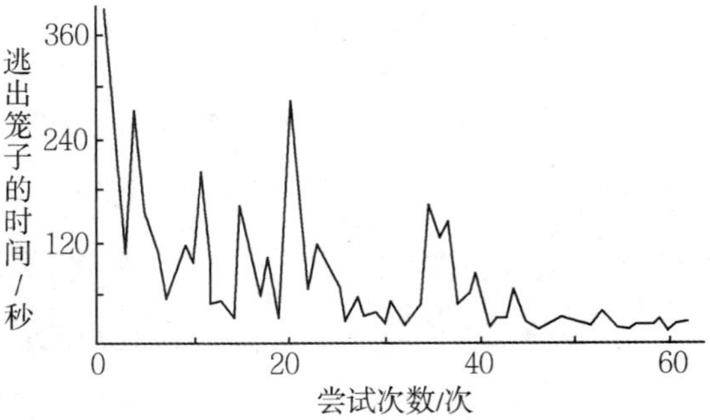

图 2-2　猫的学习曲线

(一)学习的本质

桑代克认为,猫的学习是刺激与反应之间的联结,即猫碰到门闩与开门反应之间形成巩固的联系。学习的作用在于形成、改变或消除某些联结,以适应环境。

(二)学习的过程

桑代克认为猫会开门的本领是通过尝试错误得来的,也就是说,猫的学习不是突然发生的,而是通过一系列尝试错误的过程达到的。关于这种尝试错误的过程,桑代克在他的著作中做了生动的描述:被放进笼里的猫显示出不安和逃脱拘留的冲动,它抓、咬铁丝,抓一切能抓到的东西。在做这些重复性动作的过程中,它总会抓到线或环或闩,从而打开门。在这个过程中所有导致失败的冲动逐渐消失,导致成功的动作因愉快的体验而逐渐被记住,经过多次尝试后,猫一旦被放进笼子里,立即就会以一定的方式抓闩或环来开门。桑代克把猫的这种学习方式叫作尝试错误学习。桑代克认为,人类的学习方式较之动物的学习方式虽然更复杂,但试误学习也是人类的主要学习方式。

(三)学习的定律

桑代克通过大量的实验,总结出了以下三条主要的学习定律。

1.准备律

准备律指神经系统的结构在特定的情境里,某些传导单位比其他传导单位更先进行传导。具体到桑代克的实验来说,就是在利用猫进行实验以前,要给猫禁食,使猫处于饥饿状态,这样猫才有开门吃鱼的动机。否则,猫就不愿意去开门。桑代克的准备律启发教师在上课时要注意唤起学生的学习动机,调动学生学习的积极性。

2. 练习律

练习律指学习者要经过反复练习才能够学会知识或技能。练习律包括应用律和失用律。应用律是指对一个已经形成的可以改变的联结,若加以应用,联结就会增强。失用律指对一个已经形成的可以改变的联结,若不应用,联结就会减弱。桑代克的练习律启发教师上课时要注意要求学生重复学习与练习,使学生能够温故而知新。

3. 效果律

结合桑代克的实验而言,效果律指猫开门的行为如果得到满意的结果,即吃到鱼,猫就会重复这种开门的行为;反之,猫开门后吃不到鱼,劳而无功,就会减少开门的动作,甚至消退开门的行为。效果律强调教师要注意反馈学生学习的结果。当学生得到满意的学习结果,取得优异的学习成绩时,教师应该通过表扬、鼓励、奖励等手段激励学生,促进学生更加热爱学习。

桑代克是教育心理学领域第一个以自然科学的方法研究动物学习实验的心理学家,他的学习理论较为完整和系统。他不仅试图说明学习是什么,还尝试说明学习的过程是如何进行的,有何定律。他所发现的学习本质,提出的尝试错误的学习方法,以及一些学习定律,对教师做好教学工作具有启发意义,能有效促进教师的教学和学生的学习。

桑代克虽然感受到人类的学习比动物的学习更复杂,但他过于强调人类与动物在心理上存在的相关性,反而忘记了人类与动物的根本区别,用动物实验中产生的学习情况来解释人类的学习,混淆了人类学习与动物学习的本质区别。他对学习心理机制的解释比较简单,把学习过程看成盲目的过程,抹杀了人类学习的目的性和主观能动作用,忽视了人类学习的复杂心理过程和意识水平。

二、斯金纳的操作性条件反射学习理论

斯金纳(B.F.Skinner),美国心理学家,新行为主义学习理论的主要代表人物。他在充分吸收桑代克、巴甫洛夫等人的学术观点的基础上,通过大量的实验,提出了操作性条件反射学习理论。斯金纳一生发表的论文与著作众多,是美国心理学界最重要最有影响力的人物之一。

斯金纳的学习理论源于动物实验,其中最经典的是老鼠按压杠杆实验。斯金纳把一只饥饿的老鼠放入实验箱中,实验箱里装有供老鼠操作的杠杆,还有暗藏的肉丸子。起初,老鼠偶然用嘴按压杠杆获得了肉丸子,吃到了食物。经过多次重复后,老鼠逐渐建立了按压杠杆与获得食物之间的联结,最终学会了通过按压杠杆获取食物的行为反应。(见图2-3)。

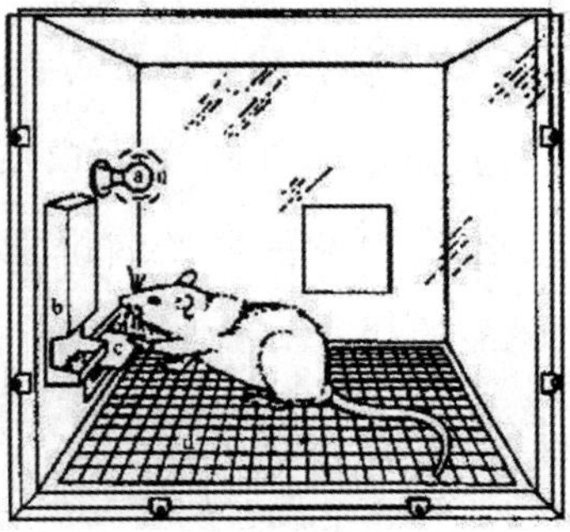

图2-3　老鼠按压杠杆实验

斯金纳为了区分自己的实验与巴甫洛夫的研究,将自己的研究命名为"操作性条件反射",并在此基础上建立了独特的学习理论。

(一)学习的本质

斯金纳认为,学习是反应概率的一种变化,这种变化是通过操作性条件反射实现的。概率指反应发生的可能性的大小量。在斯金纳的实验中,老鼠通过不断按压杠杆获得肉丸,杠杆成为获取食物的工具,因此操作性条件反射也被称为工具性条件反射。

斯金纳把任何刺激—反应都看成反射,认为有机体的一切行动都是由反射引发的。他把反射分为两种:一是刺激性条件反射。如食物刺激引起狗分泌唾液,属于S(stimulation,刺激)—R(reaction,反应)的学习过程。二是操作性条件反射。在这种条件反射中,有机体的反应是自发的,与任何已知的能够

观察的刺激都没有关系。如老鼠自发按压杠杆,属于R—S的学习过程。因此,有机体的行为也分为两种:一是应答性行为。在刺激性条件反射中,有机体的行为反应是由刺激引发的,为诱发反应。二是操作性行为。在操作性条件反射中,有机体的行为是自发的,所以又叫自发性行为。斯金纳将学习分为反射学习和操作学习,并指出操作性行为更能反映人类实际的学习情境,因为日常生活中人的大多数行为都属于操作性行为。

(二)学习的规律

斯金纳根据动物实验提出了他的学习规律的观点——习得律。习得律是指某一操作行为发生后若得到强化刺激,该行为的强度就会增加。例如,老鼠按压杠杆获得食物后,按压行为会增多;同样,学生认真学习获得教师表扬后,学习行为也会变得越好。初一看,斯金纳的习得律同桑代克的效果律相似,但斯金纳强调自己仅描述行为现象,而不像桑代克那样对行为结果(如快乐或痛苦)进行主观假设或解释。

(三)强调强化在学习中的作用

斯金纳认为,强化在学习中起着非常重要的作用,它是提高反应概率的手段。强化本身是中性的,其效果取决于如何使用或实施强化。强化实施得当,可以促进有机体的良好行为;强化实施错误,可能会导致有机体出现不好的行为。

斯金纳专门研究了强化,且把强化进行了分类。一是正强化与负强化。正强化是指某个愉快刺激的出现会提高有机体的行为反应。如奖学金的出现,提高了学生学习的自觉性和主动性。负强化指某个不受欢迎的刺激或厌恶刺激的退出会提高有机体的行为反应。如学生为了避免考试不及格这种情况的发生而努力学习。二是及时强化与延时强化。及时强化指有机体出现了一个行为以后,及时给予强化。如学生做了好人好事,教师及时表扬。延时强化指在行为发生后不立即强化,而是间隔一段时间后再强化。如当学生之间产生纠纷时,教师要通过调查弄清楚事情的来龙去脉,之后才能对学生批评教育。三是固定强化与偶然强化。固定强化是指按照预定时间、次数对有机体的行为进行强化。例如教师在学生完成一定数量的题目后给予表扬。偶然强化则没有固定规律,强化行为随机发生。例如教师根据学生的实时表现随时给予表扬或批评。

斯金纳认为,教育的本质在于强化,即教师通过科学运用强化手段来塑造、维持和矫正学生的行为。在实施强化时,教师需要特别关注强化时机的准确性、强化频次的合理性以及强化方式的恰当性等关键因素。

斯金纳将其学习理论与实验成果应用于学生学习领域,提出系统的教学主张。基于强化原理设计的教学程序不仅有效推动了计算机辅助教学的发展,而且促进了教育手段现代化,显著提高了学习者的学习效率。实践证明,强化不仅对各级各类学校的学生至关重要,对整个人类社会的发展也同样不可或缺。斯金纳的强化理论在管理心理学、教育心理学、社会心理学、心理咨询学及行为科学等领域得到了广泛应用,成效显著。斯金纳的理论因忽视人类学习过程中的主观能动性,并将意识、思维等心理活动排除在研究范围之外,同时模糊了人类学习与动物学习的本质区别而备受学界质疑。

三、班杜拉的社会学习理论

班杜拉(A.Bandura)是美国著名的心理学家、社会学习理论的创始人。班杜拉批判性地指出,以往多数心理学家通过动物实验来构建理论框架,却忽视了社会因素对人类行为的关键影响。班杜拉强调,人类自出生起就处于社会关系之中,个体的发展成熟始终离不开社会互动。他提出,人类学习主要通过社会交往中的观察得以实现,即对榜样示范行为的观察与模仿。为验证这一理论,班杜拉设计了一系列经典实验,并由此形成了以下核心观点。

(一)学习的种类

班杜拉把学习分为两种:一是直接学习,指学生通过反应的结果进行学习,即直接经验学习。前面讲述的桑代克、斯金纳研究的学习都属于这种,强调学习者在实际操作中获取知识,如学生通过教师的教学,学会了数学的计算方法。二是间接学习,即学生通过观察榜样的示范行为而习得行为的过程。班杜拉的社会学习理论强调间接学习。他认为,社会学习的主要形式是模仿,而模仿的前提是观察,没有观察,就没有模仿。所以,社会学习也被称为观察学习。在这一过程中,个体通过观察他人的行为及其强化结果,既能获得新的行为反应,也能对已有行为特点进行修正。

(二)强化的种类

班杜拉丰富和补充了斯金纳的强化理论,把强化分为三类:一是直接强化,指直接对学习者的行为结果进行强化。例如教师通过发放奖学金来鼓励努力学习的学生。二是替代性强化,指学习者通过观察榜样的行为及其结果而受到的间接强化。例如学生看到有的同学勤奋学习被保送研究生,于是效仿该同学,也勤奋学习。三是自我强化,指学习者根据自设的行为标准进行自我评价,并对符合标准的行为给予自我奖励,对未达标的行为进行自我惩罚。例如,一名学生设定学习目标,达成后奖励自己看一场电影。

(三)榜样的示范

班杜拉认为,在社会学习理论中,学习者经常要观察榜样,榜样的示范对学习者的行为习得有重要影响。为此,他专门研究了榜样的示范,并将其分为八种。

1.行为示范

指榜样通过自身的一举一动向学习者提供示范。如学生在动作技能、道德行为的习得中,教师对其进行示范。

2.言语示范

指依靠言语来传递行为模式。如学生通过阅读计算机的说明书,来操作计算机;又如学生跟着教师学习外语的发音等。

3.象征示范

指教师借助广播、电视、网络等媒介手段,通过视听结合的方式向学生系统展示榜样行为。这种示范有反复呈现、放大细节等优势,可以让学生更好观察,提升观察效果。

4.抽象示范

指榜样通过具体的行为示例来传递背后隐含的原理或规则。例如,教师在讲解例题时,例题中蕴含着某些基本原理,学生通过分析这些示例归纳出其中的规律并进行模仿学习。

5.参照示范

榜样在传授抽象概念时,会通过呈现具体参照物和示范实践活动来辅助教学。例如,教师在讲解抽象理论时,会运用直观教学法,借助实物展示或情景模拟等方式,帮助学生理解这个抽象概念。

6.参与示范

指观察与模仿相结合的示范。如教师上体育课,学生先观察教师的动作,然后进行模仿或操作。

7.创造示范

指学习者观察多个榜样,然后把这些榜样的行为综合起来,构成新的行为组合体。如孩子观察家庭中的多个成员,提取不同的态度,构成自己的性格特征。

8.延迟性示范

指学习者观察榜样以后不立即行动,而是经过一段时间(如若干年)才再现相似行为。如生活在暴力家庭的孩子,看到父母经常吵架或打架,长大以后可能会无意识地复现类似的行为。

(四)社会学习的过程

班杜拉认为,社会学习是一个过程,从开始到结束分为四个阶段,且四个阶段相互联系、相互影响。

1.注意过程

注意过程是社会学习的开始,没有注意就没有观察。有的学生不能正确模仿观察到的榜样行为,尤其是复杂的行为,是因为他们观察榜样时注意力不集中。因此,教师要尽可能从环境背景中消除不相关的刺激,并用语言将学生的注意力引向榜样示范最重要的方面。影响学生注意力的因素包括学生的感知能力、兴奋觉醒水平、过去的强化以及人格特征。另外,榜样的魅力、榜样的活动特征、榜样言行的复杂性等也会影响学生的注意力。实践表明,学习者更倾向于关注和模仿与自己相似或被视为优秀、热门及有益的榜样行为。

2.保持过程

在保持过程中,学习者只有先记住所观察的榜样示范的内容、动作等,才能按照同样的方式反应。学习者可以通过表象和言语编码,将观察到的东西长久保持在头脑中。

3.动作再现过程

指学习者把观察到的行为转化为自己的行为的过程,这一过程是以运动的形式再现出来的。班杜纳把这一过程分解为:反应的认知组合、反应的最初表现、对反应的监控、依据信息反馈进行的学习。也就是说,学习者要模仿榜样的示范行为,在模仿的过程中,必须对自己的行为进行调节和控制,进行不断修正,减少行为的误差,使自己的行为越来越像榜样示范的行为。

4.动机过程

班杜拉认为,行为结果对学习者具有信息和动机的双重作用。在提供信息方面,行为结果能够向学习者揭示哪些行为获得了奖励,哪些行为未获奖励,从而指导其未来的行为决策;在动机方面,受到强化的行为结果会促使学习者重复相同的行为,这种强化效应会增强行为动机。因此,被强化的行为结果不仅能引导学习者的行为选择,还能通过强化机制提升其重复该行为的动机。

班杜拉从人的社会性的角度来研究学习问题,融合了行为主义和认知理论中的部分观点,构建了一个更全面、合理的人类学习理论体系。人不是消极地接受刺激,而是积极地对这种刺激进行选择、组织和转移,以调节自己的行为。他把学习心理学与社会心理学结合起来,认为人的思想情感和行为不仅受直接经验的影响,而且受榜样的影响。他突破了传统强化理论的局限,创新性地提出替代性强化和自我强化等概念,纠正了行为主义将动物实验结论简单类推至人类学习现象的偏颇。他的研究更为准确地揭示了人类学习的本质特征，兼具重要的理论意义和实践价值。班杜拉的社会学习理论能够有效解释教师的示范教学对学生榜样教育的影响，以及学生在亲社会行为、攻击行为和社会角色形成等方面的表现。然而，该理论在认知因素的探讨上存在不足，主要局限于知觉观察的层面，且有些实验设计缺乏科学性、缺乏强有力的支撑。

第三节　认知派学习理论

认知派把学习看成复杂的内部心理加工过程，主张学习结果是形成反映事物整体联系与关系的认知结构。该学派特别关注学习的内部条件，重视学习者的主动性、积极性以及内部动机的作用，同时强调认知性条件(如过去的经验、背景知识、心智活动水平)和学习过程中信息性反馈的重要性。认知派的发展可分为古典认知派和现代认知派两个阶段，下文将重点介绍两位现代认知派心理学家的学习理论。

一、布鲁纳的认知发现学习理论

布鲁纳(J.S.Bruner)是美国心理学家，长期致力于对人的知觉、思维、教育和社会行为的研究。他撰写的《教育过程》被誉为20世纪最具影响力的教育著作之一。

(一)学习的本质

布鲁纳认为，学习是形成类目及其编码系统的过程，即将同类事物联系起来并构建为有意义的结构。他强调，学习的本质是认知结构的主动组织与重组，而认知结构作为人类认识活动的心理基础，具有递进性、多层次性，并不断从低级向高级水平发展。布鲁纳特别重视学习者的主体性，将人视为知识获取过程中的积极建构者——个体通过将新信息与既有心理框架主动关联，从而持续建构和发展自身的知识体系。

（二）学习的过程

布鲁纳认为，学习一门学科需要经历三个过程。一是新知识的获得。新知识与学生已有知识的关系是多种多样的，新知识可能是学生已有知识的重新提炼，也可能与已有知识相矛盾。新知识的获取能够促进学生已有知识的深化与拓展。二是知识的转换。学生需要对所学知识进行分析、综合和重构，将其转化为适合新任务的形式。这一过程有助于学生更灵活地运用知识，并进一步丰富认知结构。三是知识的评价。学生需要检查知识是否合理和充足，并反思处理知识的方法是否适当，以确保知识的有效整合与优化。

（三）强调理解学科的基本结构

布鲁纳认为，学科的基本结构包括该学科的基本概念、基本原理、基本法则以及学习的态度和方法。这种基本结构是一个层次较高的、结构化的、系统化的储存知识的较完整的网络，且具有检索和提取信息的作用。

理解学科的基本结构有利于学生理解学科的具体内容，因为多数具体问题本质上是原理、法则的具体化或变形。学科的基本结构中包含了普适性的编码系统，能够超越具体事例的特殊性和情境限制，具有强大的概括性和解释力，是最具迁移价值的知识。学生掌握学科的基本结构，有助于激发学习动机，培养学习兴趣和求知欲，认识到知识的内在价值，从而获得自我效能感并实现自我激励。

（四）提倡发现学习

发现学习指学生利用教材或教师提供的条件自己独立思考，自行发现知识，掌握原理和规律。布鲁纳倡导教师在教学中使用发现学习法。他认为，发现学习的优点在于能够有效激发学生的智慧潜能，培养学生的直觉思维，增强学生的内在学习动机，帮助他们掌握科学探究的方法，同时有利于知识的长期保持和高效提取。

布鲁纳提出的发现教学的基本步骤包括：(1)教师要提出学生感兴趣的明确问题；(2)教师要引导学生体验问题的不确定性，促使其主动探究；(3)教师要为学生提供解决问题的相关材料和线索；(4)教师要协助学生分析材料和证据、提出假设，搜集并整理可作为判断依据的材料；(5)教师要帮助学生审查假设，对比不同解决方案，最终确定最优方法。

总之，布鲁纳的学习理论强调学生学习的主动性，主张教师要通过启发学生的思维、开发学生的智力，培养其积极的学习态度和内在的学习动机，并教会学生如何学习，这对提高教学质量和学习效果具有重要促进作用。布鲁纳把自己的学习理论应用于教学实践，有效推动了美国20世纪60年代规模空前、影响深远的课程改革。然而，布鲁纳的理论也同样存在局限性，一方面，他过分夸大了发现法的作用，将学生的发现行为简单等同于科学家的科研活动，认为二者仅存在量的差异而无本质区别，这种观点显然过于片面；另一方面，发现教学法是建立在教师具有高超的教学能力和学生具有较强的自律性和思维能力的基础上的，但在实际教学中，教师往往难以驾驭这种方法，且存在耗时过多、效果不佳等问题。此外，布鲁纳的理论还忽视了教材结构应有的相对稳定性，同时还高估了学生的学习能力。

二、布卢姆的掌握学习理论

布卢姆(B.T.Bloom)是美国著名心理学家与教育家，曾任芝加哥大学和西北大学教授。他长期致力于教育理论研究和实践改革，提出的掌握学习理论对当代教育发展产生了重大影响。

(一)掌握学习理论产生的背景

布卢姆的研究表明，90%的学生在学习能力上并无显著差异，其学习表现的差异主要由师生双方的人为或偶然因素造成。

教师方面的原因主要有三个：一是错误的学生观在教师头脑中根深蒂固。部分教师不相信每个学生都能掌握其所教的内容，这种偏见在学校的分级制度中得到强化，并通过潜移默化的方式传递给学生，使其逐渐接受教师的低期望。这种错误观念导致部分学生被忽视，造成教育资源的浪费。教师的低期望降低了学生的进取心和学习动力，使许多学生在学习过程中屡遭挫折，自尊心和自信心受损，并对学校、学习感到厌烦，从而产生了逃避心理。二是教师没有为所有学生提供公平的学习机会。受固有观念影响，部分教师认为好学生能学得更多更好，给他们以积极的强化，鼓励他们参加课堂讨论、回答问题，把大部分时间和精力花在了好学生身上。相比之下，对学习困难学生的关注和支持则明显不足。三是教师的课程设计不够完善，未能针对学生的学习困难采取个性化有效措施。

学生方面的原因是每个学生的学习动机、学习态度、学习情感等不一样，他们在这些方面的差异影响着学习效果。反过来，学习效果也会影响学生的学习动机、学习态度和学习情感。布卢姆认为，学校的主要任务在于提升学生的学习动力和教师的教学质量，而许多学校在这些方面均未实现理想效果，为此，布鲁纳提出了掌握学习理论。

（二）掌握学习理论的基础及核心

掌握学习理论的发展基础是美国心理学家卡罗尔（J.B.Carroll）的学校学习理论。卡罗尔的学校学习理论的核心观点可以归纳为两点：第一，任何学生只要有充足的学习时间，就能完成任何学习任务，完成高级学习课题的潜力并非仅限于学习好的学生；第二，现实中出现的学生学习效果的差异，是由学生所需要的学习时间量与实际耗费的学习时间量的差异所致。

布卢姆在卡罗尔研究的基础上，提出了掌握学习理论。掌握学习理论坚持“所有学生都能学好”的学生观，其核心思想是学生之所以未取得优异的成绩，问题不在于智力方面，而在于未能得到适合其特点的教学帮助和所需要的学习时间。他主张只要学校提供有利的学习条件，任何教师都能帮助大部分学生而不是少数学生很好地学习，大多数学生都有能力学会教师所教的绝大部分内容。

（三）掌握学习理论的实施办法

布卢姆认为，学生的学习效果主要受三个变量影响：一是认知前提能力，即学生在学习新的内容之前必须具备的知识基础。二是情感前提能力，即学生渴望学习，愿意学习，有学习的动机。三是教学质量，要求教师根据学生的学习水平合理设计学习内容的难度。布鲁纳认为，这三个变量对学生学习达成度的影响分别是50%、25%、25%。教师上课要提高学生的认知前提能力，增强学生的学习动力，制订完善的教学计划并提高教学质量，这样才能全面提升学生的学习效果。

实践掌握学习理论的步骤主要包括以下几点：

第一,对学生进行诊断性评价,确定学习目标。诊断性评价旨在通过评估学生的入学基础、学习态度和学习习惯等,全面了解其学习状况,从而精准识别个体差异。这一评价方式为教师科学设计教学内容、明确知识技能培养目标提供了重要依据。诊断性评价是搞好教学工作的开端,有助于教师从学生的实际出发,制订切实可行的教学计划,实现因材施教。

布卢姆认为学习具有序列性,每个学习任务都包含后续学习所需的基础知识、技能和能力。如果学生未能掌握前面的内容,后续学习就会受到影响。因此,布卢姆主张教师应帮助每个学生扎实掌握每项学习任务,打好基础。这里的“掌握”一词,是指学生要达到教师设定的学习目标,并实现完全理解。

第二,单元课后测验,也叫作形成性测验或目标参考测验,其核心在于教师要预先设定单元掌握标准,通常要求学习的正确率达到80%—90%。达标学生可进入下一单元,未达标者则需接受个性化矫正教学,即教师将提供多样化学习资源进行针对性补救。这种以“反馈-矫正”为特色的教学机制,正是掌握学习模式区别于传统课堂的关键所在。具体而言,形成性测验通过诊断学生知识掌握程度(包括已掌握内容和存在困难),为教师提供精准的教学干预依据,从而实现个性化学习支持。

第三,总结性测验,也称常模参考测验。总结性测验题要求覆盖各单元的所有教学目标,教师要设定一个分数线作为学生总的掌握标准,对学生的学习情况进行总的评价,鉴别学生的学业水平。总结性测验既可以在学期结束时进行,也可以在学过几个章节后进行,其目的在于确定学生的不同能力水平及其相对排名。由此可见,掌握学习以班级为基础,通过集体教学实现。

布卢姆的掌握学习理论为大面积提升学生学习成绩提供了理论依据,对教育改革具有重要意义。传统学校功能往往局限于筛选和分层,导致学习机会与结果的不平等。布卢姆主张所有学生都有能力学好任何学习内容,强调学校应该为所有学生提供平等的学习机会,开发学生的智力,而不是只关心部分学生,却忽视另一部分学生。布卢姆的这一思想无疑对改变学校的传统功能具有挑战意义,为教育公平发展描绘出美好前景。

布卢姆的掌握学习理论通过多样化的“反馈-矫正”机制,在保持集体教学结构不变的前提下,可以有效解决因材施教与个体差异之间的矛盾。该理论使多数学生能获得个性化的教学支持和适宜的学习时间，充分激发学生的学习潜能与智慧，实现集体教学环境下近似个别化教学的效果，显著提升整体学习成效。

布卢姆的掌握学习理论不仅有利于维护学生的心理健康、激发学习兴趣，还能帮助学生建立积极的自我认知，增强学习的内在吸引力，从而形成持续学习的动力。同时，这一理论对教师提出了更高要求，他们不仅要传授知识、技能，关注学生掌握知识、技能的情况，还需要重视学生的情感体验、学习态度、自信心等非智力因素。然而，该理论在实施过程中要花费大量时间，教师若要按时完成教学计划，会遇到一定的困难，因此，需要教师在理论应用与教学实践之间寻求平衡。

第四节　人本主义学习理论

人本主义心理学是研究人的价值、人格、尊严、需要与自我实现的理论。该理论强调以学生为中心，教师要尊重学生，相信学生都有自己的潜力，要重视学生的需要、动机、兴趣、情感。同时，师生之间要建立良好的人际关系，共同营造积极的学习情境与氛围。人本主义的产生实现了近代心理学过度模仿自然科学方法而忽视人的特性这一研究方向的有力转折。

一、对学生的看法

美国心理学家罗杰斯(C.R.Rogers)是人本主义心理学的主要代表人物，他既是著名的心理学家，也是教育改革家。在长期从事心理咨询与治疗工作的过程中，罗杰斯将其获得的专业见解和实践经验延伸至教育领域，用以阐释学生的学习过程，从而形成了独特的学习理论。

罗杰斯对学生的看法是积极的，认为学生普遍具有自我发展与实现的倾向，以及追求成长、健康与适应的内在动机。在学习过程中，学生不仅进行智力活动，同时也进行情感调节。此外，所有学生都有获得尊重与认可的需求，并具备自我主导的潜能。

二、教育的目的

罗杰斯认为，教育的目的是培养能够适应变化、懂得学习、具有独特人格且全面发展的人。这些人应具有创造力、建设性，其行为合乎规律但又不可预测；他们有选择行为的自由，同时又有行为的责任感。

三、以学生为中心

罗杰斯在长期的心理咨询与治疗实践中发现，传统的治疗方式使患者处于被动状态，他们总是听任医生告知自己什么好，什么不好，应该怎样，不应该怎样，因而心理咨询与治疗的效果不理想。为此，罗杰斯提出了“患者中心疗法”的新理念，强调治疗应以患者为核心，医生要尽可能全面了解患者的经历、思想和情感，以温暖、友善和积极的态度引导患者深入自我探索，最终实现独立解决心理问题的能力。罗杰斯认为，教师与学生的关系如同医生与患者的关系。教师应尊重、关心每个学生，以真诚、热情的态度对待他们，避免成为刻板的“教科书”或冷漠的权威形象。为了彻底贯彻以学生为中心的理念，罗杰斯将教师的角色重新定义为“促进者”，其核心任务是推动学生的成长与发展。罗杰斯认为一个好的促进者必须具备三种品质。

1.真诚

教师应当真诚地向学生敞开心扉，真实地表达自己的情感，包括激情、关怀、偶尔的疲惫或生气等。这种教育理念与传统教育形成鲜明对比。传统教育中，教师往往以“传道授业解惑”的权威姿态出现，总是试图给学生树立好榜样，不敢流露真实情感。学生则被动地追求教师认可的学习目标。在这种师生相互掩饰真实情感的教育氛围中，容易滋生形式主义。新时代教育呼唤师生建立真诚的对话关系，教师唯有做到表里如一、以诚相待，才能打破师生之间的心理壁垒，促进学生全面健康成长。

2.认可

教师应当充分尊重学生的态度、思想与情感，承认它们存在的合理性与价值。具有接纳意识的教师能够理解学生在面对问题时的畏难情绪与迟疑，欣赏学生达成目标时的成就感，包容学生的执拗探索、阶段性消极表现，并始终支持学生为实现目标所付出的努力。

3. 移情性理解

教师应站在学生的立场，以学生的视角观察世界，理解其思想、情感和价值观，真正做到设身处地为学生考虑。罗杰斯提出的三种促进者特质，本质上揭示了教学中师生关系的核心要义。

四、强调有意义的学习

罗杰斯认为，学生应当积极努力学习，为面对未来而培养独立思考能力，并掌握既有价值又能充分理解的知识。他强调，当学生认识到所学内容的使用价值时，学习效果最佳。根据这一观点，学习可分为有意义学习和无意义学习。无意义学习内容枯燥难记，易被遗忘，成为学习负担；而有意义学习则涉及与学习者紧密相关的概念、原理，能有效激发学习动机。在有意义学习中，学生的认知和情感深度参与，把学习当作享受。罗杰斯认为，人生来就有学习的好奇心，喜欢探索发现，教师应善用这种内在驱动力，尊重学生的兴趣、爱好及自我实现需求，避免强制灌输学生不感兴趣的内容。他认为学习不是机械的刺激-反应过程，而是自发、有目的、有意义的行为。当学生觉察到学习内容与自己的目标相关时，真正的有意义学习便会发生。因此，选择具有实际价值和意义的教学内容，才能达成最优学习效果。

五、主张非指导性教学

罗杰斯在教学方法上主张非指导性教学，其具体实施包括：(1)由学生自主选择学习方向并自发开展学习活动。教学过程中，每个学生先提出各种问题，通过讨论形成大家感兴趣的问题，最终形成教学目标。在此过程中，教师负责将个体模糊矛盾的目标转化为集体共同目标。(2)教学的重点在于培养学生学会自学，至于学到的内容，则是第二位的。(3)对学习水平和意义的评价，以学生自我评价为主，辅以小组成员和教师(促进者)的建设性反馈意见。(4)着力营造倾听、融洽、活跃的教学环境。总之，非指导性教学要求教师减少讲授,转而成为学生学习过程的促进者。

罗杰斯的学习理论强调学习应具有个人意义,主张充分激发学生的潜能,实现其内在价值,这种对学生学习能力的乐观态度和坚定信念极具鼓舞性。该理论特别指出,教师应深入了解学生,尊重爱护学生,建立良好的师生关系,促进学生身心健康发展。这些观点对教师改进教学方法具有重要的启发意义。

该理论的主要不足在于过分强调以学生为中心的学习,而弱化了教师在教学中的主导作用。这种失衡容易导致教师陷入教学困境,学生则可能因纠缠于无关问题的争论而难以有效解决学习难题。此外,由于忽视教学内容的系统性和逻辑性,学生的学习容易停留在兴趣层面,难以形成完整的知识体系。

第五节　建构主义学习理论

20世纪90年代初,随着对人类学习机制研究的深入,建构主义学习理论逐渐兴起并发展成为教育心理学领域的一场革命性变革,在教育心理学领域产生了深远影响。建构(construct)一词来源于建筑学,指将预制材料如钢筋、水泥等通过组合建造形成新的结构体。在教育心理学语境下,建构指的是学习者通过新旧知识经验之间持续的双向互动,不断形成并调整自身知识体系的过程。建构主义学习理论的核心观点主要体现在以下几个方面:

一、建构主义的知识观

建构主义知识观与传统知识观存在本质差异。传统知识观认为,知识是客观世界的本质反映,知识是现存的,是独立于认识者的。人只有在正确反映外部世界的情况下,对知识的反映才是正确的。建构主义知识观则认为,首先,知识不是客观实在,不是对现实的准确表征,而是主体基于自身经验对现实的主观解释和假设。其次,人们对于世界的理解和意义赋予是由每个人自己决定的,是以自己的经验为基础来建构现实或理解现实的。每一个人的经验不同,对外部世界的理解也不同。最后,知识会随着人类的进步而发展。就教育实践而言,课本知识应被视为经过验证的暂时性假设而非绝对真理,学生的学习过程实质上是在理解基础上对这些假设进行验证、调整和重构的主动建构过程。

二、建构主义的学习观

传统的学习观认为,教师是教学的主体,教学是一个可以控制的系统过程。这种教学遵循一种工业流水线模式:教师首先确定教学目标,然后选择教学内容并组织实施教学,最后进行教学评价反馈。该模式的教学目标主要是培养学生的认知能力,发展学生的智力,但缺乏对学生的自主能力、合作能力和创新能力的培养。

建构主义学习观认为,学习是学生积极主动地建构事物意义的过程,而不是被动地接受外来信息。这一建构过程是双向的:一方面,学生基于已有知识对当前事物进行意义建构,以超越所给出的信息;其二,学生在运用原有知识时,并非简单提取记忆内容,而是根据具体情境的差异对知识进行适应性重构。学生由于要进行双向建构,就必须积极参与学习,保持认知的灵活性。

建构主义学习观认为,学习者的建构是多元的。由于事物具有复杂多样性、学习情感存在特殊性以及先前经验具有独特性,学习者对事物意义的建构呈现出差异性,因此建构主义特别重视学生学习的主动性、社会性和情境性。

三、建构主义的教学观

认知派的学习理论把教师看成学生学习的指导者、设计者,而建构主义更愿意把教师看成学生学习的帮助者、合作者。建构主义认为,教学不是由教师到学生的单向传递知识,而是师生在共同活动中,教师通过提供帮助和支持,引导学生从原来的知识经验中“生长”出新的知识经验,并对此逐步理解。在这一过程中,教师需要着力培养学生的问题分析与解决能力,促进其学习反思意识的发展,并尊重学生对知识的个性化建构。为实现这一目标,教师创设良好的、情境性的、多样化的学习情境,鼓励学生通过实验、独立探究、小组讨论、合作学习等方式进行深度学习,同时积极组织师生、生生之间的多维互动交流。需要注意的是,建构主义的教学观不是排斥教师在教学中的作用,而是对教师提出了更具有挑战性的新职责。

四、建构主义的主要教学模式

1. 随机通达教学

指学习者可以通过不同途径、不同方式进行相同教学内容的学习,从而获得对同一事物或同一问题的多角度的认识和理解。由于学生是从不同视角建构知识的,其理解必然存在差异性和不完整性,因此建构主义主张对同一学习内容要在不同时间、以不同方式进行多次学习。每次学习都应在重新设计的情境中进行,且每次的学习目标应各有侧重,分别聚焦于问题的不同维度。这种教学并非简单的重复巩固,而是通过创设多元的学习情境,使学生在不同学习阶段获得新的、多维度的理解。在实施过程中,教师需要提供基础学习情境,支持学生随机进入学习,注重思维能力的培养,组织小组协作学习,并及时开展学习效果评价。

2. 合作学习

是一种以小组为单位的互动学习模式,强调成员间的相互依赖、有效沟通与共同责任,通过协作完成学习任务,实现集体目标。建构主义认为,由于每个学生都以自己的独特方式理解和建构知识,因此这种建构是多元的,难免存在一定的局限性和狭隘性。为了解决这个问题,学生之间需要进行合作学习。通过合作学习,学生之间相互交流、取长补短、集思广益,进而认识到合作的价值、增进友谊,培养健康心理,减少学习焦虑。在这个合作过程中,学生学到不同的观点、解决问题的方法,从而领悟和理解新知识。合作学习要求教师按照"组内异质,组间同质"的原则对学生分组,组织学生合作学习,对学生的合作情况进行评价。

3. 情境性教学

指一种将教学活动与现实生活相结合的教学方法,旨在通过真实情境的创设,帮助学生掌握具有实践意义的知识与技能,从而有效解决现实生活中的实际问题。建构主义对传统教育进行了批判，认为教师的教学过于空洞、抽象、僵化，使学生无法学到实用的知识和技能，也无法在新的情境中迁移知识。如何缩小学生学习与现实生活之间的差距，是建构主义关心的核心问题之一。情境性教学要求教师应当选择真实性的学习任务作为学习内容。鉴于现实问题通常涉及多学科知识，建构主义主张教学应突破单一学科限制，注意学科交叉，设计的学习任务要与现实生活相结合，从而促进学生形成具体思维，获得更有意义的知识。

4.支架式教学

支架是为促进学习者知识理解而搭建的概念框架。这种框架中的概念是学生继续学习所必需的，就像建筑行业所使用的脚手架一样，学生沿支架逐渐攀升，由最初教师进行指导逐渐过渡到独立建构知识。在这一教学过程中，教师给学生提供范例、问题、建议、指南、图表等，搭建“脚手架”，引导学生探索；学生进入学习情境，开展协作学习，同时教师还要对学生的学习效果进行评价。

5.抛锚式教学

所谓锚(anchor)指的是支撑课程与教学的支撑物，通常是一个故事、一段历险或是学生感兴趣的一系列问题情境。抛锚式教学是一种以真实情境为基础的教学方法，它通过创设完整的问题情境激发学生的学习需求，并借助嵌入式教学、学习共同体成员间的互动交流，引导学生通过自主探究和知识建构，亲历从目标识别到问题解决的完整学习过程。抛锚式教学要求教师向学生介绍学习目的、呈现学习内容，将不同类型的“锚”呈现给学生，学生通过识别问题、分解问题、共同协作提出解决问题的方案，并解决问题。同时，教师要对学生的学习情况进行整体评价。

建构主义学习理论自产生以后，对教育心理学领域产生了深远影响。该理论强调学生学习的主动性和积极性，鼓励学生通过自己的经验和理解来构建知识。其核心要义包括注重真实的生活环境和社会因素对学生的影响，提倡在真实或模拟的情境中开展教学，以促进学生更好地理解和应用所学知识。建构主义提出的多种教学模式，丰富了学习理论，有助于培养学生的合作能力、独立思考能力、探索能力以及创新思维。同时,为教师优化教学设计、提升教学效果提供了重要的理论指导和实践启示。

建构主义学习理论虽然有其积极意义,但也存在一些明显的局限性。其一,对知识的看法过于激进,片面否认知识的客观性,过分强调真理的相对性和人的主观能动性,这种倾向容易导致认识论上的虚无主义和怀疑主义。其二,过分强调学生对知识的意义建构,可能导致学生忽视基础知识的学习,影响知识结构的系统性和连贯性。其三,实施建构主义教学模式,需要教师具备较高的专业能力和教学设计能力,这对许多教师来说是一个挑战,在实际教育环境中往往面临较大的实施困难。

本章小结

1.学习分为三个层次:一是人与动物的学习;二是人类的学习;三是学生的学习。学生的学习是指在学校教育环境中,在教师指导下,学生有目的、有计划、有组织地掌握系统的科学知识和技能,发展能力,并形成正确的世界观与良好的社会道德品质的过程。大学生的学习具有专业性、自主性、探索性、实践性和广泛性等显著特征。

2.我国教育心理学家冯忠良把学习分为知识的学习、技能的学习和社会规范的学习。美国心理学家奥苏贝尔将学习分为接受学习和发现学习、机械学习和有意义学习。美国教育心理学家加涅将学习分为言语信息学习、智慧技能学习、认知策略学习、动作技能学习和态度学习。

3.行为主义学习理论把学习看作是外显行为改变的过程。桑代克的联结论认为,学习是刺激与反应之间形成的联结,这种联结是通过尝试错误得来的。桑代克同时提出了学习的准备律、练习律和效果律。斯金纳的操作性条件反射学习理论认为,学习是反应概率的一种变化,提出了习得律,强调强化在学习中的作用。班杜拉的社会学习理论认为,人类的学习多数是在社会交往中通过对榜样的观察、模仿而进行的,并研究了榜样的示范和社会学习过程,提出了替代性强化、自我强化的概念。

4.认知派学习理论把学习看成复杂的内部心理加工过程,主张学习结果是形成反映事物整体联系与关系的认知结构,注重学习的内部条件,强调学习者学习的主动性、积极性。布鲁纳认为，学习是类目及其编码系统的形成，学习的过程包括新知识的获得、知识的转换和知识的评价，强调理解学科的基本结构，提倡发现学习。布卢姆的掌握学习理论认为，只要学校提供有利的学习条件，任何教师都能帮助大部分学生而不是少数学生很好地学习。他主张教师要对学生进行诊断性评价，确定学习目标，并进行单元课后测验和总结性测验。

5. 人本主义的学习理论强调教师要尊重学生，相信学生的潜力，重视学生的需要、动机、兴趣、情感等。罗杰斯的学习理论对学生的看法是积极的，认为智力正常的学生均具有求发展和自我实现的倾向，具有求成长、求健康、求适应的动机。教育的目的是培养能适应变化和知道学习、有独立人格且追求发展的人。该理论强调以学生为中心，学生要进行有意义的学习，教师是促进者，教师要对学生进行非指导性教学。

6. 建构主义学习理论认为，知识不是客观性的，不是对现实的准确表征，而是主体的经验、解释和假设；学习不是被动接受外来信息，而是一个积极主动地建构当前事物意义的过程；学习者的建构是多元的，学习具有主动性、社会性和情境性；教师是学生学习的指导者、设计者。同时，该理论还提出了随机通达教学、合作学习、情境性教学、支架式教学和抛锚式教学等教学模式。

复习思考题

一、简答题

1. 什么是学习，大学生的学习有何特点？

2. 桑代克提出的三大学习定律是什么，对教师有何启示？

3. 斯金纳操作性条件反射学习理论的要点是什么，教师如何促使学生强化学习？

4. 布卢姆的掌握学习理论对教师有何启示？

二、论述题

1. 论班杜拉观察学习法的要点，以及教师如何对学生进行榜样教育。

2. 论布鲁纳学习理论的要点，以及其对培养学生创造性思维的启示。

3. 论建构主义学习理论的要点以及对教师教学的启示。

三、分析题

大学生在学习中会遇到不同类型的老师,一是教师给学生布置较多作业,通过对学生的训练,帮助学生获取知识和技能;二是通过向学生提供学习材料,鼓励学生自主检索资料、归纳知识并得出结论;三是创设多种学习情境,通过设计单元化学习情境和开放性问题,帮助学生开展“随机通达”学习。

分析以上三种类型的老师分别属于哪种学习理论的支持者,并阐述其学习理论的核心主张。

第三章　大学生的学习动机

【内容提要】

学习动机是大学生学习活动的重要驱动力。教师应充分了解大学生学习动机的原理及规律,发挥大学生学习动机的作用,促进他们积极高效地学习。本章着重阐述大学生学习动机的含义及类型,学习动机的主要理论及影响因素,学习动机的培养和激发。

【学习目标】

了解学习动机的含义及分类,理解不同学习动机理论的主要观点以及影响大学生学习动机的主要因素,掌握培养和激发大学生学习动机的途径和方法,并能在教学过程中加以运用。

【学习重难点】

学习重点:学习动机的理论及影响因素。

学习难点:学习动机的培养和激发。

第一节　学习动机概述

学习动机是大学生学习活动的重要驱动力。大学生学习动机的性质和水平对其学习积极性和学习效果会产生重要影响。教师应充分了解大学生学习动机的原理及规律,发挥大学生学习动机的作用,促进他们积极高效地学习。

一、学习动机的含义

动机(motivation)一词源于拉丁文Movere,意为移动、推动。而学习动机(motivation to Learn)是激发、指引并维持大学生学习活动,使之朝向一定学习目标的一种动力倾向。学习动机是推动大学生学习行为的直接动力。大学生的学习活动主要由学习动机支配。他们的学习动机一旦形成,就会贯穿于学习活动的全程。学习动机与学习活动相互影响和制约。学习动机能够促进并加强大学生的学习活动,而学习活动可以激发或提高大学生的学习动机。

二、学习动机与几个概念的关系

(一)学习动机与需要

需要是个体内部的某种缺乏、不平衡状态。当个体的某种状态得不到满足时,会推动其寻找满足需要的对象,从而产生活动动机。需要是个体积极性和行动的重要源泉,对激发个体进行各种活动具有重要推动作用。大学生的学习动机是在需要基础上产生的。教师应该了解学生的学习需要。

(二)学习动机与内驱力

内驱力是个体在需要基础上产生的某种推动力,是个体需要产生时,内部产生的一种能量或冲动,是作用于行为的内部刺激。内驱力分为两大类:一是生理内驱力,如饥饿、睡眠、性等内驱力;二是社会内驱力,如获得归属感、赢得他人尊重等内驱力。内驱力与需要的关系密切。研究发现,需要与内驱力的关系呈正相关,内驱力能够引起个体的激活状态。

(三)学习动机与诱因

诱因是指激发个体定向活动、满足其需要的外部刺激或情境。诱因按其性质分为正诱因和负诱因。凡是驱使个体趋向或接近目标者,为正诱因,如教师对学生的表扬、鼓励、奖励,能够促进学生的学习;凡是驱使个体逃离或回避目标者,为负诱因,如教师的批评能够纠正学生上课讲话的行为。在学习动机中,内驱力和诱因有密切关系。教师可以先实施诱因诱发大学生的需要,然后唤起其内驱力。大学生的学习动机常常是由内驱力和诱因相互作用决定的。

(四)学习动机与目的

学习动机是大学生学习活动的动力和出发点,目的是大学生学习活动所要追求的目标和终点。学习动机是大学生“为什么要学习”的问题,目的是大学生“学习是为了什么”的问题。学习动机和目的的关系不是一对一的关系,而是错综复杂的关系。两者之间可能一致,也可能不一致。如一些大学生的目的是获得好名次,但他们的学习动机因人而异。有的大学生是为了得到教师的认可,在班级有地位;有的大学生则是为了检验自己的学习效果,得到自己渴望的东西等。教师了解学习动机与目的的复杂关系,有助于提高教学效果。

三、学习动机的分类

大学生的学习动机是在社会生活条件和教育的影响下逐步形成的,不同社会和教育对大学生的学习有不同要求,所以反映在大学生头脑中的学习动机是复杂多样的。根据不同的划分标准,大学生的学习动机主要分为以下几种类型(见表3-1)。

表3-1　学习动机的类型

分类标准	动机种类	主要特征
动机来源	内部动机	学习动机的产生不是来自外界的诱因、压力或奖惩,而是来自大学生的好奇心、兴趣和求知欲
	外部动机	学习动机由外部诱因、压力或奖惩引起
动机层次	高尚动机	学习动机与国家富强、家庭幸福、个人发展相联系
	低级动机	学习动机与利己主义相联系
动机地位	主导性动机	在学习活动中所起作用较为强烈、稳定、处于支配地位的动机。例如:学习英语主要是为了通过四、六级考试
	辅助性动机	在学习活动中所起作用较弱、较不稳定、处于辅助性地位的动机。例如:学习英语除了主导性动机——通过四、六级考试之外,也是为了考上研究生、看懂美剧、出国旅游等
动机作用	近景的直接性动机	近景的直接性动机是与学习活动直接相关联的,来源于对学习内容或学习结果的兴趣
	远景的间接性动机	远景的间接性动机与学习的社会意义和个人前途相关联

四、学习动机的作用

学习动机决定着大学生学习的方向和进程，影响着学习的数量和质量，以及学习效果。学习动机和学习效果在一般情况下是一致的，往往有什么样的学习动机就有什么样的学习效果。学习动机与学习效果之间并非总是一致。如有的大学生学习动机端正、学习刻苦努力，学习效果却不理想。可见，学习动机只是影响学生学习效果的众多因素之一。学生的学习效果还要受许多因素的影响，如教师教学水平的高低、教材的难易程度、学校的管理情况、学生的智力水平以及努力程度等。

学习动机对学习效果有影响，学习效果也会对学习动机产生重要作用。如学生在学习活动中取得成功，学习积极性会大幅提高，学习动机也会随之增强；反之，如果在学习中遭遇失败，学习积极性会受到消极影响，学习动机随之减弱。因此，学习动机与学习效果的关系是相互依存，互为因果的。

心理学研究表明，动机强度与效率水平之间并不是线性关系，而是倒U型曲线关系。这是由美国心理学家叶克斯（R.M.Yerkes）和多德森（J.D.Dodson）共同提出的"叶克斯—多德森定律"（见图3-1）。

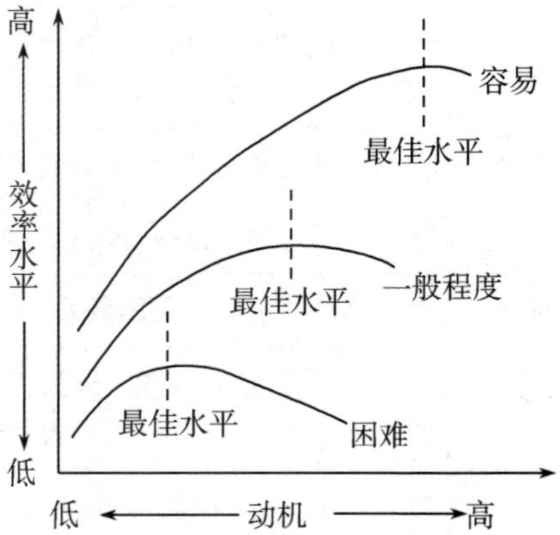

图3-1　叶克斯-多德森定律

该定律表明：（1）动机与效率之间存在倒U型关系，在一定范围内，效率随动机增强而提升；当动机超过最佳水平后，效率反而会随动机增强而下降。（2）动机水平随任务难度的不同而不同，在比较简单的任务中，效率随动机提升而提高；而随着任务难度增加，最佳动机水平则呈下降趋势。也就是说，在难度较大的任务中，保持较低的动机水平有利于任务的完成。（3）中等强度的动机最有利于任务完成。也就是说，当动机强度处于适度水平时，效率最高；而一旦动机强度超过了这个水平，对任务完成反而会产生一定的阻碍。例如，学习动机太强、急于求成，会产生紧张、焦虑等情绪，干扰记忆、思维等认知活动，使学习效率降低。典型的例子就是考试“怯场”现象，其主要原因正是动机强度过高所致。

第二节　学习动机理论

不同的心理学家往往以不同的理论为依据，对学习动机有不同的理解和看法，从而形成了学习动机理论的多样性和复杂性。主要有以下几种学习动机理论：

一、需要层次理论

人本主义心理学的主要创始人马斯洛的需要层次理论(hierarchy of needs theory)在众多动机理论中具有广泛影响。马斯洛认为，人类的动机由多种不同性质的需要组成，各种需要之间又有先后顺序和高低层次之分。马斯洛将人类的需要分为下面七个层次(见图3-2)。

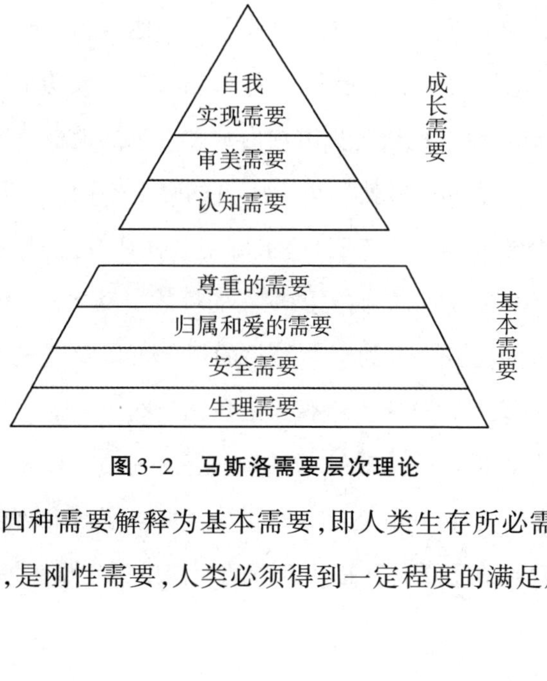

图3-2　马斯洛需要层次理论

马斯洛将前四种需要解释为基本需要，即人类生存所必需的需要。这些需要的弹性较小，是刚性需要，人类必须得到一定程度的满足后，才会产生成长需要。后三种是成长需要，即对人类发展自我、追求自我价值、获得成功的需要，这些需要弹性较大，不容易得到完全满足。马斯洛认为，高级需要是建立在低级需要基础之上的。

根据马斯洛的需要层次理论，家庭、学校和社会应为大学生创造良好的成长环境，使他们的基本需要得到满足，并促进大学生逐渐产生成长的高级需要。

二、成就动机理论

最早研究成就动机的是美国哈佛大学的心理学家默里（1938）。默里将成就动机解释为：一种努力克服障碍、施展才能、力求尽可能又快又好地完成某事的愿望或趋势。麦克里兰和阿特金森接受了默里的思想，并将其发展为成就动机理论（achievement motivation theory）。该理论的特点是用数量化形式描述人类的成就动机。他们认为，人类的成就动机是在成就需要基础上产生的，激励着自己在重要或有价值的工作中力求获得成功。如大学生想成为学习的佼佼者就是成就动机的表现。

麦克里兰认为，成就需要高的人倾向于独自承担责任，在完成任务中获得满足感。同时，成就动机的高低影响个体对职业的选择。成就动机高的人倾向于选择具有开创性的职业，而成就动机低的人倾向于选择风险小的职业。

阿特金森将麦克里兰的理论进一步深化。他认为，个体的成就动机包含两部分，一是追求成功的动机，指人们追求成功和由成功带来的积极情感；二是避免失败的动机，指人们避免失败和由失败带来的消极情感。

根据这两部分动机在成就动机中所占的强度不同，可以把个体分为追求成功者和避免失败者。研究表明，追求成功者往往会选择成功概率约为50%的任务，因为这种任务能给他们提供现实的挑战。反之，避免失败者会倾向于选择容易或困难的任务。因为选择容易的任务可以免遭失败，选择艰难的任务，可以借口任务太难而逃避失败带来的负面情绪。

认知心理学家奥苏贝尔认为，成就动机是一种复合动机，由三种内驱力组成。一是认知内驱力（cognitive drive），指学生要求了解和理解的需要，以及系统阐述并解决问题的需要。它是从好奇的倾向中派生出来的，属于内部动机。

学生对某个学科的认知内驱力不是天生的，而是依赖于学习经验，通过在实践中不断取得成功，逐步形成的。认知内驱力是一种最稳定、最重要的动机，因为它是指向学习本身的。二是自我提高内驱力(egoenhancement drive)，即学生因自己的胜任能力而赢得相应地位的需要。它把成就看作是赢得地位和自尊心的根源，属于内部动机。大学生由于担心学业失败伤害自尊心而努力学习就属于这种动机。三是附属内驱力(affiliative drive)，指学生为了得到家长、教师或者其他人赞许认可的一种需要。它取决于学生与家长、教师或者其他人在感情上的依附性，并能够从他们的赞许认可中获得派生地位。所谓派生地位不是由学生的成就水平决定的，而是从家长、教师不断给予的赞许认可中引申出来的；享受到这种派生地位的学生，会有意识地使自己的行为符合家长、教师的标准和期望，获得他们更多的赞许。这三种内驱力会随着学生的年龄、性别、学习年限、学业成就以及人格特征等因素的变化而变化。

三、强化理论

以桑代克、斯金纳为代表的行为主义心理学家用强化理论来解释学习动机的形成或激发。行为主义一直把学习的产生视为外在因素控制的过程，忽略学习者内部的自主性。他们认为，动机是由外部刺激引起的一种对行为的冲动力量。强化是引起动机的重要因素。强化可以使人在学习过程中增强某种反应发生的概率，使刺激与反应之间的联结得到加强和巩固。学生的学习行为是为了获得某种报偿。如果学生的学习活动得到教师赞赏、父母奖励、同学钦佩等，就会产生较强的学习动机；反之，学生没有获得优良的学习成绩，受到家长责骂、同学嘲讽挖苦等，其学习动机就会降低，甚至还会产生逃避性的学习动机。因此，在教学活动中，教师要善于正确运用强化原理，提高学生的学习动机。

四、归因理论

归因理论是由美国心理学家海德于1957年提出来的。他认为，人们具有理解世界和控制环境的两种需要，满足这两种需要的基本手段就是了解人们行动的原因,并预言人们将如何行动。人们做完一项工作后,往往喜欢寻找自己或他人之所以成功或失败的原因。韦纳认为,人们在分析成功或失败的原因时,一般归结为以下六个方面:(1)能力,个体评估自己对某项工作是否胜任;(2)努力,个体反省检讨自己在工作中是否尽力而为;(3)工作难度,个体凭经验判定某项工作的困难程度;(4)运气,个体认为工作成败是否与运气有关;(5)身心状况,个体的身心状况是否影响工作成效;(6)其他,指有关的人与事对成败的影响,如教师帮助,考试是否公正等。韦纳又按各因素的性质,将它们归入三个维度:因素来源——当事人认为其成败因素的来源;稳定性——当事人认为影响成败的因素在性质上是否稳定。可控制性——当事人认为影响成败的因素是否能够由个人意愿所决定(见表3-2)。

表3-2　韦纳成败的归因理论

归因类别	因素来源		稳定性		可控制性	
	内在	外在	稳定	不稳定	可控	不可控
能力	√		√			√
努力	√			√	√	
工作难度		√	√			√
运气		√		√		√
身心状况	√			√		√
其他		√		√		√

归因理论对教育实践活动的指导意义在于:教师可以根据大学生的自我归因,预测其学习动机。如果学生将成功归因为自己的能力、努力,将继续加油学习;反之,将成功归因于运气,将心存侥幸,幻想奇迹再次发生,学习动机不会提高。

按照韦纳的观点,凡是大学生将成败因素归因为内在的、可控的因素是积极归因;反之则是消极归因。如果大学生将学业成败归因于自己能力不足、运气不好、学习难度太大,久而久之就会形成习得性无助感(learned helplessness)。

习得性无助感的概念最初由美国学者塞利格曼(Martin E.P.Seligman)等人根据动物实验提出。在实验中,研究者先将狗固定在架子上进行电击,初期,狗激烈反抗,后来狗发现这种电击是无法预测、无法逃避和无法控制的,只有接受。久而久之,狗形成了一种无可奈何、焦虑不安、逆来顺受的行为特征。随后,研究者将狗置于带有矮隔板的实验箱中进行回避学习测试。对于正常的狗来说,这是容易学会的,可是对于那些遭受过电击的狗来说,它们先是乱抓乱叫,后来干脆趴在地板上甘心忍受电击,不进行任何抵抗。这一实验表明,当动物有了"某些外部事件无法控制"的经验后,会产生一种习得性无助感的心理状态,这种后天学会的无助感会导致动物出现反应性降低等消极行为,并阻碍新的学习。后来的研究进一步发现,当一个学生经常遭遇学习挫折和失败,且无法改变或克服这种状况时,就会产生学习上的习得性无助感。习得性无助感对学生的学习具有显著的负面影响,主要体现在以下三个方面。一是削弱学习动机。学生积极学习的要求降低,对学习不感兴趣,学习消极被动。二是出现认知障碍。学生容易形成自卑心理,低估自身能力,认为"自己不是学习的料",面对困难时容易退缩,甚至原本能够掌握的知识也难以学会。三是情绪失调。学生在学习中往往表现出冷漠、焦虑、悲观、颓丧等消极情绪,影响学习效果和心理健康。因此,教师应采取积极措施,帮助学生建立正确的归因方式,避免习得性无助感的产生,从而提升学生的学习成就感和自信心。

另外,教师反馈是影响大学生归因的重要因素,尤其是对缺乏自信、依赖性较强的学生,要想提高他们的学习动机,教师给予积极鼓励的反馈比其他方法更为有效。

五、自我效能感理论

自我效能感是美国心理学家班杜拉提出来的。他认为,人的行为受行为的结果因素(强化)和先行因素(期望)影响。期望包括结果期望和效能期望两种。前者是指个体对自己某种行为会导致的某一结果的推测。个体预测到某一行为将会导致特定的结果,该行为可能被激活或选择。例如,大学生认为上课积极发言会获得教师的重视和表扬,就会争取积极发言。后者是指个体对自己能否进行某种行为的实施能力的推测和判断。自我效能感是指人们对自己是否能够成功地进行某一行为的主观判断。当个体确信自己有能力进行某一活动时,就会产生较高的自我效能感,并从事该行为。例如,学生知道通过练习能够提高学习成绩,有能力掌握所学知识时,就会积极学习。

班杜拉等人研究发现,自我效能感主要有以下作用:(1)决定人们对活动的选择及坚持性。自我效能感高的人,倾向于选择富有挑战性的活动并能坚持到底。(2)影响人们在困难面前的态度。自我效能感高的人敢于面对困难,战胜困难。(3)影响活动时的情绪。自我效能感高的人往往情绪饱满,将注意力集中于问题情境的解决,并被激发出更大的努力,促进胜任能力的发展。

第三节　影响大学生学习动机的因素

大学生的学习动机受到诸多因素影响,在这些因素影响下,大学生形成具有各自特点的学习动机。一般来说,大学生学习动机的影响因素主要包括两大方面。

一、外部因素

影响大学生学习动机的外部因素包括家庭环境、学校环境和社会环境等方面。

(一)家庭环境

1.家长的期望

家长的期望是父母心中子女的成长模式、发展轨迹和目标。家长若对子女的期望一般包括学业期望、职业期望、品德期望、身心发展期望等。这些期望对子女的成长具有重要影响。国内外研究发现,家长若对子女的期望水平总体上与子女的学习成就呈正相关。家长若对子女的期望水平较高,会创造良好的学习条件,督促子女学习,促进其产生较高的学习动机。反之,家长对子女期望水平较低,子女感觉不到学习压力,学习动机难以形成和发展。但如果家长对子女的期望脱离实际,会增加子女的心理负担,使其不能充分发挥学习潜能,影响其学习动机的形成和维持。

2.父母的教养方式

父母教养方式是父母在抚养和教育子女过程中采取的手段和方法。一般来说,父母教养方式可分为专制型、民主型、溺爱型和忽视型等四种类型。研究发现,专制型、溺爱型和忽视型的父母教养方式与子女学习动机呈负相关,民主型父母教养方式与子女学习动机呈正相关。因为专制型父母教养方式要求子女按家长意愿做事,束缚了子女的发展空间,降低了其学习动机;溺爱型父母教养方式使子女在父母庇护下成长,当子女遇到困难时往往求助于父母,不力求自己解决,造成学习动机水平不高;忽视型父母教养方式则对子女的教育不闻不问,子女在成长过程中遭遇困难却无人帮助,因此,学习动机水平较低;民主型父母教养方式给予子女充分自由,必要时给予指导和帮助,尊重子女,重视子女独立能力的培养,因此,子女的学习动机水平较高。

3.父母的文化程度

父母的文化程度决定了其学习态度和所能营造的家庭氛围。父母的好学态度以及良好的家庭氛围对大学生的学习具有促进作用。研究表明,文化程度较高的父母,一般都热爱学习,喜欢读书和进修,他们能有意识地在子女面前树立学习榜样,促进大学生学习动机的形成和发展。一些文化程度不高的家长,沉迷于麻将等玩乐、不务正业,疏于对子女进行教育和关心,形成了不良的家庭氛围,阻碍了子女良好学习动机的形成。

(二)学校环境

学校是实施教育的专门机构。学校通过有目的、有计划的教育,激发和培养大学生的学习动机,发挥学习动机对学习的积极影响。学校教育在大学生学习动机形成和发展中起主导作用。

1.教师的作用

在学校教育中,教师是对大学生学习动机影响最大的因素,表现在以下方面:(1)教师的榜样作用是大学生学习动机形成的直接诱因。教师对大学生的影响是潜移默化的。教师治学严谨、学而不厌,以极大热情和兴趣从事教学科研,就会对大学生的学习动机产生积极影响;反之,教师对工作厌烦或冷漠,不思进取、不愿学习,会对大学生的学习动机产生消极影响。(2)教师对学生的期望也会对学生学习动机产生重要影响。教师对学生报以积极的学习期望,鼓励并爱护学生,学生就会勤奋学习,产生较高水平的学习动机。(3)教师的管理手段和方法是大学生学习动机形成的重要因素。奖学金分配的公平、公正,教师的各种奖惩手段、管理方法都对大学生的学习动机有重要作用。(4)教师教学策略的选择在塑造大学生的学习动机和类型上起着重要作用。只有教师在教学策略上兼顾大学生之间的差异,做到因材施教,才能使大学生热爱学习,对学习产生并保持浓厚的兴趣。教师还是联系学校与家长的纽带。他们将各种外部因素和内部因素有机结合起来,才会有利于大学生学习动机的产生和维持。

2.校园文化的影响

校园文化包括物质文化和精神文化两个方面。校园文化作为一种无形的教育力量,具有隐性教育作用,对大学生学习动机具有重要影响。

校园物质文化包括校舍布局和各种教育设施,如教室、图书馆、名人雕塑等。校园物质文化对大学生学习动机的影响是潜移默化的。例如,整洁优美的校园可以为大学生提供优良的学习环境,图书馆可以为学生探索新知识提供便利,名人雕塑可以激励学生对科学知识的探索,这些都在不同程度上满足大学生的需要,激发其求知欲,对学习动机具有重要作用。

校园精神文化是学校精神面貌的反映,一所大学的办学理念、学术氛围、文化底蕴等都影响着学生的学习动机,良好的学校教育制度、校风、班风、学风可以陶冶大学生情操,引导其树立正确的学习目标;学校的宣传栏可以宣传各种科学文化知识和好人好事,丰富的校园文化活动可以拓展大学生的知识和能力,使大学生对学习产生兴趣,激发学习动机。

(三)社会环境

学习动机是社会要求在学生头脑中的反映,社会环境制约着大学生学习动机的形成,对其产生重要影响。

1.社会舆论影响

一个国家对科学文化的要求通过社会舆论对大学生学习动机的形成产生重要影响。社会舆论是指人们在共同关心、有争议问题上多数人意见的总和。舆论是一种社会力量和社会压力,它对个体的行为有指导作用。正确的舆论能激发大学生积极的学习动机,坚定他们的学习信念;反之,错误的舆论则会降低大学生的学习动机,使他们不愿读书,厌恶学习。社会上存在的“读书无用论”思潮,使一些大学生学习动机不强,不愿读书而逃学或辍学。随着我国改革开放的不断深入,对尊师重道的重视,知识分子各方面情况的改善,人们对知识的重要性产生了新的认识,逐渐形成了知识就是力量、知识就是经济、知识就是财富的观念,在这种舆论的影响下,社会上出现了文凭热、读书热,这些对大学生的学习动机起着正确引导激发的作用。由此可见,社会舆论对大学生学习动机的形成有重要影响。

2.城乡来源差异

城乡来源差异对大学生学习动机形成也具有重要影响。苏秋红(2012)的研究表明,与城镇学生相比,农村学生对谋求就业和满足父母期望以及刻苦学习的动机水平更高,也更加刻苦、主动学习,对学习的兴趣明显高于城镇学生。因为农村学生与城镇学生相比,在家庭经济上存在着较大的差距,考上大学也更加不容易,因此他们更珍惜学习的机会,带着父母的期望,渴望通过学习在毕业后谋求一份好的职业,从而达到改变命运的目的。

二、内部因素

影响大学生学习动机的内部因素主要包括:大学生的人口学特征、认知特点、需要层次、人格差异等方面。

(一)人口学特征

影响大学生学习动机的人口学因素主要表现在性别、年级、学科等方面。

1.性别特征

有研究认为,女生比男生更顺从家长和教师的教育和期望,因此女生的学习动机明显高于男生。大学女生在专业方面的学习动机要优于大学男生。苏秋红(2012)的研究表明,大学专业学习成绩在前30%以内的女生明显多于男生,专业学习成绩在后30%的基本上为男生。在被问及大学中最重要的事情,选择“学习”的男生和女生分别为33.57%和64.86%。而女大学生比男大学生更在乎教师对自己的看法。丁阳(2014)的研究表明,在求知进取、社会取向和害怕失败这三种动机上,男女大学生差异显著。男生的社会取向动机水平显著高于女生,而求知进取和害怕失败这几种动机水平则远远落后于女生。

2.年级特征

大学生学习动机在年级上存在着较明显的差异。大学生在刻苦钻研、主动学习、对学习感兴趣、谋求就业的动机水平随着年级的提升而逐步升高。大三学生学习自觉性、独立性比一年级、二年级学生要高,较多学生能够将时间用来学习专业知识,当学习与娱乐活动发生冲突时,大三学生抵制诱惑的能力明显比低年级学生强,在是否清楚自己的学习目标问题上,大三学生比其他两个年级学生更清楚自己的目标(苏秋红,2012)。吴超等人(2016)的研究发现,大三学生的自我效能感水平也是最高的。大一新生在成就动机和求知进取动机两方面的得分较其他年级明显偏低,他们对自己的所学专业、以后的就业和将来的成长都没有很清醒、很全面的认识,加上丰富多彩的社团活动、休闲娱乐、恋爱交友等强有力地吸引着新生,因此,在大学中要着重对大一新生进行引导,增强其专业学习动机(丁阳,2014)。

3.学科特征

一些研究表明(丁阳,2014;苏秋红,2012;杨颖,2018),理科大学生的学习动机高于文科大学生的学习动机。在求知进取动机上,理工科的大学生较文史类大学生学习更加积极主动,理工科的大学生学习兴趣比文史类大学生更强,遇到问题时,肯钻研,直到弄懂为止。理工科的大学生更注重平时知识的积累,在内容上更注重衔接性,在学习上更具有意志力。而有的文史类大学生考前几天“临时抱佛脚”往往也可以使自己在考试中得到一个还算不错的成绩,这样的学习方式使得文史类的大学生平时的学习较为放松,不够刻苦努力,钻研劲头远远不足。

（二）认知特点

随着时代的发展，大学生的主体意识逐渐增强，批判思维能力亦趋于成熟，自我角色认同感呈现多元发展，他们不再一味按照学校的规章制度以及教师的要求去做，而是会根据自己的性格、特长与现实情况，选择适合自己的东西学习。因此对大学知识的认知左右着他们的学习动机水平，影响着他们的学习方式。比如，在英语学习方面，有些同学认为，自己毕业后不会从事与英语相关的工作，没必要花大功夫去学习英语；在专业学习方面，有些同学认为，课堂上教师所教的内容不一定考，即使考好了对就业也不一定有用，专业也不是自己喜欢的，未来从事的工作不一定跟本专业相关，所以考试成绩不用高，能及格就行，还不如花时间考证或者打工赚点钱。一旦学生对课堂失去期待，他们的学习动机就会随之减弱（康雅婷，2018）。学习成败经验也会影响大学生的认知，从而对学习动机产生重要影响。成功的经验能增加学生的自我效能感，提高其学习动机水平，失败的经验则会降低其自我效能感，降低学习动机。

（三）需要层次

大学生需要的形成和转化是影响学习动机形成的重要因素。每年我国英语四、六级考试和期末考试时，学生学习积极性会快速提高，主动学习的倾向会更加明显，图书馆和自习教室总会出现“一座难求”的现象，这就反映了大学生考证和毕业的需要。每个大学生的成长环境各不相同，形成了他们各自不同的需要。大学生有的需要是正确或合理的，如尊重、求知、审美和自我实现的需要。有的需要则是不正确或不合理的，如盲目追求奢侈享乐和高档消费品的需要。正确或合理的需要有利于学生学习动机的培养和激发，不合理的需要则会阻碍学生学习动机的形成。因此，教师应该满足学生的合理需要，引导大学生消除不合理需要，促进学生学习动机的形成。

（四）人格差异

每个大学生的人格特征不同，造成其学习的成就动机、归因等方面的差异。外倾型人格的大学生由于对外部事物的关心和兴趣，会把成败归因于外部因素。内倾型人格的大学生则相反,容易将成败归因于自身的内部因素。成就水平高的大学生对自己的能力充满信心,往往喜欢内部归因。他们将学业成功归功于自己的努力等内部因素。一旦学业失败,他们会认为是自己采取了不合适的策略,没有付出足够的努力,于是会更加努力。而成就水平低的大学生,往往缺乏自信心,尽力避免失败,倾向于外部归因。即使他们成功了,也往往归因于工作难度低等外部因素。教师应充分了解大学生的个体差异,根据其差异,采取不同措施激发其学习动机,促进其积极高效地学习。

第四节　大学生学习动机的培养和激发

学习动机的培养是使大学生从还没有形成学习动机到产生学习动机的过程。学习动机的激发是在教学情境下,利用一定的诱因,将大学生已形成的学习需要由潜在状态转变为活动状态,形成学习积极性的过程。两者既有区别又有联系,教师应采取有效手段来培养和激发大学生的学习动机。

一、大学生学习动机的培养

大学生的学习动机是通过教育和环境的影响以及与其交互作用逐步形成的。大学生学习动机的培养主要有以下几种方法:

(一)了解和满足学生需要

根据马斯洛的需要层次学说,人的需要可以分为基础需要和成长需要两大类。大学生在学业上获得成就的动机属于成长需要,它必须在基础需要部分或全部满足的基础上才能产生。所以,教师应当重视和研究大学生的心理需要,通过观察法、调查法、谈话法等诸多方法了解学生需要的特点。大量研究发现,我国大学生的需要是丰富多彩、多元的,涉及求知、求美、友情、成就、权力、自尊自立、归属、物质享受等。教师要分析大学生的这些需要是否合理,是否得到满足;分析大学生是否得到家庭应有的温暖,是否因家庭经济困难影响学业,是否得到同学的友谊,是否他们的需要出现了偏差而把精力用于玩电脑游戏、不务正业等。教师在满足学生的合理需要时，必须考虑选择有效强化物，即选择学生喜欢、想得到的物品或活动来强化其学习动机。通过采取一些训练和强化手段使学生掌握一系列认知和行为策略，使之内化成心理需要，形成较高的学习动机。

（二）加强成就动机训练

学习成就动机是在一定社会、教育条件下形成，通过一定训练培养和提高的。很多研究表明，要加强对大学生的立志教育，通过成就动机训练可以提高其学习成绩，使学业获得成功。成就动机训练一般分为以下几个步骤（见表3-3）：

表3-3 成就动机的训练步骤

阶段	训练内容
意识化	通过对大学生的讲授、谈话、讨论，使他们意识到成就动机的重要性，注意到与成就动机有关的行为
概念化	通过多种方法，使大学生理解和成就动机有关的概念，如目标、风险、努力、勤奋、挫折等，并搞清这些概念与成功之间的关系
体验化	通过创设活动情境、主题班会等，使大学生体验成功，获得成就的经验和感受
练习	通过多次练习重复，不断加深大学生对成功的理解和体验
迁移	促进大学生将学到的对成就动机的理解、体验、行为策略应用到其他场合，能够举一反三，触类旁通
内化	大学生将成就动机转化为自身的需要，逐渐成为自己价值观的一部分，能够指导自己的学习，知道如何获得成功

（三）培养积极归因观

大学生的归因倾向是后天形成的，教师的反馈是影响大学生归因的重要因素。教师对大学生学习情况和学业成绩的归因要实事求是，避免产生对学优生的“光环效应”，对学困生的偏见。教师要了解学生的归因倾向，对学生的归因进行训练，教他们学会正确归因，促进其学习。教师训练学生归因的方法主要有以下三种（见表3-4）。

表 3-4 训练大学生归因的方法

方法	训练过程
观察学习法	大学生观察归因榜样,模仿榜样的归因,从而学会正确归因
团体讨论法	把学生分为小组讨论学习成败的原因,集思广益,教师指出学生归因的误差,引导他们做出符合实际的正确归因
强化矫正法	教师结合教学内容,根据学生的归因情况,进行奖励与批评,使学生形成比较正确的归因

(四)形成正确自我概念

正确自我概念的标志是具有自尊心。人本主义学家罗杰斯认为,自尊心是经由自我评价之后自我接纳时的自我价值感(self-worth)。库珀史密斯认为,自尊心的满足必须具有三个条件:(1)重要感,指个人觉得他的存在是重要和有意义的。大学生的重要感主要来自父母的关爱、教师和同学的认同。(2)成就感,指个人在具有挑战性的工作中表现出成就,达到预期目标时所产生的满足感。大学生在学业上的成就感是形成正确自我概念的关键。(3)有力感,指个人觉得自己有处理事务与适应困境的能力。大学生能够应付学习任务的压力,独立完成作业,就会产生有力感。有力感是使学生敢于面对困难、接受挑战的重要心理特征,也是克服困难、获得成功的重要因素。因此,教师应创设各种条件,教育大学生正确认识自我,发现自己的长处与短处,积极培养大学生的重要感、成就感和有力感。例如,教师要接纳和关爱每个学生,减少或杜绝对学困生的偏见,根据学生的个体差异,因材施教,使其获得成功经验,促进大学生形成积极、正确的自我概念。

(五)提高自我效能感

大量研究发现,自我效能与学生的学习动机与学习成绩呈正相关。班杜拉(1981)的研究发现,那些对数学毫无兴趣、数学成绩特别差的学生,经过一段时间的训练,他们的成绩和自我效能都显著提高了,而且自我效能与数学活动的内部兴趣呈明显的正相关。通过学生的自我效能水平,可以准确地预测学生的学业成绩水平。国内学者何先友(1993)通过实验研究也发现,自我效能不仅与学习成绩呈正相关,在教学实践中通过一定方法和措施也是可以提高的。

许多学生，尤其是学习成绩不良的学生，由于对自己的学习能力持怀疑态度，表现出较低的自我效能水平，在学习中努力程度不够，进而影响学习成绩。教师首先可以通过为他们选择难度适合的任务，让他们不断地获得成功体验，进而提高自我效能水平。其次，让他们观察那些与自己能力相当的学生的学习情况，通过获得替代性经验和强化来提高他们的自我效能，使他们确信自己也有能力完成相应的学习任务，从而推动学习的进行。最后，教师可以通过指导、建议、鼓励以及帮助学生调节好身心状态等方式来提高学生的自我效能感。另外，教师还可以通过归因训练改变学生对自己学习能力的错误判断，形成正确的自我效能判断。

二、大学生学习动机的激发

为了使大学生具有较高水平的学习动机，就需要将他们的潜在学习动机激发为活跃的学习动机。只有充分激发大学生的学习动机，才能促进他们搞好学习，提高学习效果。主要有以下几种方法：

（一）创设问题情境

创设问题情境是指教师提供的学习材料、条件、实践和操作能使学生产生疑问，渴望通过活动探究问题的答案。创设问题情境是激发大学生认知兴趣和求知欲的有效方法。大学生所处的青年时期是喜欢质疑、探索的时期，教师在教学内容和大学生求知心理之间制造一种不协调，把大学生引入一种与问题有关的情境，这个过程就是不协调—探究—深思—发现—解决问题的过程。教师设置的问题情境要符合大学生的认知水平和知识基础，利用学生对新事物、新知识的敏感性，在他们心理上造成悬念，启发学生发现疑问，并引导学生科学解疑，从而使他们的智力活动及学习动机达到最佳状态。

（二）正确运用奖惩

奖励与惩罚是对大学生学习动机的一种强化方式。它可以提高大学生的认知水平，激发他们的学习动机。一般来说，表扬和奖励比批评和指责更能激发大学生的学习动机。美国心理学家罗斯和亨利的研究表明，得到及时评价的学生比没有及时得到评价的学生的学习效果要好。佩奇的研究也发现,教师对学生的针对性评价要优于泛泛而谈的评价。由此可见,教师的及时和针对性评价对大学生学习动机的激发具有重要作用。教师要通过外部的力量,如表扬、鼓励、批评等,使学生的外部动机逐步转化为内部动机。当学生的内部动机逐步形成并稳定后,则应把学生的外部动机作为辅助手段,维持和巩固其内在动机。

教师在运用奖励和惩罚时应注意:(1)不能滥用。教师对学生的表扬或批评必须坚持实事求是、客观公正的原则,避免副作用的产生。对学生的过度批评会使他们丧失学习信心,挫伤学习积极性,甚至形成学习无助感;滥用表扬则会滋生学生的骄傲情绪,导致他们放松努力,学习动机减弱。(2)多表扬、少批评。行为主义理论认为,受到奖励的行为重复出现的可能性高于没受到奖励的行为。因此,教师要多用表扬,少用批评,尤其是对学习困难的学生,更要善于发现他们的闪光点,及时给予表扬,帮助他们树立学习信心。(3)有针对性地表扬和批评。在表扬和批评时对事不对人。在表扬和批评学生时应考虑其个体差异,有的放矢,方可起到事半功倍的效果。

(三)妥善处理学习竞争

竞争是激发大学生学习积极性和求胜心的一种有效手段。研究表明,竞争能加强大学生的学习动机,激发他们的积极性,满足他们的成就需要。但竞争会带来负作用。因此,教师在运用竞争方式时应注意以下几点:(1)不可滥用竞争。频繁的竞争会造成过度紧张的学习气氛,加重学生的学习负担,使胜利者骄傲自满,目中无人,或为了保住第一,循规蹈矩,不敢创新;使失败者丧失学习信心,形成自卑感。(2)强调团体竞争。团体竞争可以增强学生的协作精神,有利于集体主义精神的培养,使他们免遭失败造成的伤害。但教师要避免团体竞争的不利影响,如依赖思想、责任分散等。(3)提倡个人的自我竞争和团体的自我竞争。鼓励学生或集体不断提出新目标,不断进步,力求发展,尽力做到“今天比昨天好,明天比今天更好”。(4)让学生在竞争中获得更多的成功机会。教师在组织竞争活动时,应考虑尽量让更多的学生获得成功的机会,以提高其自信心。

（四）及时提供学习反馈

反馈干预理论认为，评估反馈能引导学生将注意力集中于任务完成，从而激发学习动机。杨春、路海东（2015）的研究发现，任务反馈引导大学生将关注焦点集中于学习任务要求完成的多少，激发了学生完成任务的动机目标，对学习成绩的提高有积极的影响。

通过反馈，学生可以及时了解自己的学习结果，包括运用所学知识解决问题的成效、作业的正误、考试成绩的优劣等。看到自己的成功、进步，会增强信心，提高学习兴趣；了解自己的不足与错误，可以及时改正，加倍努力，力求获得成功。

运用反馈时，要注意反馈必须清楚、具体、及时并常规化。班杜拉发现，不管外界的奖赏具有多大的价值，如果只是偶尔才能得到的，那么，它的动机价值还不如小的但能经常得到的奖励。心理学家登普斯特（1991）的研究发现，经常给学生提供一些小测试比很长时间后进行一次大考，更易于评定和促进学生的学习。

本章小结

1.学习动机是激发、指引并维持大学生学习活动，使之朝向一定学习目标的一种动力倾向。学习动机与需要、内驱力、诱因、目的关系密切；对学习动机有不同的分类。

2.学习动机理论主要有：需要层次理论、成就动机理论、强化理论、归因理论、自我效能感理论。每种学习理论对学习动机的解释都有其特点，对大学生学习动机培养和激发有不同启发。

3.影响大学生学习动机形成的因素主要包括外部和内部两个方面。外部方面主要有家庭、学校、社会三个因素；内部方面主要有大学生的人口学特征、认知特点、需要层次、人格差异等。

4.对大学生学习动机的培养应注意：了解和满足学生需要，加强成就动机训练，培养积极归因观，形成正确自我概念，提高自我效能感。

5.对大学生学习动机的激发应做到：创设问题情境，正确运用奖惩，妥善处理学习竞争，及时提供学习反馈。

复习思考题

一、简答题

1.学习动机的含义是什么,学习动机的分类有哪些?

2.马斯洛需要层次理论的要点有哪些,如何理解?

3.韦纳的归因理论将归因分为哪几个方面,如何理解?

二、论述题

1.论成就动机理论的主要观点及作用。

2.论自我效能感理论的主要观点及意义。

3.论影响大学生学习动机的因素。

4.论教师对大学生的学习动机的培养和激发。

三、分析题

李明是一名大学二年级的学生,他的父母在老家做生意。李明认为,既然已经考上了大学,学习上过得去,能按时毕业就行了,还不如在大学里多做点兼职赚钱,毕业以后回家跟父母一起做生意。于是,李明的学习动机不强烈,各科成绩都是六七十分,对学习抱着应付的态度。李明的学习动机存在哪些问题?教师如何培养和激发李明的学习动机?

第四章　大学生的知识学习

【内容提要】

学习和掌握知识历来是学生学习的主要任务之一。本章着重阐述与分析了知识的含义及知识的分类，陈述性知识和程序性知识学习的心理机制，以及这两种知识的区别与联系，陈述性知识向程序性知识转化的方法、知识迁移的途径等一系列问题。

【学习目标】

学完本章以后，应该能够认识知识的含义，了解知识的分类，理解陈述性知识和程序性知识学习的心理机制，以及这两种知识的区别与联系，掌握陈述性知识向程序性知识转化的方法、知识迁移的途径，能运用所学知识的原理组织教学。

【学习重难点】

学习重点：陈述性知识与程序性知识的心理机制。

学习难点：知识的转化与迁移。

第一节　知识学习概述

在现代社会，知识已成为推动科学技术进步和社会经济发展的重要动力。因此，知识的学习和掌握对大学生尤为重要。大学生只有形成获取和交流知识的能力，才能迎接现代社会的挑战，在竞争社会中立足。

一、知识的含义及类型

知识是人们在日常生活中使用非常广泛的一个术语。长期以来对知识的研究涉及哲学、教育学、心理学等领域。不同的学科领域,对知识有不同的探讨和理解。20世纪50年代以前,行为主义流派在心理学领域占统治地位,行为主义心理学只关心有机体的行为变化,拒绝研究知识,认为研究知识是哲学家的专利,对知识的认识仅停留于哲学层面。因此,传统的心理学知识观受哲学的影响,认为知识是人们在改造世界的实践中获得的认识和经验的总和。20世纪80年代以后,现代心理学受信息论、计算机等其他学科的影响,对知识有了全新的认识,形成了新的知识观,但关于知识的定义一直存在争论。如加涅(1985)认为,知识是用言语符号来标志某种事物或表述某些事实。霍华德(1995)将知识定义为由信息构成的、存于长时记忆的表征。我国的心理学家一般认为,知识是个体通过与其环境相互作用后获得的信息。知识是个体为适应生活环境所拥有的一切信息。尽管心理学家对知识的解释不完全相同,但他们都认为知识是人类所拥有的信息,知识能通过书籍、计算机或其他媒介贮存。根据不同的分类标准,可以把知识分成不同的类型(如表4-1)。

表4-1　知识的分类

分类标准	知识类型	特征
知识的来源	直接经验知识	通过亲身实践活动而获得的知识,如通过参观访问、调查获得的知识
	间接经验知识	通过书本和大众传媒等途径而获得的知识
知识的层次	感性知识	通过感觉器官直接获得的知识。这种知识是对事物的外部特征与外部联系的反映
	理性知识	通过思维活动而获得的知识。这种知识是对事物的本质特征与内部联系的反映
知识的范围	一般知识	对一类事物的普遍知识,如生活知识
	特殊知识	对具体事物或专门事物的知识,如医学知识
知识传递难易	显性编码化知识	易于用言语传递,可以编码外显的知识,如文字、数据的陈述和处理
	隐含经验类知识	只能意会的内隐经验类知识,如观念、表象
知识的功能	陈述性知识	主要反映事物的形态、内容及变化发展的原因,说明事物"是什么""为什么""怎么样"的知识。这种知识可用言语清楚地描述,也叫描述性知识

续表

分类标准	知识类型	特征
知识的功能	程序性知识	适用于具体情境的算法或一套操作步骤,说明“做什么”和“怎么做”的知识。如编写计算机程序、打篮球。由于这种知识与实践操作密切相关,也叫操作性知识或过程性知识

虽然知识的类型多种多样,但本章仅限于探讨陈述性知识与程序性知识的学习。

二、知识获得的心理机制

大学生如何获得知识,其心理机制是什么?机制原指机器的构造和动作。心理学通过类比借用此词。在这里心理机制是指对知识获得的认识已从现象的描述进到本质的说明。关于知识获得的心理机制问题,心理学家提出了不同的理论来解释。

(一)陈述性知识获得的心理机制

认知心理学家认为陈述性知识获得的心理机制是同化(assimilation)。同化一词来源于生理学,意思是有机体吸收食物并使之转化为原生质。同化在心理学中指学习者接纳、吸收和合并知识并转化为自身的一部分。最早把同化一词运用于心理学的是德国教育家赫尔巴特,他用同化的概念来解释知识的学习。他认为,学习过程是新观念进入原来观念团内,使原有观念得到丰富和发展,从而吸收新观念做好统觉过程,即新旧观念的同化过程。瑞士著名心理学家皮亚杰发展了赫尔巴特的同化思想,他认为,个体已掌握的知识经验是学习新知识的基础和关键,个体通过同化和顺应(accommodation)两种方式把新旧知识联系起来进行学习。同化是指新知识纳入原有的认知结构而引起认知结构发生量变的过程。如大学生学习了无意记忆与有意记忆,把这两种记忆纳入记忆的原理中。顺应是指新知识的纳入使原有的认知结构得到调节和改造而引起认知结构发生质变的过程。如大学生学习了心理学的认识过程,再学习情感过程,知道了认识过程与情绪过程不一样,使头脑中的知识结构发生了变化。

心理学家奥苏贝尔继承和发展了皮亚杰的认知同化论思想。他认为,学生的认知结构在抽象性、概括性和容纳性等方面是按照一定的层次和条件组织起来的。新知识的学习依赖于学生认知结构中原有的适当观念,即学习者已形成和掌握的表象、概念、原理和命题,原有的观念为新知识的学习提供了固定点的作用,新意义的获得是通过新知识与起固定作用的观念进行相互作用而获得的,其结果是旧知识发生了变化或得到改造,新知识获得了实际的心理意义,从而促使学生认知结构不断发展。于是他提出了有意义学习理论。

奥苏贝尔的有意义学习,指符号所代表的新知识与学习者认知结构中已有的适当观念建立非人为的和实质性的联系。“非人为的联系”指新知识同原有的旧知识的联系必须符合知识的内在逻辑联系。如教师给学生讲解扇形要联系圆的知识进行讲解,而不能联系其他毫不相干的知识。“实质性的联系”指不同的符号表达的是同一认知内容。如“三条边相等的三角形是等边三角形”与“等边三角形有三条边相等”陈述的是一回事,其关键性本质特征未变。奥苏贝尔认为,新旧知识是否建立这种非人为的和实质性的联系,是划分机械学习与有意义学习的标准。陈述性知识的学习从本质上讲就是使学习者获得或理解知识的意义,而意义的获得则是个体的认知结构与外界刺激交互作用下的同化过程。他认为,同化是促使知识从一般到个别,由上位到下位逐渐分化和横向相互作用的过程。同化不仅是知识的量变过程,而且还是知识发生质变的过程。同化有三种模式。

1. 下位学习

下位学习指学习者认知结构中原有的观念在包摄和概括的水平上高于新知识,因而新旧知识之间构成一种类属关系,所以下位学习又称类属学习。下位学习有两种:

(1)派生类属学习。即新知识是学习者认知结构中原有观念的特例或证实。如学生已掌握“水果”的概念,学习的新概念是“荔枝”,教师只要告诉学生“荔枝也是一种水果”,学生就懂得了荔枝具有水果的本质属性。原有概念(水果)的本质属性并没有发生改变。

(2)相关类属学习。即新知识纳入原有的观念后,原有的观念得到进一步扩展、深化、精制或限制。如大学生了解了观察法、实验法、调查法、个案法等,对研究方法的概念进一步扩展。

上述两种下位学习的内部条件是学生认知结构中已具备相关的上位观念，外部条件是由教师或教科书呈现新知识。学生的思维过程主要是区分新知识与同化它的原有知识之间的异同。下位学习模式遵循从一般到特殊的过程，属于接受学习。这种下位学习过程不断进行，使知识不断分化与精确化，不断产生新层次。以这种形式学习新知识效率最高，因为这种比较广泛和一般的知识在认知结构中一旦比较牢固地形成后，就能用来解释与此相关的新知识，有利于理解新知识的意义。

2. 上位学习

上位学习指学习者认知结构中已经形成若干观念，在此基础上学习包摄程度更高的知识，这种学习又称总括学习。如大学生通过了解人的性格、能力、气质等，形成人的个性心理特征的概念。上位学习遵循从具体到一般的归纳概括过程，属于发现学习。上位学习的内部条件是学生认知结构中已经具备相应的概念、命题或规则等下位观念，外部条件是由教师或教科书呈现结论或反馈信息。学生对已学过的知识进行归纳或综合时，就十分需要这种学习。这种学习模式对学生获得基本概念和一般性原理与规则具有重要意义。

3. 并列结合学习

当新知识与学生认知结构中原有观念既不是下位关系，也不是上位关系，而是并列或类比关系时，便产生并列结合学习。如学生学习的新知识是雷达，但对雷达利用电磁波反射工作的原理不易理解，而对声波却是熟悉的，有过在建筑物前或峡谷里喊叫，稍后就能听到自己回声的经验。教师可以利用其经验，运用声波知识进行类比，帮助他们理解雷达的工作原理。

并列结合学习的条件是新知识与原有的知识有一种一般的吻合性或处于同一层次，因而新知识可以被原有的知识同化。学生可以利用自己已掌握的知识来理解新知识，使自己的知识得到广泛的学习迁移。由于并列结合学习缺乏最适当的起固定作用的旧知识，学生只能利用一般的非特殊的有关知识起固定作用，因此，学习这种知识比较困难。

(二)程序性知识获得的心理机制

现代认知心理学运用产生式理论来解释程序性知识获得的心理机制。产生式(production)术语来自计算机科学,被美国信息加工心理学创始人西蒙和纽厄尔1970年首次引用于心理学来说明程序性知识的表征和获得机制。他们认为,人体和计算机一样,都是"物理信号系统",其功能都是操作符号。计算机之所以具有智能,能完成各种运算和解决问题,是由于它储存了一系列以"如果……那么……"(if…then…)形式编码的规则的缘故。人经过学习,头脑中也储存了一系列以"如果……那么……"形式表示的规则。这种规则称为产生式。

产生式由条件(condition)和行动(action)两部分组成。产生式的基本原则是"如果条件为X,那么实施行动Y",即当一个产生式的条件得到满足,则执行该产生式规定的某个行动。例如,识别哺乳动物和识别等边三角形的产生式见表4-2。

表4-2 识别哺乳动物和等边三角形的产生式

产生式序号	举例
产生式1	如果一个动物是胎生并能够哺乳,那么这个动物为哺乳动物
生产式2	如果一个图形有三条边,这三条边相等,那么这个三角形是等边三角形

通常解决一个简单的问题只需要一个产生式,而解决一个复杂的问题则需要若干的产生式,这些产生式组成了产生式系统。所谓产生式系统,就是人所能执行的一组内隐的智力活动。例如,解决"1/4+1/5"这样的问题的产生式系统见表4-3。

表4-3 解决"1/4+1/5"问题的产生式系统

产生式序号	举例
产生式1	如果求两个分数的和,且分母不同,那么先求出两个分数的最小公分母
产生式2	如果求两个分数的和,且已知最小公分母的值,那么以公分母的值分别作为两个分数的分母,两个分数的分子扩大与其分母扩大的相应倍数
产生式3	如果求两个分数的和,已知两个分数的分母相同,那么直接将两个分数的分子相加,分母不变

程序性知识学习本质上是掌握一个程序，即在长时记忆中形成一个解决问题的产生式系统，以后若遇到同样类型的问题，就可以按照这一产生式系统的程序，一步一步地做下去，直至解决问题。现代认知心理学家所提出的产生式系统理论，为揭示程序性知识的表征和获得的心理机制提供了新思路，为程序性知识教学提供了便于操作的科学依据。

第二节　陈述性知识的学习

陈述性知识是一种事实性知识，描述的是知识的基本概念和基本原理。要进一步探讨陈述性知识学习问题，必须弄清楚陈述性知识的种类、表征及形成过程等问题。

一、陈述性知识的种类

不同的心理学家从不同的角度，对陈述性知识有不同的分类。加涅把陈述性知识视为言语信息，把它由简到繁分为：(1)符号(labels)，主要指各种事物的名称或标记。(2)事实(facts)，主要指表明两个或两个以上事物之间关系的言语陈述。事实可分为具体的和抽象的。前者如“北京是举世闻名的游览胜地，具有故宫、长城等驰名中外的名胜古迹”。后者如“科学技术是生产力”。(3)有组织的知识，主要指由多个事实联结成的整体。如学生形成的关于我国地形地貌特点的知识。

布卢姆从教育目标分类学和测量学的角度，把陈述性知识分为十二类：(1)具体的知识，指对具体的、独立的信息的回忆。如对某个具体物体的知识。(2)术语的知识，指言语和非言语的对某个物体的称谓。(3)具体事实的知识，即日期、事件、人物、地点等方面的知识。(4)处理具体事物的方式和方法的知识，指有关组织、研究、判断和批评的方式和方法的知识。(5)惯例的知识，指对待和表达各种现象和观念的独特方式的知识。(6)趋势和顺序的知识，指有关时间方面各种现象发生的知识。(7)分类和类别的知识，指有关类别、组织及排列的知识。(8)准则的知识，指有关检验、判断各种事实、原理、观点所依据的准则的知识。(9)方法论的知识,指拥有的在某一特定学科领域里使用的以及在调查特定问题和现象所使用的探究的方法、技巧和步骤的知识。(10)学科领域中的普遍原理和抽象概念的知识,指把各种现象与观念联系起来的主要体系和范式的知识。(11)原理和概括的知识,即对各种现象观察的结果进行概括的特定抽象概念方面的知识。(12)理论和结构的知识,指为某种复杂的现象、问题或领域提供一种清晰的、完整的、系统的观点的重要原理和概括及其相互关系方面的知识。

奥苏贝尔则把陈述性知识视为有意义学习,将其分为以下三类:(1)代表性学习,指学习单个符号或一组符号的意义,或者说学习它们代表什么。代表性学习的主要内容是词汇学习,即学习单词代表什么。(2)概念学习,指掌握以符号代表的同类事物或性质的共同的本质特征。如学习"鸟"的概念,就是掌握鸟是有"羽毛"的"动物"的本质特征,而与它的大小、形状、颜色、是否会飞等特征无关。(3)命题学习,指学习某个句子的意义。由于构成命题的基本单位是概念或词汇,所以,命题学习实际上是学习若干概念之间的关系。学习者必须先了解组成命题的有关概念的意义,才能获得命题的意义。例如,学生没有获得"脑""机能""客观现实""反映"等概念,便不能理解"心理是脑的机能,是客观现实的反映"这个命题。命题学习必须以概念学习为前提,它比一般的概念学习更复杂,水平更高。

加涅与奥苏贝尔对陈述性知识的分类有许多相似之处,如"符号"与"代表性学习"相似,但也有不同的地方。加涅只是区别了陈述性知识的不同类型,奥苏贝尔却在对该知识分类的基础上,揭示了其内在的心理机制。他的研究有助于我们更好地认识陈述性知识。

二、陈述性知识的表征

知识的表征(representation)是指知识在头脑中的储存和转化的方式。现代认知心理学认为,陈述性知识主要是以命题、命题网络和图式等方式在头脑中表征的。

（一）命题

在心理学中，命题是语词表达意义的最小单元。命题一般由两个成分构成：论题和关系。论题是命题的话题，通常用名词或代词来表示；关系要制约话题，通常用动词、形容词、副词和关联词等来表示。如“小张在教室里看书”，可以分解为以下两个更简单的句子：①小张在教室里。②小张看书。这两个句子各表达一个命题。句子①中的话题是“小张”和“教室”，关系是“在……里”。句子②中的话题是“小张”“书”，关系是“看”。认知心理学家常用以下方法来表示命题，用一个圆（或椭圆）表示一个命题，用箭头将命题的话题和关系联系起来。如上述“小张在教室里看书”中包含两个命题，用上述方法表示如图4-1：

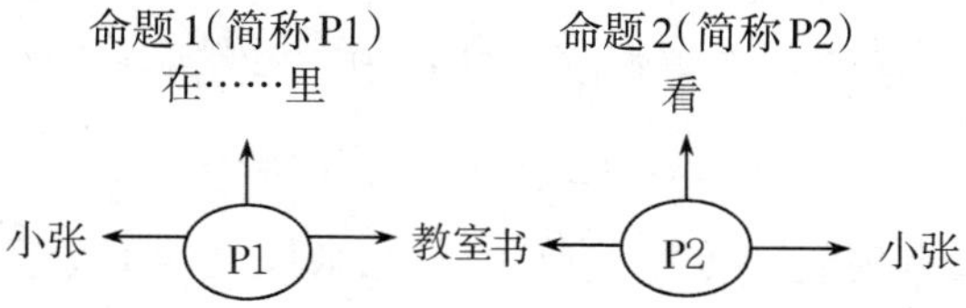

图4-1　命题

（二）命题网络

如果若干个命题中具有共同成分，通过这种共同成分，可以彼此联系组成命题网络。如上面两个命题中有共同成分“小张”，通过它可以把两个命题联系起来。

命题由句子表达，但命题不等于句子。命题涉及的是句子表达的意义。实际上，人们在长时记忆中保持的不是句子，而是句子表达的意义。现代认知心理学家运用自由回忆法以及反应时法，证实了命题网络是知识表征的重要方式，而且它们通常是按照一定层次结构进行储存的。一般来说较为抽象、概括的知识处于高层，较为具体的内容处于底层。如科林斯和奎廉（1969）的一个经典实验发现了有关动物、鸟、鱼方面的知识是按图4-2的层次结构在人们的头脑中组织和储存的。

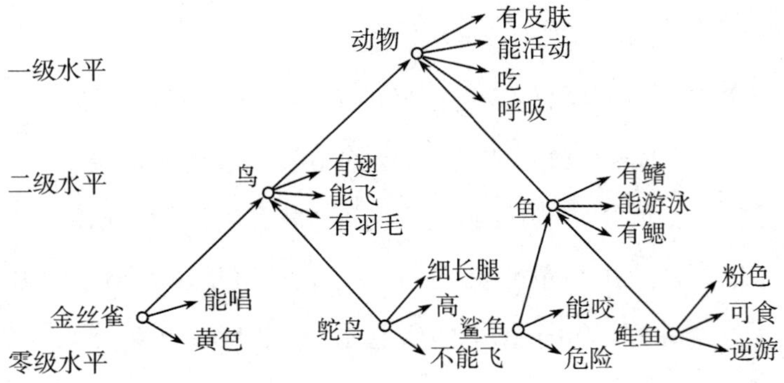

图4-2 信息按层次组织的网络

科林斯和奎廉通过反应时测定发现人们对“金丝雀会唱歌吗?”“金丝雀会飞吗?”“金丝雀有皮肤吗?”三个概括水平不同的问题的反应时依次增长。同样,人们对“金丝雀是金丝雀吗?”“金丝雀是鸟吗?”“金丝雀是动物吗?”三个问题的反应时也依次增长。由于在这种储存中“金丝雀是金丝雀”相对于“金丝雀是动物”来说,所表达的关系较近,所以反应时较短,同样“金丝雀会唱歌”的反应时较“金丝雀有皮肤”要短。他们的研究结果支持了知识信息以命题网络的形式分层次进行组织的假设。

(三)图式

认知心理学家安德森认为,命题对于表征小的意义单元是合适的,但对于表征已知的、有关一些特殊概念的、较大的有组织的信息组合,命题就不合适。如“房子是人们的居住场所”这一命题表征,则不足以表征与人有关的房子的全部知识,对于“房子”我们还知道如下的事实:

房子是一种建筑物。

房子有房间。

房子用木头、砖头或石头盖成。

房子供人居住。

房子通常为方形和三角形。

房子一般在40平方米~150平方米之间。

我们仅罗列房子的这些事实并没有把握房子相互联系的内在结构。事实上,人们对某个主题的知识(如上述房子的知识)往往具有综合的性质。为了探讨人们的大多数知识具有这种综合性的事实,认知心理学家提出了图式

(schema)的概念。

鲁梅哈特和诺曼(1983)认为,图式是表征记忆中业已储存的有关概念的资料结构。安德森指出,图式是对范畴的规律性做出编码的一种形式。这些规律性既可以是知觉性的,也可以是命题性的。大多数的心理学家则普遍认为,图式是人们对客体和事件有关属性组合的知识储存方式。图式按其表征对象的不同,主要分为三类:第一类为客体分类的图式。如有关动物、植物、种族、性别、职业等的分类。第二类为时空知识的图式。如有关季节、学期、年龄、成长等时间历程和空间位移的知识。第三类为事件或做事的图式。如看电影、参加舞会、到餐馆进餐等。

加涅认为图式具有三方面的特征:第一,图式含有变量。如房子的面积、建材等许多属性是可以改变的。第二,图式可以按层级组织,嵌入另一个图式中。如房子的图式中包含墙壁、房间等子图式,而房子又是建筑物的子图式。高一层次的图式可以包容低一层次的图式。第三,图式能促进推论。如从房子的图式可以推论出房子有屋顶、有墙壁等特征。应该注意的是,图式不仅用于陈述性知识,而且包含着如何做的程序性知识。

三、陈述性知识的学习与保持

完整的陈述性知识的学习过程包括三个阶段:第一阶段,新信息进入短时记忆,与长时记忆中被激活的相关知识建立联系,从而形成新的意义的建构。第二阶段,新建构的意义储存于长时记忆中,如果没有复习或新的学习,这些意义会随着时间的延长而被遗忘。第三个阶段是意义的提取和运用阶段。与上述三个阶段相对应的学习者要解决的主要心理问题分别是陈述性知识的同化、保持和应用。由于陈述性知识的同化已在本章第一节详细论述,而陈述性知识的应用更多是如何做的程序问题,即表现为解决问题的过程,所以,会在后面专门论述程序性知识的应用,在此不赘言。我们在这里只着重论述陈述性知识的保持阶段。

认知同化论认为,学习者获得新知识的意义以后,新旧观念的同化并未停止,因为新知识不是原封不动地储存在认知结构中,而要经过进一步的加工和组织以构成新的认知结构。新意义的保持是新旧知识同化的继续。因此,保持是指新意义的可利用性的维持。反之,遗忘则是已经获得的意义的可利用性的下降。

那么,可利用性的内在心理机制如何呢?认知同化论假设,新的意义在保持的初期既与同化它的原有观念相联系,又可以从原有观念中分离出来,即新旧知识存在着可分离性。所以,人们在新的意义获得的初期,能够较好地保持、回忆新意义,以及区分新旧知识的异同。比如,学生的原有知识为圆概念(A表示),新学习的知识为扇形概念(a表示),由于处于下位意义的a被A所同化,从而使a和A都发生了变化,产生新的复合观念,以Aa表示。此时,新知识a不仅已转化为学生的心理意义,而且原有知识A也发生了变化。在A与a同化的初期,a的意义可以从Aa中单独分离出来,用公式表示为:Aa↔A+a。因而,学生才能区别新旧知识的异同。在保持的后期,若没有新的练习,a和A的分离强度逐渐下降,直至下降到某一最低值,此时,a不能从Aa中分离出来,a便被遗忘或还原为原有的知识。

当然,我们可以采取必要的措施延长新旧知识的可分离性,如有针对性地复习、提高加工水平、多重编码、过度学习,以提高新旧知识的区分度,促进新知识的保持。此外,从动态的角度看,陈述性知识的获得和保持,并不是两个截然区分开来的阶段,而是几乎同时发生的过程。因为同化论假定,学生原有的知识是一个分层次组织的结构,储存在人的长时记忆系统中。新学习的知识与原有知识建立实质性的和非人为的联系,包括由个别到一般的上位关系,由一般到个别的派生关系和相关关系,以及横向的并列结合关系。这些关系的网络本身就蕴含着新意义储存和保持的机制。这也是有意义学习比机械学习更快、保持得更好的根本原因所在。

第三节　程序性知识的学习

程序性知识是一种操作性知识,解决的是“如何做”“怎么办”的问题。程序性知识的学习不仅要求学生必须事先掌握有关的陈述性知识,即掌握已经学习过的基本概念和基本原理,关键是必须能够将这些基本概念和基本原理进行运用,掌握其使用的方法或操作的步骤。

一、程序性知识的种类

按程序性知识的性质和特点，可以把程序性知识分为智慧技能和动作技能两类。

（一）智慧技能

智慧技能也称心智技能。我国过去大部分心理学方面的教科书和词典把智慧技能解释为：借助内部言语在头脑中进行的智力活动方式。其中抽象思维因素占据着最主要的地位，并按其内容和概括化程度，将智慧技能区分为一般智慧技能和特殊智慧技能两类。一般智慧技能适合于所有的领域，如学生在日常生活中学习和掌握的观察、记忆、比较、分析、抽象、概括和解决问题的知识。特殊智慧技能适用于专门领域，如学生在英语学习中利用英语变化的规律记忆生词的方法。

随着认知心理学的发展，以加涅为代表的一批西方认知心理学家对智慧技能的解释成为主流。他们认为，智慧技能是将已习得的知觉模式、概念、规则运用于实际情境，顺利完成任务的能力，并按其复杂程度将智慧技能分为五个层次（见表4-4）。

表4-4　智慧技能的五个层次

层次	能力	举例
辨别	能区分事物的特征，发现其差异	例如，区分大和小、人与入等
具体概念	能列举事物的名称	例如，识别各类轿车的共同属性，并赋予其类别术语
定义概念	能理解命题或公式表达的本质属性	例如，理解哺乳动物的本质特征
规则	能按规则进行操作，做出正确反应	例如，造句、解化学方程式
高级规则	能用简单规则解决较复杂的问题	例如，运用 $U=IR$ 的公式对串联、并联电路的 U、I 或 R 求解

另外，认知心理学家根据自动与受控维度，将智慧技能区分为受意识控制的智慧技能和自动化的智慧技能。前者如学生对论文的审题、确定中心、搜集资料等一系列步骤，这些步骤受学生的意识控制。后者如学生在说话时，一般

只注意说话的内容,对词之间的读音和搭配往往是自动进行的,不需要有意识注意。

上述对智慧技能的划分,只是指出了每一维度的两极的情况,介于这两极之间,有许多非典型的中间类型。尽管不同心理学家对智慧技能的解释不尽相同,但他们的看法中蕴藏着某种内在的一致性。第一,他们都认为智慧技能不是由单一因素构成的,而是由复杂因素构成的。第二,智慧技能也是一种操作方法,其发展从低级到高级,从简单到复杂。

(二)动作技能

动作技能也称运动技能。不同的心理学家对其有不同的解释。例如,克伦巴赫(1977)认为,动作技能是习得的,能相当精确且对其组成的动作很少或不需要有意识地注意的一种操作。加涅认为,运动程序性知识是协调运动的能力,或者与运动的选择有关,或者与运动的顺序有关。我国的传统动作技能概念来自苏联,认为动作技能是依靠肌肉、骨骼与相应的神经系统实现的活动方式。根据现代认知心理学研究成果,我国有的教育心理学家把动作技能定义为:在练习的基础上形成的,按某种规则或程序顺利完成身体协调任务的能力。

尽管心理学家对动作技能的定义不尽相同,但他们都认为动作技能的构成包括三种成分:(1)动作或动作组。动作并非动作技能,只有当人们用一组动作去完成一项具体任务,如用一组身体动作(舞蹈语言)去表现情感,才被称作动作技能。像走路、穿衣、吃饭、摇头、打哈欠等不是动作技能。(2)体能。主要包括耐力、力量、韧性、敏捷性等。(3)认知能力。包括视觉、听觉、触觉、动觉等多种知觉能力,其中手脚协调、身体平衡对完成动作技能意义更大。知觉能力的完全丧失或部分缺陷往往导致难以完成动作技能。此外,学习者还需要理解和记住训练的项目,富有想象力和创造性地解决问题等。因此,我们认为,动作技能是在练习的基础上,由一系列实际动作以合理、完善的程序构成的操作活动方式。

动作技能可按动作是否连贯分为连续与不连续的动作技能。如开车、打字、滑冰等属于连续的动作技能,是刺激-反应的一长串联结系统;射箭、举重等属于不连续的动作技能,其刺激-反应的序列短,反应比较精确,便于计数。

动作技能也可按动作过程中外部情境是否变化，分为开放性与封闭性的动作技能。如打球、开车、滑冰需视外部情境的变化而调整动作，随机应变，属于开放性的动作技能；而射箭、写字在较静态的环境中进行，动作的灵活与变通性不大，属于封闭性的动作技能。此外，还可以根据动作技能的反馈条件，把动作技能分为内循环和外循环的动作技能。内循环的动作技能是一种完全依赖内部肌肉反馈的程序性知识。这种动作是闭着眼睛也能完成的，如在黑板上徒手快速地画圈。外循环的动作技能在某种程度上要受客观外界环境的控制，不可能仅依靠肌肉的反馈动作加以矫正，如踢足球、骑自行车等程序性知识就是如此。因为这类程序性知识不是一些特定动作的简单联结，操作者必须获得某些"监控程序"才能完成。上述动作技能的分类有交叉，但不能彼此替代，因为每种分类法强调的侧面不同，对学习者而言所需要的学习策略也不同。

（三）智慧技能与动作技能的关系

智慧技能与动作技能的区别表现为以下几方面（见表4-5）。

表4-5 两种技能的区别

维度	区别
活动对象不同	智慧技能的活动对象是头脑中的映象，不是客体本身，具有主观性和抽象性，从外部难以觉察头脑中的思维过程
	动作技能的活动对象是物质的和具体的，如打字、射击，表现为外显的骨骼和肌肉的操作
活动结构不同	智慧技能是借助内部言语实现的，可以高度简缩和省略，甚至觉察不到操作的过程。例如，学生拟订论文提纲时，只用一些关键词来表示论文的结构与内容，把思维的一些具体步骤省略了
	动作技能是系列动作的连锁，因而动作结构必须从实际出发，符合实际，不能简缩和省略
活动要求不同	智慧技能要求学生掌握正确的思维方法，即获得产生式或产生式系统
	动作技能要求学生掌握一套刺激-反应的联结

但两种技能又是相互联系的。动作技能是智慧技能形成的最初依据，智慧技能的形成常常是在外部动作技能的基础上，逐步脱离外部动作而借助内部言语实现的。如学生撰写实验报告，是在进行实验的基础上，脱离外部动作

而依赖内隐的思维活动而实现的。反之,智慧技能往往是外部动作技能的支配者、调节者,复杂的动作技能总是包含一系列的认知成分,需要学生智慧活动的参与,手脑并用才能完成。

二、程序性知识的学习过程

由于程序性知识有不同的种类,其学习过程不同,因此,有必要分别加以讨论。

(一)智慧技能的学习过程

不同的研究者对智慧技能的形成有不同的看法。现在比较流行的是认知心理学的产生式系统理论对智慧技能的理解。该理论认为,智慧技能的形成需要经过以下两个阶段。

1.模式识别学习

模式识别学习指学习者对某一特定内外刺激模式进行辨认和判断,即学习一个简单的产生式所需要的条件和相应的动作。模式识别具有两种不同的水平:低级水平的模式识别主要是识别事物的物理或化学特征。如识字、听声音、辨别味道等。高级水平的模式识别则是识别同类事物的共同本质特征。通过模式识别,我们才能对事物加以分类和判断。模式识别与陈述性知识的运用不同。如"什么是哺乳动物?"我们可用"哺乳动物是胎生和靠母体的乳腺分泌乳汁哺育的动物"这一陈述性知识来回答。而对于"下列图形中哪些是哺乳动物?"这类问题,则需要运用模式识别的程序性知识来解决。

模式识别学习的主要任务是学会把握产生式的条件项,其心理机制是概括和分化。

概括指学习者对同类刺激模式中的不同个体做出相同的反应。如学生根据哺乳动物的两个关键的共同特征:胎生和哺乳,判断猫、狗、猪、羊等动物为哺乳动物。概括实质上是在同类刺激模式中抽取出共同的特征,经由概括而形成的模式识别的产生式中,所有的条件项均不可缺少。美国心理学家安德森等人(1980)把概括看成产生式的变化,当具有相同动作的两个产生式同时在工作记忆中被激活时,就会自动出现概括。我国心理学家皮连生则认为,概括相当于奥苏贝尔的上位学习。在上位学习中,学生从识别个别的例子到形成概念的过程也就是排除同一类别的例子的无关特征,概括出它们的共同的关键特征的过程。

分化指对不同类的刺激具有不同的反应。如教师教“鱼”的概念时,要求学生判断下列图片中的动物是不是“鱼”,学生通常只注意“鱼生活在水中,有鳞和鳍”这一条件,但当教师指向鲸鱼图片时,许多学生才意识到判断“鱼”必须加上“用鳃呼吸”这一必要条件。鲸鱼虽然也生活在水中,由于其主要特征是胎生和哺乳,因而鲸鱼应归类为哺乳动物。由此可见,分化的主要作用是导致产生式条件项的增加,使产生式的适用范围缩小,有利于提高模式识别中辨别和区分的准确度,避免将“不是”判断为“是”。

2.动作步骤学习

动作步骤学习指学习者学会顺利执行完成一项活动的一系列操作步骤。如学生学习乘法时,必须理解并记住乘法的规则,根据其规则进行练习直到运算熟练,达到自动化程度。动作步骤的学习实际上是从陈述性的规则和步骤开始,动作步骤的执行则是从模式识别开始,即只有对需要执行某一动作步骤的情境条件的模式做出准确判别,动作步骤的执行才能有效地解决问题。动作步骤的学习通过程序化和程序合成来完成。

程序化是指动作序列从陈述性知识的表征转换为程序性知识的表征,不再依赖于陈述性知识而独立完成动作步骤的过程。这个过程包括两步:一是建立规则和步骤的命题特征。如学生学习高等数学时,通过阅读、教师讲解,逐渐理解高等数学的陈述性知识规则并将它们正确地表征为命题,以为自己演算做指导和提示。二是将动作步骤的陈述性知识转化为程序性知识的产生式表征,在执行动作步骤的过程中逐渐脱离陈述性命题的检索、提取和监控。如教师在讲解高等数学的例题中,带领学生对照演算步骤逐一进行演算,学生模仿教师的演算,经过反复练习后,不再依赖教师或自己的逐步演示,顺利地依次自动执行每个操作步骤,完成自己的学习任务。

程序合成是指把若干个产生式合成一个产生式,把简单的产生式合成复杂的产生式。如前所述“1/4+1/5”的三个产生式系统合并为一个产生式:“如果求两个分数相加，且分母不同，那么求出它们的最小公分母，然后用最小公分母除以第一个分数的分母……”程序合成有两大好处：一是减少了产生式的数量，二是减轻了记忆的负担，使学习者激活知识的时间更短，复杂的动作步骤更加流畅。

程序合成实际上是要求两个有关联的产生式同时进入工作记忆，第一个产生式的行为项成为第二个产生式的条件项，保留第一个产生式的条件项，将两个产生式的动作项合并为一个复杂的动作项，并通过大量练习使之成为巩固的产生式。需要指出的是，不是所有的程序都应合成在一起。有的程序合成可能会导致学习者的思维僵化或思维定式而缺乏解决问题的灵活性。只有对于基础的、变化较少的、能大量使用的产生式，才能考虑使其达到合成程度。如基本的读、写、算等产生式。对于那些只在解决特殊问题时才需要合成的产生式，使其保持一定的独立性，将更有利于提高其运用的灵活性和变通性。

认知心理学的产生式系统理论，借助“模式识别”“程序化”“程序合成”等计算机学科的专业术语，形象地说明了智慧技能的思维操作过程，这对我们进一步认识智慧技能的形成、发展，无疑具有启发意义。

（二）动作技能的学习过程

动作技能的形成是通过领悟和练习逐步掌握某种动作操作程序的过程。复杂运动技能的形成，一般要经历四个主要阶段。在不同的阶段，学习者学习的重点及表现出的特征不同。

1.认知阶段

这是动作技能形成开始阶段。从传授者角度看，主要是讲解与示范；从学习者角度看，主要是理解学习任务，形成目标表象和目标期望。目标表象是指学习者了解和认知动作的要求，记住有关动作的知识及事项，在头脑中形成动作的完整表象，以此作为实际操作的参照。目标期望是指学习者根据以往成功与失败的经验，以及自己的能力和任务的难易程度，对自己所能达到的操作水平进行评估，即明确自己能做得如何。例如，上体育课，学生观察教师的示范，倾听教师讲解动作要领，并把教师的示范、讲解进行编码，形成体操表象，作为自己学习体操的指南，以此调节控制自己做体操的动作方式。

在认知阶段，学习者认知的质量和学习时间，取决于对现有任务（动作技能）的知觉和有关线索的编码，有助于此后在长时记忆中依据线索提取关于现有任务的知觉信息，以及从长时记忆中激活先前有关的信息，并有效地检索、提取出来。

2. 分解阶段

在这一阶段，传授者把整套动作分解成若干局部动作，学习者则初步尝试，逐个学习。学习者由于初学，注意的范围狭小，记忆紧张，不善于注意的分配与转移，虽然分解后的动作较简单，容易掌握，但在前后两个动作的交替和过渡上则比较困难，因而导致学习者出现动作忙乱、紧张呆板、不准确协调、顾此失彼等现象。如学生初学广播体操时，往往手忙脚乱，动作不协调。

3. 联系定位阶段

该阶段重点是使适当的刺激与反应形成联系而固定下来，整套动作连为整体，变成固定程序式的反应系统。学习者首先要弄清刺激与反应之间的步骤，使之形成联系。其次，要增加练习次数和练习时间，加强动觉反馈，以提高动作的熟练性和准确性，提高动作质量。注意排除过去经验中的习惯干扰，防止负迁移产生。

4. 自动化阶段

这是动作技能的熟练期阶段。各个动作似乎自动流出，娴熟协调，得心应手，甚至出神入化，令旁观者眼花缭乱，叹为观止。如熟练的车技演员一边骑车，一边做出优美、复杂的动作。

第四节　知识的转化与迁移

前面我们论述了陈述性知识和程序性知识两种知识的种类和学习的原理。这两种知识各有特点，使用的范围不同。陈述性知识对于学生认识社会、开发智力是必不可少的前提和条件。但学校教育不能只是停留或满足于向学生传授陈述性知识，关键是要把学生的陈述性知识转化为程序性知识。因为学生学习的各种陈述性知识不能直接转化为能力，必须通过程序性知识这个中介环节。如学生学习了调查的研究方法，必须通过拟订调查问卷、实地调查研究，才能具备从事调查研究的能力。所以，要培养学生的能力，教师只向学生传授陈述性知识是不够的，必须把陈述性知识的教学和程序性知识的训练有机结合起来，重视培养学生把陈述性知识转化为程序性知识的能力，提高学生的迁移能力，促进学生全面发展。

一、知识的转化

要把陈述性知识转化为程序性知识，必须弄清楚这两种知识的关系及转化的方法。

（一）陈述性知识与程序性知识的关系

陈述性知识与程序性知识是既有区别又有联系的，其区别表现见表4-6。

表4-6　两种知识的区别

项目	区别
基本结构	陈述性知识是符号所代表的概念、命题与原理的意义，掌握陈述性知识的关键是理解符号所表征的意义
	程序性知识是对陈述性知识的应用，基本结构是动作或产生式，形成程序性知识的关键是对操作方法的熟练掌握
输入输出	陈述性知识是相对静态的，容易用言语表达清楚
	程序性知识是相对动态的，不太容易用言语表达清楚
意识控制程度	陈述性知识的意识控制程度较高，激活速度较慢，往往是有意识的搜寻过程
	程序性知识的意识控制程度较低，激活速度较快
学习速度	对陈述性知识的学习速度较快，能在短时期内突飞猛进或积累，但遗忘较快
	对程序性知识的学习速度较慢，需要大量练习才会达到熟能生巧的程度，保持比陈述性知识牢固

续表

项目	区别
记忆储存	陈述性知识具有结构化、层次化的特点,因而陈述性知识的储存呈现非独立的网络性,具有叠加扩充的特性
	程序性知识的储存呈现独立的模块性,具有序列转移的特性
测量角度	陈述性知识通过口头或书面“陈述”“告诉”的方式测量
	程序性知识通过观察行为,是否能做、会做什么的方式测量

两种知识的联系表现在:一方面,程序性知识的形成以掌握陈述性知识为必要条件。人们掌握的陈述性知识越牢固,越有助于程序性知识的形成。另一方面,程序性知识一经形成又会促进对新的陈述性知识的掌握。

(二)陈述性知识向程序性知识的转化

陈述性知识转化为程序性知识,主要涉及陈述性知识的概念和规则的运用。概念是知识网络的细胞或纽结,规则是执行操作知识步骤的基础。从知识的结构看,知识就是概念与规则形成的这样或者那样的联系。没有概念和规则,人们就不能进行抽象思维,不能建立关于客观世界的一般理论框架和解决问题的法则,不能进行知识经验的传递和运用。所以,陈述性知识转化为程序性知识的重要标志,就是学生能运用所学的概念与规则去解决问题。教师如何才能促进学生的陈述性知识向程序性知识转化呢？主要方法有以下几种。

1.采用恰当的教学方法,使学生形成正确的概念或规则

从心理学的角度看,概念是具有一类共同关键属性的人、物体、事件或观念的符号。概念包括四个要素:(1)概念名称。即用词给概念命名。通常一个概念的名称代表了一类具有共同特性的事物。如水果、房子、植物、等边三角形等都是概念的名称。(2)概念定义。即用语言描述概念时,明确界定这个概念的范畴和特性。如“鸟”的定义是“鸟是脊椎动物的一大类,体温恒定,卵生,嘴内无齿,全身有羽毛,胸部有龙骨突起,前肢变成翼,后肢能行走。一般的鸟都会飞,也有的两翼退化,不能飞行”。(3)概念特性。指某一类事物所特有的独特属性,也称为关键属性。如“鸟”的关键特征是“卵生、有翼、有羽毛”,飞行

能力则不是“鸟”的关键属性。例如,鸵鸟是鸟,但并不会飞。(4)概念实例。指概念可知觉的实际例子。如“鸟”的实例有麻雀、燕、鹰、鸡、鸭、鸵鸟等。但有些概念是难以观察实例的,如“分数”“道德”等。

规则在不同的学科中表现形式不同。在理工科中,规则大多表现为计算公式、科学原理、定律等,如四则运算法则、热胀冷缩的规律等。在社会科学中,规则大多表现为定义性的概念,以区别不同类型的观念。概念与规则的存在,对学生形成陈述性知识起着非常重要的作用。首先,使学生能够把面目各异但具有共同本质特性的客体归成一类,然后再根据它们所属的类别做出反应,这就有利于简化或扩充学生的知识,促使知识条理化、系统化,提高学生的反应效率。比如,虽然小轿车的品牌很多,各种牌子的车型、颜色、内部设施、车速、性能也有很大的差异,但只要学生了解“小轿车”的概念,就能认知它的特性,把小轿车与卡车、大客车、摩托车区分开来。其次,学生可以把掌握的概念和规则转化为程序性知识,形成智慧技能和认知策略,用以调节和控制自己的学习行为。

学生学习概念和规则就是获得其意义,掌握其本质特征。奥苏贝尔认为,概念学习通常有两种方法:一是概念形成,即学生通过直接观察某类事物,经过分析、比较、抽象、概括、假设、检验等思维活动,找出这类事物共同的关键特征,并用词表示这个概念。如学生观察了苹果、西瓜、地球仪等圆形的物体以后,形成“圆”的概念。二是概念同化,即在学生已有认知结构的基础上,教师以定义的方式直接向学生讲授概念的关键特征,使其获得概念。如教师在学生认识了猫、狗、猪、羊、牛等动物的基础上,教给他们“动物”的概念。

加涅认为,规则学习就是理解若干概念之间的关系。掌握概念是掌握规则的前提条件。如学习功的计算公式,即 $W=F\times S$。学生必须弄清楚 W 代表功,F 代表对物体的作用力,S 代表位移,预先掌握这些概念,才能掌握功的计算公式。规则学习,也有两种主要的方法:一是例规法,即教师先向学生大量举例,要求学生从例子中概括出相应的规则。二是规例法,即教师先向学生讲授规则,然后举例证明其规则。

为了使学生能顺利掌握概念或规则,教师要注意采用以下恰当的教学方法。

(1)提供丰富多彩的变式。

变式即变换各种直观材料或事例的呈现形式,以突出概念或规则的本质特征。如教师讲授“垂线”的概念,除让学生观察水平位置与铅直位置的垂线外,还应让学生观察其他方向的垂线。教师让学生认识物体“热胀冷缩”的性质,不能只用固体物质做实验,还要用液体物质和气体物质做实验。变式运用的关键是要注意其正确性、典型性,帮助学生摆脱感性经验的片面消极影响。

(2)正例与反例的运用。

概念与规则的教学,离不开实例。特别是在教那些对于学生而言比较抽象的概念和规则时,需要较多的例子加以说明。学生掌握概念与规则,实际上就是能够用大量的实例来说明概念的内涵以及规则所能反映的某些概念之间的关系。

肯定实例传递了概念或规则最有利于概括的信息,否定实例则传递了最有利于辨别的信息。如果学生缺乏对大量的肯定实例或否定实例的分析和比较,就不能正确地运用概念或规则。所以,教师在讲解概念与规则时,要采用大量的实例予以说明。邓尼森等人(1980)指出,教师在运用实例说明概念与规则时,要注意三点:①按照由易到难的顺序呈现例子;②选择彼此不同的例子;③对肯定实例与否定实例进行对比。如,教师讲解“鸟”的概念,不能只是用麻雀、燕、鹰等肯定实例来说明,还要举几个否定实例,如蝙蝠、蝴蝶等来让学生辨别,说明它们虽然也会飞,但不是鸟。

(3)科学地进行比较。

比较是帮助学生认识新旧知识异同的主要方法。首先,教师要确立比较的标准。因为事物的本质是多种多样的,不同的比较标准往往会得到不同的结论。一般应以教科书上提供的有关概念和规则作为比较的标准。其次,要采用正确的比较方法。对相似、相近、相关知识的比较,宜采用同时对比法。例如,清辅音与浊辅音的比较。通过比较找出共有的本质特征,舍弃彼此有差异的特征,防止知识间的混淆与割裂。对事物的历史形态或发展变化的比较,宜采用前后对比法。例如,中国改革前后的经济发展的比较。教师要鼓励学生采用比较的方法来发现知识的异同,以促进学生对知识的深刻理解。

(4)建构概念与规则的体系。

按照认知心理学的观点,不同的概念与规则都是按照内在的关系组成的层次结构,存在上位和下位的关系。这种层次结构有利于概念和规则的激活和提取,有利于将新知识纳入已有概念和规则的体系当中。如果学生所学过的概念与规则都是孤立的,缺乏层次和系统化,不仅妨碍他们对已有知识的加深,而且会影响他们利用已有的知识去学习新知识。所以,教师要帮助学生建构概念与规则的体系。教师可以画一个概念地图(concept map),用以说明概念之间的关系。另外,教师也可以启发学生概括所学的概念与规则,发现其联系。

2.学习材料具有逻辑意义,调动学生学习心向

奥苏贝尔的有意义学习理论的研究发现,有逻辑组织的学习材料便于学生理解、保持和应用。而在教学中,有的教师却违背学生学习的规律,随意向他们呈现一些毫无关系的事实、命题或原理,使其不得要领,出现呆读死记的机械学习。要克服上述问题,教师给学生呈现的学习教材必须具有逻辑联系,同时还要注意调动和保持学生理解学习的心向,即指导学生发现新旧知识之间的内在逻辑联系,促进学生认知结构的改组和重构,使其能够产生有意义学习,更好地理解新知识。

3.指导科学练习,促使学生程序性知识的运用

练习是促使陈述性知识向程序性知识转化的必要条件。没有练习,陈述性知识只能以命题及命题网络表征储存在人脑的记忆中,无法实现程序化,更无法达到自动化的熟练运用。

目前我国的教育现状是:教师讲得太多,留给学生思考和练习的时间太少,使有的学生“习得了知识,没有习得技能”,学生对程序性知识的学习仅停留在陈述性阶段,只能背诵一些概念、公式、定理,却不会使用。要避免上述问题的产生,教师就要注意做到精讲多练。“精讲”就是教师上课要突出重点、难点,讲关键、讲主干、讲方法;“多练”不是教师搞题海战术,而是通过适度适量的变式练习、操作等学习活动,增加学生灵活应用知识的机会,促使学生程序性知识的运用。

二、知识的迁移

学生在学习中能否做到举一反三、触类旁通？能否运用所学的知识解决问题？这实质上是知识的迁移问题，也是学习的迁移问题。学习迁移（learning transfer）是一种学习对另一种学习的影响。如学生掌握了英语，能更好地阅读英语文献；会跳舞的学生学习体操更快。学习的迁移对学生的发展非常重要。在知识迅猛发展的现代社会，教师教给学生的知识总是有限的，学生学会知识的迁移，不仅学习的内容会更加广泛，而且适应新情境、解决问题的能力更强。从这种意义上说，教育的首要任务就是让学生学会知识的迁移。

（一）陈述性知识的迁移

心理学对陈述性知识的迁移研究分为两个时期：第一时期，重视从学习活动的形式、学习活动的共同要素等方面研究陈述性知识的迁移；第二时期，重视用认知的观点与术语，从认知结构的重要性及认知结构的形成等方面研究陈述性知识的迁移。

1. 陈述性知识的迁移理论

在众多陈述性知识的迁移理论中，对教育界影响比较大的主要有四种。

一是形式训练说。该理论来自官能心理学（faculty psychology），这是一种古老的学习迁移理论。它认为人类的心理由许多不同的心理官能，如观察、注意、记忆、想象、思维等组成。这些心理官能只有经过训练才能发挥作用。知识的迁移就是心理官能得到训练的结果。他们把训练和改进心理官能作为教学的重要目标，忽视学习的内容。这种理论运用到教育上造成的直接后果就是题海战术，偏重所学内容的难度和训练价值。这种学说对近现代教育产生过重要的影响，后来由于通过实验证明缺乏科学依据，而受到许多学者的反对。

二是共同要素说。桑代克和伍德沃斯（1901）通过让学生判断一系列不同大小和形状的面积的实验发现，学习迁移是由于两种学习情境存在共同要素。如学生学习“going”的“ing”，就能拼“morning、playing、coming”，且记忆方便。共同要素说只能解释部分知识迁移的现象，难以揭示全部知识迁移的实质。

如难以解释由于两种学习材料的相似成分愈多，干扰愈烈的前摄抑制和倒摄抑制现象。

三是概括化理论。贾德（C.H.Judd，1908）通过著名的“水下击靶”实验而得出概括化理论。他让一组儿童学习折光原理，另一组儿童不予学习，让两组儿童用镖枪投掷水下的靶子，起初射击离水面0.03米的靶子时，两组儿童的射击成绩大致相等，后射击离水面0.1米的靶子时，掌握了折光原理的一组儿童，其射击成绩在速度、准确性上都超过另一组儿童。贾德认为是这组儿童掌握了折光原理，把折光原理迁移于学习中的结果。于是他认为，两种学习之间的共同成分只是学习迁移产生的必要条件，概括出两种学习活动的共同原理是学习迁移产生的关键。后来有些心理学家做过类似的实验，证实了贾德的概括化理论，发现学生是否善于概括与教师的教学方法、学生的思维水平等有密切的关系。

四是认知结构迁移理论。奥苏贝尔认为，学习者的认知结构是影响学习迁移的重要因素。一切有意义学习都是在原有认知结构基础上产生的。在有意义学习中，学生积极主动地使新知识与认知结构中有关的旧知识发生相互作用，利用旧知识理解新知识，结果旧知识得到充实或改造，新知识获得了实际意义。这个过程实际上是陈述性知识迁移的过程。认知结构是影响迁移的关键因素。奥苏贝尔认为，认知结构的加强能促进新的学习与保持，教学的目标就是使学生形成良好的认知结构。

奥苏贝尔提出了影响迁移的三个主要的认知结构变量：(1)可利用性。即学生面对新的学习任务时，其认知结构中应具有吸收并固定新知识的原有观念，这样才能够产生有意义学习。(2)可辨别性。指学生新的学习任务与同化它的相关知识的可分辨程度。两者的分辨程度愈高，愈有助于迁移并避免因新旧知识的混淆而带来的干扰。(3)稳定性。指学生面临新的学习任务时，其认知结构中的原有知识是否稳定巩固。学生对先前知识的掌握程度与后继知识的学习效果呈正相关。原有知识越巩固稳定，越有助于迁移。奥苏贝尔曾进行过大量的有关认知结构变量影响学习效果的实验，结果表明如果在教学中使用“先行组织者”作为一种引导性材料，由于它要比学习材料本身具有更高的抽象、概括和包容水平，并且能与原有的认知结构相关联，所以，可以有效地促进迁移。奥苏贝尔的研究，代表了当代认知心理学从认知角度来解释迁移的主流倾向,随后有的心理学家对迁移的过程、原有认知结构的特性等进行了更为深入而具体的探讨。

2.促进陈述性知识迁移的注意事项

根据上述陈述性知识的迁移理论,促进学生陈述性知识的迁移时,教师应注意以下问题。

(1)科学编排和呈现教材,使学生形成良好认识结构。

根据奥苏贝尔认知结构迁移理论,学生的认知结构是从教材的知识结构转化而来的。好的教材结构能够简化知识,促进知识的迁移。所以,教材的呈现应体现以下要求:①有序性。由于学生实现迁移的重要条件是发现新旧知识之间的相同点,因此,教材的呈现顺序要合理,尽量在回忆旧知识的基础上引出新知识。好的教材本身就可以起到"组织者"的作用。最佳的教材序列要反映知识的逻辑结构,体现不断分化和融会贯通的原则,适合学生的认知发展水平。教材的呈现应由浅到深,由易到难,从已知到未知。总之,教师选择和组织教学内容要有利于学生获得知识,促进知识的迁移。②概括性。教材中要有较高概括性、包容性和强有力解释效力的基本概念、原理和规则,它们是教材的中心,学生领会这些知识,可以促进举一反三、触类旁通。③实用性。教材的内容要考虑实用性,学生通过学习后,能经常运用这些知识。如成语、数学规则等知识就具有较高的实用性,这些知识可引起的迁移广泛且效果好。

(2)重视基础知识的教学,提高学生的概括水平。

贾德的概括化理论表明,学生一旦掌握有关的原理并概括化,就能产生广泛的迁移。因此,教师要重视对基础知识,即基本概念和原理的教学。因为基础知识总是包含某些一般原理,是知识结构中的骨干,是联系知识的中心,具有普遍性和概括性。学生掌握的基础知识越多,越容易产生迁移。教师要采取多种教学措施,帮助学生理解所学的基础知识,使学生学会概括的方法,提高学生的概括水平,并在此基础上进行复习和练习,以达到熟练记忆和运用的目的。

(3)注意学习材料的共同性,促进学生对知识综合贯通。

根据桑代克的迁移理论,两种学习之间要产生迁移,关键在于发现它们之间的一致性或相似性。而在实际的学习中,知识之间的共同因素往往潜藏于内部,这就要求学生具有一定的辨别能力。要培养学生的这种能力,教师应给学生提供练习认识事物之间同一性或相似性的机会,使学生形成概括或归纳思维,善于发现事物的共同性。此外,教师要引导学生把课堂知识迁移到其他学习情境中,如学习面积同实地勘测相结合,促进学生对知识的综合贯通,学以致用。

(二)程序性知识的迁移

1.智慧技能的迁移

智慧技能的学习是获得一系列的产生式,运用已获得的产生式去解决新情境中的问题。因此,在智慧技能的迁移中,教师应注意以下问题。

(1)形成条件化知识,使学生掌握产生式规则。

智慧技能形成的关键是把所学知识与该知识应用触发条件结合起来,形成条件化知识,即在头脑中储存大量的“如果……那么……”的产生式。教师帮助学生形成条件化知识的主要途径:一是促进产生式样例学习;二是向学生呈现与实际生活背景相似的知识,提高知识在解决问题中的可检索性和应用性。

所谓样例题,是一套通向问题解决的解题程序,其中蕴含着“条件—行动”的产生式。样例学习就是学生通过学习或阅读样例题,从中找出解决问题的条件,根据条件采取行动,最终形成解决问题的产生式系统。通过样例学习,学生能得到智慧技能习得所必需的信息或步骤,把一些无关的信息排除在知觉范围之外,从而减轻认知负担,促进对产生式“条件”的认知与概括,最终掌握一般的产生式规则。

学生在样例学习中习得的知识有时会变成僵化的知识。僵化的知识只能在一个有限的背景中才能被提取,导致学生在应用时生搬硬套,不能举一反三。这是一种应用性缺陷。要克服上述缺陷,教师在教学中应注意理论联系实际,向学生呈现与实际生活相类似的知识,把课堂学习与课外生活情景联系起来,以保持知识的可检索性和活跃性。

(2)加强学生言语表达训练,促使智慧活动内化。

许多学者的研究发现,言语活动能体现人们的内部思维水平,减少思维的盲目性,使注意集中于解决问题的关键因素,提高解决问题的速度和迁移水平。因此,教师要为学生创造一个民主、宽松的课堂心理环境,使学生喜欢、愿意和敢于言语表达。要加强对学生言语表达能力的训练,如要求他们大声报告思维活动,鼓励他们相互讨论等,促使他们智慧活动的内化,促进其思维水平的提高。

(3)注意练习的同一性与多样性问题

促使智慧技能迁移的重要教学条件是在相似情境和不同情境中的练习。学生在解决一类问题或学习一类课题时,所掌握的一般认识方法或规则,能促使类似问题的解决与类似课题的学习。所以,在练习中要保持课题的同一性和连续性,通过一系列彼此联系的练习,促进学生对智慧技能的学习掌握。教师要有意识、有计划地指导学生逐步概括出一类课题的共有特征和共有规则,以后再碰到有关的具体课题,学生就会将其纳入相应的课题之中。需要指出,同类或相似课题间的不断练习,会干扰对灵活性课题的学习。因此,教师在提供练习时要考虑在练习课题的同一基础上,注重课题变化,告诉学生各种规则、原理、公式等的特征和适用范围,帮助其牢固掌握这些知识的特征。教师还需要教会学生辨认各种现象,或需要解决问题的特点,才能保证学生顺利迁移。

2.加强动作技能的迁移

动作技能的学习同样存在着迁移问题,即一种动作技能的掌握对另一种动作技能的形成产生影响。动作技能的迁移主要有以下几种:①两侧性迁移。指身体一侧器官进行的学习向另一侧器官的迁移。人体的对称部位最易于产生两侧性迁移,如左手与右手的迁移;其次是同侧部位的迁移,如左手向左脚,右手向右脚的迁移;人体对角线部位的迁移最弱。②言语-动作迁移。即事先的语言训练有助于动作技能的形成,如在学习某动作时,首先进行语言指导,从而提高语言的辨别能力,最终可达到提高动作技能掌握程度的目的。③动作-动作迁移。这种迁移在日常生活中十分常见。如学会骑自行车有助于掌握骑摩托车的技能,因为这两种技能存在着相似的注意分配、反应速度以及处理操作步骤。

根据动作技能迁移的特点,教师促进学生动作技能的迁移应注意以下问题。

(1)理解任务性质和学习情境。

学习任何一种动作技能都必须首先理解任务的性质和学习的情境,这是培养动作技能的必要条件和内在原因。首先,教师要使学生懂得掌握某种动作技能的重要性,形成强烈的学习动机,使学生乐于学习,认真钻研,力求掌握。其次,要向学生明确提出动作技能应达到的目标,使学生明确“做什么”和“怎么做”,形成对自己的正确估计,根据自己的能力与学习任务的目标而调控自己的练习过程。

(2)教师示范与讲解要准确清晰。

教师的示范与讲解在动作技能的形成中具有导向功能,使学生能够形成规范性的动作。研究表明,指导者的示范与讲解不同,学习者的学习效果不同。根据班杜拉的观察学习原理,教师在示范之初要注意降低示范速度,分解示范动作,以提高学生的注意力,使学生能够准确把握动作结构与特点,更好地观察与模仿。

(3)加强动作技能的练习与反馈。

任何复杂的动作技能都必须通过练习才能达到熟能生巧的程度,但练习不是简单的机械重复。学生在练习时,必须调动感知、记忆、思维等多种认知成分的积极参与,才能有效形成和掌握动作技能。动作技能的主要练习方法如表4–7所示。

表4–7　动作技能的主要练习方法

练习方法	要点
实地练习法	依据所学知识从事实际操作,以形成动作技能
程序训练法	把动作技能划分为若干阶段,由易到难,由简到繁地学习,并不断给予强化矫正,以提高动作效率
动作–时间分析法	测量每个动作所需要的时间,排除无效动作,减少不必要的动作环节,取得最佳活动效率
集中练习法	对比较简单的动作技能进行连续练习,直到掌握为止
分散练习法	将动作技能练习分为多次进行,避免长时间练习所产生的疲劳或厌烦情绪
心理练习法	身体不进行实际活动,而是在头脑内进行动作技能的练习

上述动作技能练习的方法各有特点。在动作技能的练习中，要注意克服学生的“高原现象”，提供恰当的反馈。所谓“高原现象”是指学生在动作技能的形成过程中，会出现练习成绩时而进步、时而退步的现象。究其原因，主要是练习时间过长，练习兴趣下降，注意力分散，产生厌倦或疲劳的消极情绪所致。要克服这种现象，关键是教师要帮助学生改善练习方法和练习环境，利用他们对未来进步的憧憬，以增强其努力的信心和学习的兴趣。

教师针对练习提供反馈，学生才能辨别动作的正误，知晓自己的动作是否达到要求。教师采取何种反馈，应根据任务的性质、学生的学习情况而定。埃尔林的研究发现，若是连续的任务，如开车、滑冰等，及时反馈重要；若是不连续的任务，如徒手画一条规定长度的线段、投掷铅球等，则延迟反馈并不影响效果。

本章小结

1.陈述性知识是反映事物的形态、内容及变化发展的原因、说明事物“是什么”“为什么”“怎么样”的知识。程序性知识是适用于具体情境的算法或一套操作步骤。

2.认知心理学家通常用同化理论来解释陈述性知识获得的心理机制。同化有下位学习、上位学习和并列结合学习三种模式。同化的结果是新知识获得意义，原有认知结构发生质变与量变。程序性知识获得的心理机制是产生式。

3.陈述性知识与程序性知识是既有区别也有联系的。将陈述性知识转化为程序性知识的主要方法有：采用恰当的教学方法，使学生形成正确的概念或规则；学习材料具有逻辑意义，调动学生学习心向；指导科学练习，促进学生程序性知识的运用。

4.教师促进陈述性知识的迁移要注意：科学编排和呈现教材，促进学生形成良好的认识结构；重视基础知识的教学，提高学生的概括水平；注意学习材料的共同性，促进学生对知识的综合贯通。程序性知识的迁移包括智慧技能的迁移与动作技能的迁移。

复习思考题

一、简答题

1. 什么是知识,知识的主要类型有哪些?

2. 智慧技能的学习包括哪些步骤,如何理解?

3. 动作技能的学习包括哪些步骤,要注意哪些问题?

4. 智慧技能与动作技能的主要区别在哪里?

二、论述题

1. 论陈述性知识与程序性知识的关系。

2. 论陈述性知识学习的心理机制以及同化的方式。

3. 论程序性知识学习的产生式原理。

三、案例分析

在大学教育中,我们常常发现有的教师很重视对陈述性知识的阐述,但缺乏练习与操作,没有注意把陈述性知识转化为程序性知识,造成了部分学生高分低能的情况。大学教师应该如何帮助学生把所学的陈述性知识转化为程序性知识,如何促进学生知识的迁移,解决学生高分低能的情况?谈谈你的看法。

第五章　大学生的学习策略

【内容提要】

在知识更新快速、竞争激烈的现代社会，高校教育不可能将所有的知识和技能都传授给大学生。高校教育要“授人以渔”而非“授人以鱼”。大学生必须学会学习，掌握学习策略，具备终身学习的能力，才能适应社会的发展。本章着重阐述学习策略的含义，分析与论述大学生常用的学习策略，高校教师如何教授大学生学习策略等一系列问题。

【学习目标】

理解学习策略的含义和主要类型，掌握大学生常用的认知策略、元认知策略和资源管理策略，并能在教学中选用适当的教学方式，对大学生进行学习策略教学。

【学习重难点】

学习重点：大学生常用的学习策略。

学习难点：大学生学习策略的教学。

第一节　学习策略概述

使学生“学会学习”是世界各国学校教育的重要理念和共识。学生是积极的信息加工者、理解者和综合者，能使用不同的策略储存和提取信息，主动地使学习环境适应自己的需求和目标。学生学习策略的获得与改进是学会学习的核心。学习策略能够提高学生的学习效率，促进其学业获得成功。因此，20世纪中叶以来，学习策略的研究成为教育心理学的重要研究内容之一。

一、学习策略的含义

什么是学习策略？至今为止,对学习策略的界定仍没有达成共识。概括现有的文献和研究,可以将学习策略分为四种:一是把学习策略视作学习活动或步骤。如梅耶认为学习策略是在学习过程中用以提高学习效率的任何活动,是学习者有目的地影响自我信息加工的活动。二是把学习策略视作学习的规则、能力或技能。如刘电芝(2001)认为学习策略是学习者在学习活动中有效学习的规则、方法、技巧及调控方式,它既可是内隐的规则系统,也可是外显的操作程序与步骤。莫雷(2002)认为学习策略是个人学习方法和对自己学习活动进行调节与控制以提高活动操作水平的技能。三是把学习策略视作学习计划。如陈琦(1998)认为学习策略就是学习者为了提高学习效果和效率,有目的、有意识地制订的有关学习过程的复杂方案。四是把学习策略视为学生的学习过程。尼斯比特认为学习策略是与元认知相联系的,比具体学习方法更高一层的有组织的调节与控制活动。

综合以上学者的观点,我们认为学习策略是学习者为了提高学习效果和效率,有目的、有意识地制订的有关学习的程序规则和调控方式。

首先,学习策略是学习者为了完成学习目标而积极主动地使用的。一般来说,学习者采用学习策略都是有意识的心理过程。学习时,学习者要分析学习任务和自己的特点,根据这些条件,采用适当的学习方法。其次,学习策略是有效学习所需要的。研究表明(伍如昕,2011;汤旧圆,2013;马郑豫、张家军,2015),学习策略是影响学生学业成就的重要因素,学生学业成就水平的高低是伴随着学习策略应用水平的高低而起伏的,学生学习策略应用水平高,他们的学业成就相对较高。再次,学习策略是针对学习过程的。它规定学习时做什么不做什么、先做什么后做什么、用什么方式做、做到什么程度等方面的问题。最后,学习策略是学习者制订的有关学习的程序规则和调控方式。一般来说,不同的学习任务,其学习策略是不同的,但对于同一种类型的学习任务,存在着基本相同的学习策略。学习策略实际上是一套规则系统或技能构成,是学习术或学习技能的组合。

二、学习策略的类型

教育心理学家依据不同的标准,提出了多种学习策略的分类。

(一)学习策略的二因素说

雷斯尼克和贝克认为学习策略由一般策略和调解策略两种因素构成。一般策略主要包括与推理、思维有关的活动;调解策略主要包括完成一项具体任务时所用的某种特殊技术。柯比把学习策略分为微观策略与宏观策略两种。微观策略包括一些特殊的知识与技能,与认知执行过程的关系更为密切,易受教育的影响而改变;宏观策略应用范围较广,主要是关于情感与动机因素,与学习者文化背景及风格差异有密切关系,难以通过教育的影响而改变。登博根据信息加工和元认知理论,将学习策略分为认知策略和元认知策略,前者是对信息进行直接加工的有关方法和技术,后者指的是对信息加工过程进行监控和调节的有关方法和技术。

(二)学习策略的三因素说

迈克卡等人(1990)根据学习策略涵盖的成分,把学习策略分为认知策略(包括精加工策略、复述策略、组织策略)、元认知策略(包括计划策略、监控策略、调节策略)、资源管理策略(包括时间管理策略、努力管理策略、学习工具利用策略和社会资源利用策略)。具体见图5-1。

- 学习策略
  - 认知策略
    - 精加工策略（如想象、口述、总结、做笔记、类比、答疑等）
    - 复述策略（如重复、抄写、画线等）
    - 组织策略（如选择要点、列提纲、画地图等）
  - 元认知策略
    - 计划策略（如设置目标、浏览、设疑等）
    - 监控策略（如自我测查、集中注意力、监控领会等）
    - 调节策略（如调整阅读速度、重新阅读、复查、使用应试策略等）
  - 资源管理策略
    - 时间管理策略（如建立时间表、设置目标等）
    - 努力管理策略（如归因于努力、调整心境、自我谈话、自我强化等）
    - 学习工具利用策略（如利用参考资料、工具书等）
    - 社会资源利用策略（如寻求教师或伙伴帮助、小组学习等）

图5-1　学习策略的构成

（三）学习策略的多因素说

温斯坦和梅耶将学习策略分为八种：简单学习任务的复述策略、复杂学习任务的复述策略、简单学习任务的精加工策略、复杂学习任务的精加工策略、简单学习任务的组织策略、复杂学习任务的组织策略、综合调节策略和情感策略。加涅根据学生的学习进程，把学习策略分为选择性注意策略、编码策略、记忆探求策略、检索策略和思考策略。

三、研究大学生学习策略的价值

人工智能的快速发展，让教育内容、教育方法、教育模式等发生深刻变革。《教育强国建设规划纲要（2024—2035年）》明确要求以教育数字化开辟发展新赛道、塑造发展新优势，促进人工智能助力教育变革。新质生产力发展呼唤新质人才培养。在人工智能技术的推动下，新型教学模式不断涌现，信息技术与教育教学的深度融合正成为高等教育改革的重要趋势，为学习方式创新提供了强大支撑。靳玉乐等（2023）认为，未来课程应以灵活契合性、多元融合性和跨界联合性为特征。全晓洁等（2020）提出，人工智能视域下的课程应体现价值人本化、内容拓展化、实施生成化和评价即时化的新形态。当前高校教育已将线上学习与线下学习、集中学习与分散学习、课堂学习与场馆学习等多种学习形式相结合，力求创造出更加适合每一个学生特点的教育模式。

面对这样的教育变革，大学生学习能力的提升既是高校创新人才培养模式、提高教育质量的内在要求，更是构建终身学习体系、推进“人人皆学、处处能学、时时可学”学习型社会建设的时代使命。在众多影响学生学习能力的因素中，学习策略是关键因素之一（吴喜艳，张庆宗，2009；谭霞，张正厚，2015）。

第二节　学习的认知策略

认知策略是指学习者在认知加工过程中所采用的策略，即加工信息的一些方法和技术。这些策略能使信息较为有效地存储、保持和提取。认知策略可分为精加工策略、复述策略和组织策略。董海燕（2009）的研究显示，大学生使用认知策略的频率高于其他策略。

一、精加工策略

精加工策略是指学习者把新信息与头脑中的旧信息联系起来，增加新旧信息之间的意义联系，从而帮助学习者将信息储存到长时记忆中去的学习策略。这实际上是一种理解记忆的策略，其目的在于建立信息间的联系。心理学家研究发现精加工得越深入越细致，回忆就越容易（博布罗，1969）。常用的精加工策略有五种。

（一）记忆术

记忆术是指为了便于记忆而将信息加以组织的技巧，记忆术能在新旧材料之间利用视觉表象、语音、语义等建立联系。这种记忆策略在记忆新名词术语、种类项目等信息时，非常有效。主要的记忆术有以下几种。

1.位置记忆法

位置记忆法就是学习者在头脑中创建一幅熟悉的场景，在这个场景中确定一条明确的路线，在这条路线上确定一系列特定的点，然后将要记忆的内容全部视觉化，并按顺序和路线上的各个点联系起来。回忆时，按这条路线上的各个点提取所记的项目。后来的研究发现，不仅是人们熟悉的场景，能引起具体形象的物体、人的身体、房间等都可以采用位置记忆法。记忆高手也用位置记忆法。位置记忆法对记忆有顺序的系列项目特别有效。

2.缩简和编歌诀

缩简就是将识记材料的每条内容简化成一个关键性的字，然后编成自己所熟悉的事物，从而将材料与过去经验联系起来。例如，计算机中的BASIC语言是初学者通用符号指令代码（Beginners All-purpose Symbolic Instruction Code）各词首字母的缩写。编歌诀是将要求掌握的内容简化，用字头、谐音字、方言和俚语等方法，编成饶有趣味的顺口溜，易于背诵和记忆。运用歌诀的音韵和节奏感，消除机械记忆的苦涩与艰辛。例如，医学院学生学习药理学时，可把青霉素的抗菌谱编成顺口溜“链葡螺放白肺炭（廉颇落荒白灰滩）”。通过说战国时期赵国名将廉颇诈败诱敌“落荒”逃到“白灰滩”一举歼敌的故事，就可以联想记忆起青霉素的抗菌谱包括溶血性链球菌、敏感的金黄色葡萄球菌、螺旋体、放线菌、白喉杆菌、肺炎球菌和炭疽杆菌等。

3.谐音联想法

学习一种新材料时运用联想,假借意义,对记忆也很有帮助。谐音法能提高记忆效率,关键在于它的“一音双关性”,需要在谐音和需要学习的材料之间进行有效的转换。如quaff,读音为[kwa:f],类似“夸父”,意为痛饮,畅饮,可用“夸父追日,渴极痛饮”的谐音联想法记忆。但记外语单词时,不能把谐音当作准确的读音来记,它只是帮助我们在准确发音和表达的中文意义之间建立人为联系,不能代替知识本身。所以,谐音法不适合于有较强逻辑关系的材料,否则会适得其反。

4.视觉想象

视觉想象就是通过心理想象来帮助人们进行联想记忆。联想时,想象越有创造性,加工越深入细致,记忆越深刻。例如,可以将“飞机—箱子”想象为“飞机穿过箱子”,将“计算器—书”想象成“计算器印在书皮上”等。

5.语义联想

通过联想,将新材料与头脑中的旧知识联系在一起,赋予新材料以更多的意义。实际上,这种方法就是要在理解的基础上,设法找出新旧材料之间的内在逻辑联系。如大学生学习英语时,会遇到大量的相似词,如consult与result,insult等;反义词,如permanent(持久的)—evanescent(短暂的),permanent(固定的)—mutable(无常的),以及同义词、近义词。记忆这些单词时,就可以联系起来记忆。这样就会记忆一个单词的同时又复习了其他的单词,而且不至于混淆。或者,在看到一个单词的意思时,随之可以联想一下与之意义相近的其他单词。甚至在构思写作的时候,能够有足够的素材将简单词替换成高级词,比如用consequently替换so,用critical,significant,vital,substantial,indispensable等替换important,用harmful,detrimental替换bad等。这样的高级词就会变成文章的闪光点,在考试时能吸引阅卷老师的目光,让作文脱颖而出。

(二)记笔记

记笔记是大学生应用广泛的一种精加工策略。记笔记对学习有多种好处。一是记笔记可以帮助大学生保持注意力，专心于教师讲课；二是记笔记有助于大学生记忆，为以后的学习和复习考试提供方便；三是记笔记可以提供所学知识的框架，促进对新知识的精细加工和整合。

记笔记时，先要记下听讲的信息，然后理解记下的信息。正确的记笔记方法是保证学生学习成功的关键，方法不同会影响整合和组织信息的效果。逐字逐句地做笔记是对材料一字一句地编码，做总结性笔记能增进对材料的再组织和整合，用自己的话做笔记会使笔记适合自己的知识体系。研究发现用自己的话做简要笔记和为了准备教别人而做笔记是很有效的，由于它需要对信息进行高水平的加工，所以效果较好。因此，学生在做笔记时，要有一定的心理加工，避免做纯粹笔录式的笔记。

为促进大学生做笔记和复习笔记，教师在讲课时要注意：讲课速度要适中，要适当重复复杂的内容，在黑板上写出重要信息，为大学生提供做笔记的线索。

（三）提问

提问多指学习者在学习过程中对自己的提问，也包括同学之间、师生之间的谈话或提问。提问的目的是使学生经常评估自己对所学内容的理解状况。柏里斯（1984）和肯（1992）发现，教师在阅读时教学生提一些“谁”“什么”“哪儿”和“如何”的问题，学生对阅读材料能领会得更好。因此，训练学生在活动中自我谈话，自问或彼此之间相互提问，有利于学生加深对所学内容的理解和记忆。

（四）画线

画出学习材料中的重要和关键信息，不仅能使学生快速找到和复习学习材料中重要的信息，还能使学生加深对学习材料的理解，这是因为决定哪一句是最重要的句子需要较高水平的加工。使用画线策略时，学生一定要谨慎地使用画线，只画出重要的信息，而不只是一味地画。在画线的旁边做注释是一种更为有用的方法。

常用画线方法有：圈出不知道的词，标明定义，标明例子，列出观点、原因或事件序号，在重要的段落前加上星号，在混乱的章节前画上问号，给材料作注释,记下不同点和相似点,标出总结性的陈述,标出可能的测验项目,等等。

(五)利用背景知识,联系实际

背景知识在精加工过程中起着重要的作用。因为存储在长时记忆中的原有知识、技能是进行新学习的重要内部条件。事实上,背景知识比一般学习能力更能使我们预测学生能学会多少。科奇玛等人(1991)曾让大学生学习棒球和音乐方面的信息。结果是,那些熟悉棒球但不熟悉音乐的学生,棒球的信息学习得多一些,而那些熟悉音乐而不熟悉棒球的学生,音乐方面的信息学得多一些。

二、复述策略

复述策略是指在工作记忆中为了保持信息而对信息进行反复重复的过程。使用复述策略时,需注意以下方面。

(一)排除干扰

心理学研究发现干扰是一个影响记忆的重要因素。心理学家彼得森曾让大学生记住三个辅音字母。在实验中,每次给被试听觉呈现3个辅音字母如KBR,呈现字母后,立即听觉呈现一个3位数,要求被试从这个数中迅速地做连续减3的运算并说出每次运算的结果,直到主试发出信号时再回忆刚才识记的3个字母。结果发现当延续时间为3秒时,被试能正确回忆80%;当延长到6秒时,正确回忆55%;当延长到8秒时,正确回忆10%。这个实验中要记住的内容很简单,但是为什么识记的效果这样差呢?原因就是干扰的影响。也就是说识记后的数学运算干扰了对字母的记忆。所以,心理学家认为造成遗忘的原因就是干扰。学习时我们一定要考虑到短时记忆的容量,在进行新的学习前要有吸收和重复旧知识的时间,尽量避免干扰。

(二)抑制和促进

前后两种学习材料之间存在相互影响,称为迁移。如果这种影响是积极的,称为促进(正迁移),如果影响是消极的就是抑制(负迁移)。当先前的信息对后来的信息产生了积极影响就是前摄促进，消极的影响就是前摄抑制；当后学的信息对先前的信息产生了积极影响就是倒摄促进，消极的影响就是倒摄抑制。倒摄抑制是最常见的一种抑制，所以在安排学习时，要尽量利用前后信息之间的促进作用，避免抑制作用。

在学习一节专业课知识的过程中，我们常发现对开始和结尾的部分，记忆效果好，而对中间的内容印象最差，这种现象在心理学上叫作系列位置效应。这是因为开始部分只存在倒摄抑制，结尾部分只存在前摄抑制，中间部分两种抑制都可能存在。

在课堂教学过程中，教师要善于利用系列位置效应精心组织教学内容，把最重要的新概念放在教学的开始环节，在教学的最后对其进行总结。同样，学生在学习时，开始就要学习最重要的内容，最后再回顾一下。每次复习旧知识时，应在顺序上有所变化。

（三）科学复习

根据艾宾浩斯的遗忘曲线及有关的研究发现，遗忘的进程是先快后慢。学生学习的内容肯定是要遗忘的，关键是如何根据遗忘的规律科学复习。在总的复习时间一定的情况下，连续进行的复习称为集中复习，间隔一定时间的复习称为分散复习。一般说来，分散复习的效果优于集中复习，这是因为分散复习有较多的时间间隔，可以使记忆联系得到巩固，有利于解除重复学习所产生的疲劳与厌倦，从而增强记忆效果。至于分散复习时间间隔的长短，应视材料的性质、数量、识记的巩固程度而定。

（四）过度学习

过度学习是指一种学习材料学到恰能成诵之后还继续学习一段时间的现象。研究发现过度学习材料比刚好能背诵材料保持的效果好。有人认为就保持效果与学习时间的综合效益而言，150%的过度学习最为经济。过度学习的次数少，达不到效果；过度学习的次数多，费时费力，效果却没有明显提高。所以，过度学习要适当。过度学习最适用于那些必须能准确回忆却没什么意义的操练性信息，如心理统计学中的公式、英语单词的拼写。

(五)运用多种感官协同记忆

运用多种感官协同记忆,可在大脑中留下多方面的感觉印象,既可以提高注意力,又可以提高记忆效果。例如,边听边看、边说边写、边听边做、边想边动手等。特瑞奇勒的研究结果表明,人们的信息获取中1%通过味觉,1.5%通过触觉,3.5%通过嗅觉,11%通过听觉,83%通过视觉。人一般可记住自己阅读的10%,自己听到的20%,自己看到的30%,自己看到和听到的50%,交谈时自己所说的70%,这表明多种感官的参与能有效增强记忆。

(六)积极的心向、态度和兴趣

心向、态度和兴趣也是影响记忆的重要因素,这些个性特征对记忆的方向、速度与巩固性有着重要影响。一般说来,凡是与学习者的兴趣、态度相符合的材料,记得快,记得牢,反之,记得慢,易遗忘。孔子曰:"知之者不如好之者,好之者不如乐之者。"因此,若想保持良好的记忆,最好对要记忆的材料持积极态度。

(七)阅读与重现交替进行

阅读与重现交替进行,可以提高复习效率。这种方法有利于调动学习者的积极性,因为单调的重复阅读会使人厌倦,而两者的交替可以使学习者及时看到学习成绩,提高自信心。同时,也能使学习者及时检查复习的效果,抓住材料的重点与难点,合理支配自己的时间与精力。具体阅读与重现的时间分配见表5-1。从表中可以看到重现的重要性。

表5-1 阅读时重现的效果

时间分析	16个无意义音节回忆百分数		5段传记文回忆百分数	
	立刻	4小时后	立刻	4小时后
全部通读时间	35	15	35	16
1/5用于重现	30	26	37	19
2/5用于重现	54	28	41	25
3/5用于重现	57	37	42	26
4/5用于重现	74	48	42	26

三、组织策略

组织策略是学习与记忆新信息的重要策略。其基本方法是将学习材料分成一些基本单元,将他们置于适当的类别之中,使每项信息和其他信息形成一个整体。人脑对于材料的记忆像一座图书馆一样,有组织的、有序的材料比杂乱的材料易于学习和记忆。鲍尔(1969)等人做过一个实验,要求被试识记112个单词,这些单词可以组织成像图5-2那样的分类系统。告诉实验组的被试如何将这些词组织到分类系统中去,然后给予四个等级的词让他们识记。控制组的被试也同样识记这些单词,但不告诉潜在的分类系统,实验结果表明,如果被试按照有组织的结构去识记单词,并在回忆中运用该结构,回忆单词的能力能得到极大的改进。实验组回忆出来的单词的数量是控制组的2~3倍。

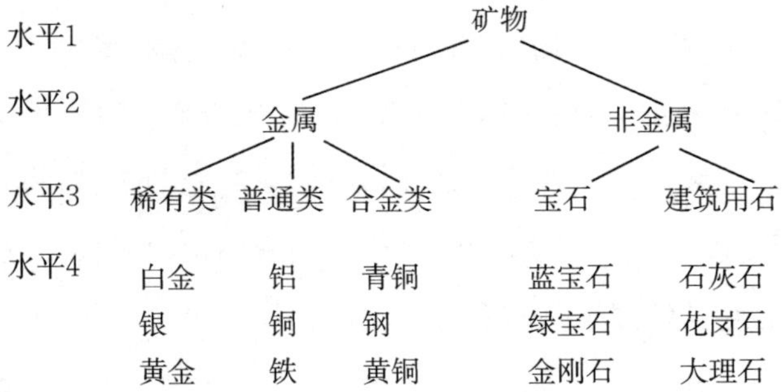

图5-2　矿物分类

(一)列提纲

列提纲是用简要的语词写下主要和次要的观点,也就是以金字塔的形式组织材料的要点,较具体的细节都包含在高一级水平的类别之中。教师可利用斯金纳提出的行为塑造技术来培养学生列提纲的能力。比如:(1)提供一个几乎完整的提纲,要求学生填写一些支持性的细节;(2)提供一个只有主题的提纲,要求学生填写所有的支持性细节;(3)提供一个只有支持性细节,要求学生填写主要观点的提纲。也可以采用传统方法:向学生传授列提纲的技巧;要求学生独立完成列提纲;提供一个提纲范例,通过对比分析,说明学生所列提纲存在的问题;学生再次独立进行改进。

（二）图形

图形的形式有四种：系统结构图、流程图、模式图和网络图。学完某一学习材料后，对学习材料进行归类整理，将主要信息归成不同水平或不同部分，然后将这些复杂的信息形成一个金字塔形式的系统结构图，这样就容易理解和记忆了。流程图可用来呈现步骤、事件和阶段的顺序。流程图一般是从左向右展开，用箭头连接各步。模式图就是利用图解的方式来说明在某个过程中各要素之间是如何相互联系的。网络图如一棵倒置的知识树，把最概括的概念置于树干的顶端，把局部的概念置于支干。这种网络关系图越来越受重视，人们也称它为概念图。

（三）表格

表格的形式主要包括一览表和双向表。在列一览表时，学生首先要对材料进行全面的综合分析，然后抽取出主要信息，并从某一角度出发，将这些信息全部陈列出来。例如，学习中国历史时，可以以时间为主轴，将各朝代、主要的历史人物、历史事件全部展现出来，制成一幅中国历史发展一览图。双向表是从纵横两个维度罗列材料中的主要信息。

第三节　学习的元认知策略

学习时，学习者会采用一些策略来监控和指导认知活动的进行，这些策略负责评估学习中的问题，确定用什么学习策略来解决问题，评价所选策略的效果，并且改变策略以提高学习效果，这就是元认知策略。元认知策略是指学生对自己的认知过程及结果的有效监视及控制的策略。元认知策略控制着信息的流程，监控和指导认知过程的进行，包括计划策略、监控策略（注意策略）和调节策略。陈小萍等（2023）采用问卷调查法，对陕西省924名大学生进行调查研究，结果发现元认知策略能显著预测大学生学习自我效能感。也有研究显示（董海燕，2009），大学生使用元认知策略频率较低，需要提升该策略的运用能力。

一、元认知的结构

元认知概念最初由美国心理学家弗拉维尔(1976)提出,他认为元认知就是对认知的认知,具体地说,是关于个人自己认知过程的知识和调节这些过程的能力,对思维和学习活动的知识和控制。元认知具有两个独立但又相互联系的成分:元认知知识和元认知控制。

(一)元认知知识

元认知知识是对有效完成任务所需的技能、策略及其来源的意识,即知道做什么。元认知知识主要包括以下内容。

1.有关个体作为学习者的知识

它是指个体在学习或思维着的一切知识,包括:①关于个体内差异的认识,例如,正确认识自己的兴趣、爱好、学习习惯、能力及其局限,以及如何克服自己在认知方面存在的不足等;②关于个体间差异的认知,例如,知道人与人之间在认知以及其他方面存在的种种差异;③关于个体认知水平和影响认知活动的各种因素的认识。例如,知道记忆、理解有不同的水平,知道注意在认知活动中的重要性,知道人的认知能力是可以改变的。

2.有关任务的知识

在有关认知材料方面,个体应当认识到影响认知活动进行和结果的因素,例如,材料的性质(如图形材料与文字材料)、材料的长度(如一篇短文与一篇长文)、对材料的熟悉性(如熟悉的材料与不熟悉的材料)、材料的结构特点(如论说文与叙述文)、材料的呈现方式(如听觉呈现与书面呈现)、材料的逻辑性(如有组织的材料与无组织的材料)。

3.有关学习策略及其使用方面的知识

有关学习策略及其使用方面的知识,涉及的内容很多。比如,进行认知活动有哪些策略,各种认知策略的优点和不足是什么,它们应用的条件和情境如何,对于不同的认知活动和不同的认知任务,什么样的策略可能是有效的等。

(二)元认知控制

元认知控制是运用自我监控机制确保任务能成功地完成,即知道何时做、如何做。元认知控制是主体在进行认知活动的过程中,将自己正在进行的认知活动作为意识对象,不断地对其进行积极自觉的监视、控制和调节。元认知控制概括起来,包括以下几个方面:(1)制订计划;(2)实行控制,及时评价、反馈认知活动进行的各种情况,发现认知活动中存在的不足,并据此及时修正、调整认知策略;(3)检验结果;(4)采取补救措施。

元认知知识与元认知控制相互依赖,相互制约,在个体的认知活动中相互联系,成为一个有机统一的整体,协同实现对认识活动的监控与调节。

二、元认知策略

研究发现,成功的学习者更善于运用元认知策略对自己的学习过程进行计划、监控和调整。努南(1997)的研究表明,元认知策略对语言学习至关重要,是使学生成为自主学习者的关键,是区分成功学习与不成功学习的一个重要变量。纪康丽(2002)通过对清华大学一年级学生进行元认知能力培养实践,发现元认知能力培训对学生的学习有很大促进作用,能够培养学生独立思考和自主学习能力。

概括起来,元认知策略大致可分为三种。

(一)计划策略

计划策略包括设置学习目标、浏览阅读材料、产生待回答的问题以及分析如何完成学习任务。学生无论是完成作业,还是为了应对考试,都应当有计划策略。成功的学生并不只是听课、做笔记和等待教师布置任务,还会预测完成作业需要多长时间,在写作前获取相关信息,在考试前复习笔记,在必要时组织学习小组,以及使用其他各种方法。学生应是积极的而不是被动的学习者。

(二)监控策略

监控策略包括阅读时对注意加以跟踪、对材料进行自我提问、考试时监控自己的速度和时间等。这些策略使学习者警觉自己在注意和理解方面可能出现的问题,以便加以修改。

1.领会监控

领会监控是指学习者头脑中有明确的领会目标,在整个学习过程中始终注重实现这个目标,根据这个目标监控学习过程,包括发现某个细节,找出要点等。随着这一策略的执行,如果找出了这个重要细节,或抓住了学习材料的要点,学习者会因达到目标而体验到一种满意感。但是,如果没有找到这个细节,或者不懂课文,则会产生一种挫折感。如果领会监控最终显示目标没有达到,学习者就会采取补救措施,比如重新浏览材料,或者更仔细地阅读课文。

2.注意监控

注意是一种有限的资源,在某时刻,只能注意有限的事物。注意监控是指学习者在学习过程中对自己的注意力进行自我管理与调节,如注意自己此刻正在做什么,如何避免分散注意力。当学生将有限的注意能量全都花在一件事上,就只能放弃对其他刺激的注意。例如,当大学生全心投入感兴趣的研究课题时,就会对其他事物视而不见、听而不闻。

(三)调节策略

元认知调节是指根据对认知活动结果和认知策略的效果的检查,及时修正、调整认知策略的过程。调节策略与监控策略有关。例如,当大学生意识到不理解教材的某部分内容时,就会反复去读这部分内容;考试时多数学生会跳过某个难题,先做简单的题目等。调节策略能帮助学生矫正学习行为,补救理解上的不足。

元认知策略总是和认知策略一起发挥作用。认知策略帮助我们将新信息与已知信息整合在一起,并且存储在长时记忆中;元认知策略则帮助我们估计学习的程度和决定如何学习。

三、自我调节学习策略

元认知理论虽然在学习策略中占据重要地位,但现有理论存在一个显著缺陷,即没有将动机因素考虑进去,这在一定程度上削弱了其教育实践价值。

为弥补这一不足,齐默尔曼(B.J.Zimmerman,1986)等人提出了自我调节学习策略,该策略整合了元认知、动机和行为三个方面。这种整合性研究不仅是对元认知理论的重要拓展,更代表了学习策略研究的新趋势。

(一)自我调节学习策略的特征

自我调节学习(self-regulated learning)是20世纪80年代以来学习策略研究领域出现的一个新概念。研究发现,相较于元认知理论,自我调节学习具有更强的解释力和更丰富的内涵。具备自我调节学习能力的大学生通常表现出以下特征:第一,有明确的学习目标,对所要进行或正在进行的学习活动有较为清晰的整体认知,对学习有高度的责任感,并相信自我调节有助于提高学习效率。第二,能系统地运用元认知、动机和行为方面的策略进行学习。学习者掌握了大量的一般和具体的策略,知道何时何地以及怎样运用这些策略才能取得最佳的学习效果。第三,有良好的自我效能感,对自身能力和学习价值有充分信心。第四,能够建立丰富的、支持性的学习环境,并能有效利用各种学习资源。第五,能够克服各种外界干扰,保持高度专注,具有良好的意志品质。总之,教育教学中强调的"学会学习"和"自觉学习"等理念,正是自我调节学习核心原理的具体体现。

(二)自我调节学习策略的影响因素

在当前教育背景下,无论线上还是线下学习,大学生都需要具备较强的自我调节学习能力。这种能力不仅能帮助大学生养成终身学习的习惯,更能助力他们应对学科知识和技术快速革新带来的挑战。

基于班杜拉的社会认知理论和齐默尔曼的自我调节学习策略,学者们普遍将自我调节学习策略的影响因素划分为内部因素和外部因素两个维度。

内部因素方面,主要包括学习动机、自我效能感、学习效果的归因等。龙成志等(2017)认为学习动机对稳定的自我调节学习行为有促进作用。齐默尔曼(2002)认为所有的内部因素中,自我效能感产生的影响效力更高。张婷玉(2011)通过对非英语专业学生的调查发现,归因与自我调节学习能力呈正相关关系。谭霞等(2015)的研究认为,学习策略对自我调节学习能力有重要的影响。

外部因素方面，主要包括同伴交互、教师支持、学习环境等。齐默尔曼(2002)系统分析了外部环境因素对自我调节学习的影响，认为学习过程中的同伴、指导教师、模仿对象、学习资源、学习场所等都会对自我调节学习能力产生不同程度的影响。也有学者(B.H.Khan，2001；张鸣，2020)证实了在当前教育信息化背景下，在线学习资源的数量和质量会对自我调节学习能力的发展产生直接影响。

第四节 学习资源管理策略

任何学习都需要一定的资源作为支持，如学习的时间、付出的努力、他人的帮助等，都属于学习资源。学习资源管理策略是指学生管理学习中可用的环境和资源的策略，成功地使用这些策略可以帮助大学生适应和调节环境，提高学习效率和质量。研究表明，大学生对资源管理策略的使用频率略低于认知策略(董海燕，2009)，来自城市的大学生相对于来自农村的大学生能够更好地使用资源管理策略(张向向，孙征，2012)，女生使用资源管理策略的水平显著高于男生(周海涛，景安磊，李子建，2014)。

一、时间管理策略

时间管理策略是指大学生能根据学习的需要，妥善计划和安排学习时间。具体表现为：①统筹安排学习时间。为了完成自己的学习目标，每个大学生都应当根据自己的总体目标，对时间做出总体安排，并通过阶段性的时间表来落实。②高效利用最佳时间。在不同的时间里，个体的体力、情绪和智力状态是存在差异的，即学习的最佳时间可能不一样。因此，学生在安排自己的学习时间时，应注意根据自己的生物钟安排学习活动，要根据学习效率的变化安排学习活动。③灵活利用零碎时间。学生可以利用零碎时间处理学习上的杂事，也可以在零碎时间看报纸杂志，拓展自己的知识面。

相比于中小学生，大学生在课程安排和时间管理上拥有更多的控制权，但多项研究显示大学生时间管理策略水平较低(任春华等，2006；杨柳青等，

2008)，计划性较差，时间利用率低，常出现前松后紧的情况。鉴于此，教师应引导大学生强化时间价值观，提高时间管理技能，学会分辨轻重缓急，学会制订切实可行的学习计划，有效提高大学生的时间管理能力。

二、努力管理策略

努力管理策略是指学生对自身努力程度、学习兴趣、情绪等心理因素进行约束和调整，以激发和维持学习动机，实现学习目标的过程。研究认为(邱娟、钟志贤，2011)，努力管理策略由目标、信念、动机、意志、内省和自我强化六个要素构成，各要素的具体内涵见表5-2。

表5-2　努力管理的构成要素

构成要素	内涵界定
目标 (objective)	指在时间和成本的约束下需要去实现的一种明确的、可衡量的成就，亦是个体对活动结果所预先设想或拟订的要求与标准
信念 (belief)	是人们在一定认识基础上所确立的对某种思想或事物坚信不疑并身体力行的心理态度和精神态度
动机 (motivation)	指由目标或对象引导、激发和维持个体活动的一种内在心理过程或内部动力
意志 (volition)	指把各种努力集中在学习目标和学习任务上，维护学习意图，坚定地执行学习决策
内省 (introspection)	指反省或反思，是个体积极监控、评价、比较和修正自身思维和行为的过程，目的在于建立一种监督自我的内在反馈机制，实现明晰的自我意识和有效的自我控制
自我强化 (self-reinforcement)	指个人的行为达到自己设定的标准时，以自己能支配的奖赏来增强、维持自己的行为的过程

学生要学会维持自己的意志努力，教师要不断地鼓励学生进行自我激励，要善于激发学生学习的内在动机，帮助学生提高学业成就动机，使其能够对学业成败进行正确的归因，并能对自己的学习成果进行自我奖励。研究显示，大学生努力管理策略水平较高，多数大学生有较明确的学习动机和较正确的归因模式(饶妙等，2010)。

提升学生对努力管理策略的应用水平的方法：第一，教师要让学生明确努力在学习中的重要意义，在评价学生时要把努力情况包括在内。第二，要结合学习实际对全体学生的努力进行鼓励，使学生因努力而获得收获的体验，激励学生在后续学习中更加努力；第三，通过向学生传授努力管理的方法和程序，帮助学生构建自己的努力管理策略库，以利于在学习过程中随时提取、应用努力管理策略。

三、学习工具利用策略

高校教育是建立在普通教育基础上的专业性教育，基础知识与专业知识并重，知识的深度和广度比基础教育大为扩展。高校课堂教学往往是提纲挈领式的，节奏快，信息量大，所以很多知识需要大学生自己去学习掌握，这就意味着自学是大学生非常重要的学习方式。在自学中，大学生不能仅满足于接受现成的知识，更重要的是要养成探究的意识。大学生要想搞清楚所学知识的来龙去脉，或者进行科学研究，就要善于利用参考资料、工具书、图书馆、广播、电视以及网络资源等获取信息。

1. 参考资料和工具书的选择与利用

无论是在课堂上还是课后，大学生都需要查阅大量的著作、教材、文章、工具书等，以拓宽视野，活跃思维，完成学习和科研。在选择这些参考资料时，一定要选择权威刊物刊登的文章和权威人士编写的书目，并注意选择研究视角多样化的资料。选好参考资料后，要有选择地阅读，关注与学习内容或者科研项目有关的内容，而不是从头到尾整篇通读。

2. 图书馆资料的充分利用

每所高校都有自己的图书馆，一般都馆藏丰富，包括大量的印刷型图书、电子图书及多种类的网络资源数据库，足以满足大学生学习和科研的需要。大学生一定要勤用和善用图书馆，要充分了解图书馆的馆藏资源和布局，并掌握查找文献的方法，能够快速、高效地找到自己所需的资料。

3. 广播、电视及网络资源的充分利用

大学生可以根据自己的学科领域或兴趣爱好，适当选择一些广播或电视节目，以扩充知识面，了解时事动态。随着科技的迅猛发展，网络在大学生生

活和学习中的重要性日益彰显。通过网络,大学生可以进行国内外的学术交流,查阅各种资料,购买各种书籍。网络给大学生带来以往任何时代都无法相比的信息资源的同时,也带来了很多的诱惑与选择,因此,大学生要合理规划自己的上网时间,提高甄别能力和自控能力,以求高效、正确地使用网络资源。

四、社会资源利用策略

大学生要善于利用周围的社会性人力资源,要主动寻求教师的帮助,多与同学讨论问题,以加深对学习内容的理解。有关调查表明(饶妙等,2010),多数大学生会主动寻求学业帮助,并希望教师能常在课堂外进行学业指导。大学生也认为小组学习是一种很好的学习方式,并认为参加小组活动不仅能促进学习,还能锻炼自己的组织能力和人际关系处理能力。

第五节　学习策略的教学

现有研究表明,尽管部分大学生能够掌握某些学习策略,但整体来看,大学生在策略选择与运用方面仍存在明显不足,其自我监控能力也亟待提升(温琪琪等,2024)。多项研究进一步指出,不同年级大学生的学习策略总体水平无显著差异,且普遍处于较低水平(马喜亭等,1999;赵俊峰、晋玉等,2005;周佩云,2016)。这意味着大学生随着年级增长,没有日益变得更加善于学习,学习策略也没有逐渐变得更科学和有效。多项研究还发现,大学生的学习策略水平与其学业成绩存在显著相关(吴越,2005;吴娟,2012;胡梦醒,2018)。因此,对大学生进行学习策略的教学是非常有必要的。

一、学习策略的教学模式

如何把学习策略教给学生,促使学生在较短时间内掌握学习的方法与技术,已成为学习策略研究的重点问题。从目前国内外学习策略的教学实验研究来看,根据学习策略课是否与学科内容相结合,可分为三种教学模式,每种模式各有其优缺点。

(一)通用学习策略教学模式

这种教学模式不涉及任何特定知识,通过单独开设专门的学习策略课程,专门讲授学习策略的有关知识。这种策略训练的基础在于学习策略本身具有一定的概括性和抽象性,如记忆术、编码策略、复述策略等信息加工过程中的一些策略,这些策略能够从具体的学习内容和情境中脱离出来,形成独立于具体认知任务和学习任务的策略方法。这种模式的优点是使学习者较易掌握科学系统的学习策略,有助于提高学习效率。不足之处在于,尽管研究者已经总结和提炼出了很多有效的学习策略,但是通过这种模式掌握的学习策略,较难直接应用到学习实际中。这类训练模式因训练时不与专门知识相结合,容易与学生的学习实际脱离,不少学生难以主动在相关的学习活动中应用该模式,导致对学生在特定知识领域的学习帮助不很明显。

国内研究者(张履祥,钱含芬,2000)进行了为期一学年的通用学习策略训练课。以课题组编著的《学习策略训练》为教材,内容包括:课堂学习策略、巩固记忆策略、解题思维策略、创造学习策略和总结考试策略等5个单元。每单元训练6学时,共30学时。实验周期为1学年。实验结果表明:实验班学生的学习能力显著提高;智力中等、较低的学生和学习中等学生、学困生的训练效果较好。该研究表明,在学校开设学习策略训练课具有可行性和必要性。

(二)学科学习策略教学模式

这类学习策略的教学与特定学科的学习内容相结合,在具体学科知识的学习过程中使学生掌握学习策略。胡燕等(2009)研究发现,医学、理工科及文科的大学生在不同学习策略的使用水平上存在显著差异性,即不同专业大学生存在不同的学习策略,应针对不同专业和学科培养大学生的适用学习策略,以更高质量完成大学学业。

这类学习策略的教学与特定学科的学习内容相结合,在具体学科知识的学习过程中使学生掌握学习策略。如在英语教学中,传授英语阅读理解策略、写作策略;在专业课教学中,传授记笔记策略、列提纲策略等。国内研究者(冯文慧,杨芸,2012),应用学科学习策略教学模式,对学生的英语词汇学习进行了学习策略的教学实验。在教学中,教给学生一些有效的词汇学习策略,如通过发音和拼写学习词汇、通过构词法学习词汇、通过词组搭配学习词汇等，结果发现，对学生进行词汇学习策略的教学促进了学生的词汇学习，并且在一定程度上激发了学生对英语学习的信心和兴趣。

结合学科教学的模式可以贯穿在整个教学活动过程中，它要求教师在教学前就应该结合有关的学习策略来进行备课、讲课、评课，这无疑对教师提出了更高要求。这种教学模式由于学习策略与学科学习密切结合，对学生学习效果的影响是明显的。其不足之处在于，这类训练模式由于学习策略与具体学科内容联系紧密，学生掌握的策略对其他学科用处不大，不便于学生把学到的学习策略迁移到其他学科的学习中。

（三）交叉式学习策略教学模式

这种教学模式是为了克服前面两种策略训练模式的不足，吸取它们的长处。此模式往往是先独立地教学生学习策略，包括学习策略的意义、适用范围及具体操作程序等。在此基础上，将学习策略与具体的学科内容结合起来，根据具体学习情境的差异，要求并促进学生把所学的策略运用于具体的学习活动中。如于志浩(2009)采用整合式外语学习策略培训模式，即整合短期策略集训、融合式长期集训和个别辅导等模式，对大学生进行为期一年的学习策略培训，结果发现，该培训模式能够提高学生的英语综合成绩，提高学生的自我评价能力和自我调控能力，进而达到培养和提高学生的自主学习能力的目的。

这类训练模式虽然吸收了上述两种模式的长处，避免了它们的短处，可以取得满意的教学效果，但同样存在不足，比如在实际教学中可能存在一定的难度，能否在现实的教学中实现。

二、学习策略的教学方法

（一）学习策略的选择定向

学习策略包括不同的要素、不同的层次，不同策略的有效性和可教程度也不尽相同，而且由于教学时间和条件的限制，教师不可能教给学生所有策略，因此，需要选择并确定教哪些策略。

彼得森(1983)认为，教师进行学习策略的教学训练，必须解决的主要问题有:(1)应当教哪些策略,应教给谁?(2)为了使教学有效,在策略教学中必须包括哪些成分?(3)在课堂教学中如何进行策略教学?(4)在策略训练之后,策略的使用是否保持和迁移到其他类似的情境? 由此可见,策略训练的关键是要解决选择教哪些策略的问题。对于如何选择有效的学习策略,托马斯和罗瓦(1986)提出了下面的看法:(1)学习策略一定要适合学习目标和学生的类型;(2)学习策略要求学生对学习材料进行重新加工,产生某种新东西;(3)学生应当知道何时、如何应用学习策略以及报告出正在使用的学习策略;(4)教师要给学生机会使之感觉到学习策略的效力。

鉴于上述观点,我们认为在学习策略的选择定向中应主要遵循以下原则。

1. 实用性与理论性相结合

教师选择策略,既要考虑这些策略的潜在作用及训练它们所需要花费的努力程度,又要能够用一定的理论说明它们如何起作用。

2. 具体性与一般性相结合

一般说来,教学所选择的策略既要有一定的针对性,适用于特殊的内容,也要有一定的概括性,适用于较多的方面。这样的策略既促进特定学科的学习,也会在一定的条件下促进其他有关学科的学习。这类策略的教学可起到一箭双雕的作用,不仅利于特殊学科的学习,也可促进迁移。

3. 有效性与可教性相结合

教师选择的策略必须是问题解决中的重要策略、常用策略,并能对这些策略的结构进行分析,能确定其心理成分及其联系与顺序,使策略教学的步骤能具体化、操作化,具有便于教学的特点。

(二)学习策略的课堂教学

依据学习策略的性质及习得和内化规律,我们将学习策略的课堂教学划分为四个步骤。

1. 学习动机的激发

学习是认知与情感相互作用的有意识活动。浓厚的学习兴趣、强烈的学习动机等积极情感可以调动学生参与学习策略教学的积极性和主动性，从而为学习策略教学的高效运行做好心理上的准备。研究表明，在积极的情感背景下，学生的认知活动多采用交替、网络式策略，注意范围广，对学习有较多的归纳整理，对学习内容的记忆也表现出更多的编码和精加工。因此，在进行学习策略的课堂教学时，教师首先要用多样的方法或手段，如让学生看到策略的效果，认识到学习策略的重要性等，激发和调动学生的学习兴趣与动机，使学生产生乐于学习的心向，积极主动地投入学习策略教学的活动中来。

2.学习策略的示范

教师激发起学生策略学习的动机后，就要进入策略教学的过程。在进行策略教学时，教师要向学生呈现有关学习策略的陈述性知识，如学习策略是什么，学习策略有哪些类型，不同学习策略的使用条件及最有效的适用范围等。教师要深入浅出地讲授策略的运用过程，要选择较多的恰当事例来说明该学习策略应用的多种可能性。同时，教师要尽可能详尽地展示自己的内隐思维过程，使学生充分体会到策略运用的过程与有效性。这样不仅能使学生对学习策略形成一种完整的、概括化的认识，为后继学习做好充分的认知准备，也为学生有效内化学习策略打下良好基础。

3.学习策略的理解

教师呈现学习策略之后，要通过安排适量的练习来深化策略教学，促成学习策略由陈述性知识向程序性知识的转化，即实现“是什么”向“怎么用”的转化，以使学习策略成为学生长期贮存的一种技能。教师在设计练习时应注意：练习材料要适合大学生的认知特点和学科特点，多使用分组教学或个别教学。练习材料要具有典型性，既能充分说明所训练的学习策略，又能激发学生的学习兴趣。练习方式要多样化，以促进学生掌握的策略产生迁移。在练习时，教师要适时进行示范，并及时对结果进行评价，提供反馈，以帮助学生对学习策略的学习进行有效监控，加深对策略的理解，使学生体验到学习策略的有效性，增强学生对学习策略运用的灵活性和自觉性。

4.学习策略的内化

一些研究表明，学生在独立解决问题或完成任务时，不会自动使用在教师的指导帮助下而学会的学习策略。这说明,虽然学生在教师的帮助下,能够在特定的情况下理解和使用学习策略,但并不能说明学生已学会举一反三,触类旁通。因而,教师还必须通过进一步的练习来加强学生对学习策略的理解,使学生真正内化学习策略,形成灵活使用学习策略的自主高效学习能力。教师应特别突出学生学习的能动性,引导学生运用自我评价和内在反馈机制对学习策略的效果及目标达成状况进行及时反馈和评价。加泰勒(1985)的研究发现,对学习策略的有效性进行自我评价的学生,能长期运用训练过的学习策略,并能迁移到类似的情境中。由此可见,加强学生对学习策略运用的自我评价和反馈,可使学生对学习策略适用条件、范围的理解不断加深,增强其运用策略的自觉性,并在不断评价、反馈和反思总结中,找到与自己的个性特点相符合的学习策略,真正做到学习策略的内化,学会自主高效地学习。

(三)策略教学的有效性条件

学习策略的教学实施还处于探讨阶段,尚有很多理论和实践问题没有解决。策略教学的有效性也一直是个有争论的话题。因此,在学习策略教学中,要保证策略教学的有效,需要对以下几个方面给予必要的关注。

1.策略教学应符合大学生的知识和能力状况

研究表明,影响学习策略掌握的主要因素之一是学习策略的难度。策略太复杂,学生不容易掌握。所以,策略教学应考虑学生学习的准备状态,符合学生的知识和能力状况。

2.采用灵活多样的教学方法

学习策略的教学方法有发现法、观察法、有指导的参与法、专门授课法、直接解释法等。每种方法的选择应根据不同的学习对象及策略的内容来确定。教师在策略的教学中,必须能提供学习策略的详尽步骤,能依据每种策略选择较多的恰当事例说明其应用的多种可能性,使学生能形成概括化的认识。

3.科学安排策略教学的顺序

教师在教给学生多种策略时,应遵循先易后难、循序渐进的原则。先教给学生基础的、应用范围较广的策略,再教给学生特殊的、应用范围较窄的策略,使学生的学习策略具有逐渐累积的性质。

4.策略训练不宜密集进行

策略训练的实践证明,策略教学不能密集进行,不能在短时间内采用大量练习的突击办法。较有效的方法是:第一,适当延长教学时间,使学生有充足的时间消化所学的策略。第二,学生在一定程度上掌握某种策略后,训练不应停止,而应继续进行。在新策略的训练中,要注意安排一些与学过的策略有某种联系的例题、习题,使学过的策略不断得到巩固运用。第三,每次训练只能围绕学习策略的一个方面进行,切忌贪多。

5.训练学生大声复述所使用的学习策略

教学任务完成后,教师应及时地让学生大声复述所使用的学习策略,让学生相互评价、纠正所学的学习策略,促进学习策略的内化。

6.促进学习策略的迁移

学习策略能否迁移,是策略教学成功与否的重要标准。如何促进学习策略的迁移呢?第一,提供足够的练习与反馈,使学生能及时了解自己对学习策略的使用效果,矫正学习策略使用过程中的种种问题,增加其运用学习策略的自觉性,使之达到自动化程度。第二,鼓励学生在不同情境中运用学习策略,使其能够形成学习策略的概括化知识,发现学习策略的共同点与差异点,有利于学习策略的迁移。第三,引导学生评价学习策略训练的有效性。学习策略教学的研究表明,学生只记住策略的知识,并不能自动改进他们的学习。只有当学生有改进自己学习的强烈要求时,获得的策略知识才会发生作用。而使用策略的动力来源于学生对学习策略的有效性的及时评价,只有学生意识到策略的有效性,才能最终接受它,并内化成自己的知识,用以指导自己的学习过程。因此,教师应引导学生意识到评价学习策略的价值,从而增强运用策略的动机。第四,引导学生生成新的策略。策略教学不仅要使学生掌握现有的对学习有效的策略,而且要引导学生在现在策略知识的基础上,发现新的策略、生成新的策略,以促使学习能力的不断提高。这既是策略教学最重要的目标,也是学生学习的重要目标。

本章小结

1.学习策略是学习者为了提高学习效果和效率,有目的、有意识地制订的有关学习的程序规则和调控方式。

2.精加工策略是指学习者把新信息与头脑中的旧信息联系起来,增加新旧信息之间的意义联系,从而帮助学习者将信息储存到长时记忆中去的学习策略。常用的精加工策略:记忆术、记笔记、提问、画线等。

3.复述策略是指在工作记忆中为了保持信息而对信息进行反复重复的过程。使用复述策略时,需注意以下几个方面:排除干扰;抑制和促进;科学复习;过度学习;运用多种感官协同记忆;积极的心向、态度和兴趣;阅读与重现交替进行。

4.组织策略是将经过精加工提炼出来的知识点加以重建,形成更高级的知识结构的信息加工策略,体现为列提纲、图形和表格。

5.元认知策略是指学生对自己的认知过程及结果的有效监视及控制的策略。元认知策略控制着信息的流程,监控和指导认知过程的进行,包括计划策略、监控策略(注意策略)和调节策略。

6.学习资源管理策略是指学生管理学习中可用的环境和资源的策略,成功地使用这些策略可以帮助学生适应和调节环境,提高学习效率和质量。主要包括:时间管理策略、努力管理策略、学习工具利用策略和社会资源利用策略。

7.常用的学习策略教学模式是:通用学习策略教学模式、学科学习策略教学模式、交叉式学习策略教学模式。在学习策略教学中,应有选择地教授学习策略,教授过程分为学习动机的激发、学习策略的示范、学习策略的理解、学习策略的内化四步。

复习思考题

一、简答题

1.简述迈克卡对学习策略的分类。

2.大学生常用的精加工策略有哪些?

二、论述题

1.论大学生的元认知策略及其运用。

2.论大学生的学习资源管理策略及其使用情况。

3.教师应如何对大学生实施学习策略教学？要注意哪些问题？

三、分析题

以班级为单位，调研大学生学习中常用的学习策略，并进行统计与分析。

第二编

大学生的德育心理

第六章　大学生的规范学习

【内容提要】

规范学习是大学生学习的重要内容,直接影响着大学生能否正确理解、认同并内化社会规范,进而转化为自身的道德品质并指导道德实践。本章将着重阐述规范的含义、类型及特点,论述大学生态度的形成与改变、大学生品德的培育与发展。

【学习目标】

了解规范的含义和特点,掌握大学生态度形成与改变的规律,理解大学生品德的发展过程,提出培育大学生品德的方法。

【学习重难点】

学习重点:大学生品德的培育与发展。

学习难点:大学生态度的形成与改变。

第一节　规范的概述

一、规范的含义

什么是规范？不同的学科与学者往往有不同的理解。我国《现代汉语词典》(第7版)将其定义为“约定俗成或明文规定的标准”。国外学者马吉尔(F.Magill,1995)从社会学角度认为规范是在社会历史发展过程中逐渐形成的社会行为标准,用它可以规范、约束和评价人们的社会行为。我国学者冯忠良(1992,1998)从教育心理学的角度出发,认为规范是社会组织为调节成员行为而制定的标准、准则或规则,进而得以控制社会秩序,维护社会稳定。尽管学者们对规范的理解不完全相同,但普遍认为社会规范是在社会生活中被广泛接受和遵守的行为准则和价值观念，是社会成员之间相互协调和互动的基础。

二、规范的类型

规范涉及的内容十分广泛，表现为规章制度、法律条文、学习工作要求以及道德准则等。不同学者往往从不同的角度把规范划分为不同的类型。

（一）根据规范在社会生活领域中的作用分类

（1）政治规范，指社会成员在政治活动中必须遵循的行为准则和要求，其核心在于通过标准化的语言和明确的规则确保政治信息的准确传递。例如，我国公民应当自觉拥护社会主义制度，坚定不移地坚持四项基本原则。（2）经济规范，指用于分析和处理经济问题的标准，其为经济政策的制定提供依据。例如，等价交换是商品经济的一项基本规范。（3）法律规范，指由国家制定或认可的，并以国家强制力保证实施的行为准则，其明确规定了社会成员的法律权利与义务。例如要求公民遵纪守法、禁止杀人抢劫等。（4）道德规范，指对人们的道德行为和道德关系的普遍规律的反映和概括，它既是调整人与人之间的利益关系的行为准则，也是判断行为善恶的标准。如尊老爱幼、乐于助人、诚实守信。（5）工作规范，指任职者为胜任某一职位所必须具备的资格条件和行为准则，包括岗位劳动规则、组织规则、协作规则、行为标准、岗位培训等多方面的要求。例如对工作责任心、职业素养等方面的具体规定。（6）学习规范，指针对学习者的学习要求及行为准则。如学生按照学校作息时间合理安排学习计划，保证有足够的学习时间，遵守课堂纪律等。除上述规范，还包括合作规范、互惠规范、公平规范等。

（二）根据规范适用的范围分类

（1）大型群体规范，指社会成员在规模较大的群体中，为保障共同活动的有序开展和促进有效互动而形成的行为准则。如社会公德等。（2）小型群体规范，指在小型群体中使用的规范。如班规、家规等。

（三）根据规范是否有明文规定分类

(1)成文的规范，指有明确的文字规定的行为准则或要求。如工作的规章制度、学生公约等。(2)不成文的规范，指约定俗成的规范。如风俗习惯、禁忌、礼节等。

（四）根据规范是否具有强制性分类

(1)强制性规范，指依靠一定的社会组织强制执行的规范。如法律规范、工作规范。(2)非强制性规范，指通过社会舆论等方式监督执行的规范。如乡规、村俗。

由上述分类可见，规范是一个非常庞大的系统，涉及人们生活的方方面面。从高等教育心理学角度看，大学生应学习的规范包括政治规范、道德规范、法律规范、学习规范等。

三、规范的特点

（一）共识性

规范的形成意味着社会成员对它的普遍接受和认同，反映了社会成员具有的普遍的价值观，因此，规范具有成员的共识性。

（二）继承性

规范是对人类社会优秀价值观和行为准则的继承与发展，其中许多规范具有深厚的历史传承性。

（三）约束性

规范的产生，主要是为了规范社会成员的行为，使之符合共同目标。因此，规范对社会成员具有约束性，符合规范的行为将受到鼓励，而违背规范的行为则会受到惩罚。

（四）差异性

不同规范在社会生活领域中的作用不同，对人们行为的影响也不同，其内容具有差异性而非千篇一律。

（五）发展性

规范具有历史性特征，其内容和要求会随着社会的发展而不断演变。在不同的历史时期，社会对人们的行为准则和道德标准提出不同要求，这使得规范体系始终处于动态发展的过程中。

四、学习规范的意义

学习规范是大学生掌握为人处世之道的核心内容，规范学习对其社会性发展起着关键作用。具体而言，包括以下几个方面：

（一）有利于大学生形成正确的价值观

价值观是规范的基础，规范往往是基于一定的价值观制定的。例如，在追求共同富裕和公平的社会价值观指导下，相应的政治规范和道德规范会着重倡导勤奋努力、权利平等价值理念。价值观决定着规范的基本取向和核心内容，同时，规范的实施效果又会反作用于价值观的塑造。规范的实施会影响大学生的价值观。当某个规范得到大学生的广泛认同和遵守时，会逐渐成为大学生的共识，进而影响大学生的价值观。因此，通过系统学习社会规范，能够有效引导大学生树立正确的价值观念，实现价值观教育的良性循环。

（二）有助于大学生形成良好的品德

大学生的规范学习内容主要包括道德规范、法律规范等。道德通常表现为一种笼统的、模糊的原则或观念，不具有强制执行力。道德规范的适用范围也更广泛，几乎涉及人们生活的方方面面。法律则以明确的条文形式规定公民的权利和义务，具有强制执行力。大学生学习道德规范与法律规范，有利于形成良好的道德品质，树立法律意识，养成遵纪守法的习惯。

（三）有利于促进大学生的社会化

社会化是指个体在社会规则影响下，通过学习社会知识和积累社会经验，形成符合社会要求的心理行为模式,从而成长为合格社会成员的过程。这一过程包含两大核心任务:一是使个体知道社会或群体对自己的期待和行为要求;二是使个体逐步具备实现这些期待的条件,并自觉地以社会或群体的规范来指导和约束自己的行为。大学生的规范学习与社会化呈现出相辅相成、良性互动的关系。社会化不仅是大学生内化社会规范的过程,也是大学生传递和共享规范,使这些规范得以在更大范围内传播和巩固的过程。可以说,社会化是规范得以传承和发展的基础,而规范是社会化的目标和产物。通过社会化过程,大学生不仅能够学习和掌握社会规范,更能成为规范的传播者和变革者。规范学习对大学生的社会性发展具有显著促进作用,是其实现社会化的重要推动力。

第二节　大学生的态度形成与改变

大学生的规范学习与态度形成密切相关。一方面,大学生需要以积极的态度接受、认同并内化各类规范;另一方面,在持续践行规范的过程中,大学生又会不断塑造和强化个人的态度。因此,规范学习实质上是一个态度形成与转变的动态过程。基于此,本节将对此展开深入探讨。

一、态度的含义

态度(attitude)是社会心理学中一个备受争议的核心概念,不同学者有不同解释。有重要学术影响力的解释主要有:奥尔波特(G.W Allport,1935)从行为主义视角出发,认为态度是一种心理和神经的准备状态,它通过经验组织起来,影响着个人对情境的反应。弗里德曼(M.Freedman,1967)认为,态度是个体对某一特定事物、观念或他人所持有的具有稳定性的一种心理倾向,这种心理倾向包含认知、情感和行为倾向三个核心维度。加涅(R.M.Gagne,1985)认为,态度是通过学习形成的影响个体行为选择的内部状态。顾明远(1990)认为态度是人对特定客体(包括人、观念或事件等)发生行为反应前的内部评定性的心理倾向。

二、态度的特点

从上述学者对态度的不同界定可以看出，态度主要具有以下几个特征：

（一）态度的对象性

态度总是指向一定的对象，离开对象态度就无法独立存在。大学生态度的对象非常广泛，包括与大学生有关联的他人、他事、他物。如大学生对教师的态度、对学习的态度、对劳动的态度等。

（二）态度的评价性

态度是对他人、他事、他物的一种评价。这种评价包括同意或不同意、赞成或否定、拥护或反对等。态度的评价与大学生的价值观有很大关系，且以大学生的价值观为基础。凡是符合大学生价值观的人或事，他们自己就会给出积极肯定的评价，反之则是消极否定的评价。

（三）态度的持久性

态度是相对稳定而持久的。大学生的态度不会无缘无故地产生，其形成与他们的个人阅历、社会经验、兴趣爱好、需要、动机、价值观等有很大关系。这种态度一旦形成就能够持续一段时间，不易发生显著改变。

（四）态度的内在性

态度是一种内在的心理状态，难以直接从外部观察。虽然大学生的态度可以表现为自己的意见、看法、观点、主张等，但这只是态度的表达或外化，而不是态度本身。因为态度本身具有内隐性，所以要准确把握大学生的真实态度，需要对其语言表达和行为方式进行全面分析，并在此基础上进行合理的推断。

三、态度的心理成分

一般认为态度的心理成分包括认知、情感和行为倾向三个部分。这种看法得到了许多心理学家的赞同。

认知成分，指对态度对象所具有的知觉、理解、信念和评价。例如“我认为考研究生比大学毕业直接工作要好”。态度的认知成分是大学生态度形成的基础，具有倾向性和组织性，使大学生按照头脑中的既定思维模式来认识态度对象。对于同一态度对象，不同大学生的认知不同，这些认知通常通过具有价值判断的陈述表现出来。

情感成分，指对态度对象所产生的一种情绪体验，如喜欢与讨厌、同情与嘲讽、亲近与疏远等。情感成分与认知成分密切相关，且随着主体对态度对象的认知过程而形成，是态度的核心要素。

行为倾向成分，指个体在实施行为前所形成的一种心理准备状态和反应倾向。例如“我准备选某人当班长”这一心理意向。需要明确的是，行为倾向不等同于行为本身，也不意味着必然会导致行为的发生，它只是构成态度的准备状态。

当大学生对态度对象持肯定观点时，其认知、情感和行为倾向三种心理成分呈现协调一致的状态；而当持否定观点时，这三种成分则往往处于不协调或矛盾的状态，三者间的关系可能呈现出错综复杂的特征。

四、态度的功能

态度对大学生学习社会规范非常重要，对大学生具有强大的影响作用。态度的功能主要包括以下几个方面：

（一）适应功能

大学生之所以对人或事等对象持有不同的态度，根本原因在于态度对象能否满足其需要。凡是能够满足大学生需要的人或事，他们就会对其持积极肯定的态度，就会主动去迎合和适应它。例如大学生喜欢某个教师的选修课，就会主动适应这个教师的上课特点，把这门选修课学好。

（二）自我防御

态度能够帮助大学生有效应对生活中不愉快的、痛苦的经历，维护心理健康，避免受到更深层次的伤害。例如一个失恋的大学生，会有意识地遗忘以往情书的内容，对情书持否定的态度，以此实现心理上的自我保护。

（三）价值表现

心理学研究发现，个体具有自我表现的需要，而这种需要的满足是通过态度表达得以实现的。大学生通过自己的态度，表现自己的价值观，发表自己对人或事的看法、观点，显示自己对人生意义的思考和追求，体现自己的智慧、价值以及与众不同的独特性。

五、态度的形成阶段

根据美国心理学家凯尔曼（H.C.Kellman，1961）的研究，态度的形成需要经历三个阶段。

（一）服从（obedience）

服从是人们形成态度的最常见的开端。服从的目的是在表面上显示出与他人的一致，从而获得物质或精神上的奖励，或是避免惩罚。服从本质上是对某种权威的遵从。例如大学生遵守学校的组织纪律，实际上是在服从学校所拥有的奖惩权力。值得注意的是，服从行为具有暂时性特征，一旦奖惩的可能性消失，相应的服从行为也会终止。

（二）认同（acknowledge）

认同是指个体在认知和情感上与他人或群体建立密切联系，从而接受他人某些观念或行为模式。在认同阶段，态度转变已超越表层调整或被动服从，体现为个体基于内在动机对新观点、信念或行为方式的自觉内化，使原有态度逐步趋近目标态度。之所以能够产生态度认同，是因为他人或群体对个体具有吸引力，能够满足其需要。如大学生自愿参加兴趣小组学习，是认为该组织对其有魅力和吸引力，参加该组织能够提升其学习能力，满足其学习需要。

（三）内化（internalize）

内化是态度形成的最后阶段，也是态度形成中最深刻的层次。内化阶段的态度形成是一种新价值观的获得，因而内化的态度是最为坚定的，持久且难以改变，具有一定的稳定性。例如，当一位革命者真正内化了共产主义思想并加入中国共产党后，无论面临多么严峻的考验和挑战，都能坚守信仰，自觉以党的纲领和精神指导实践。无数革命先烈的成长历程都生动诠释了这一态度形成的深刻过程。

六、态度的改变

大学生的态度虽具有稳定性，但并非一成不变，会随着外界条件的变化而不断调整，从而形成新的态度。态度的改变包括两方面：一是态度方向的改变。态度的变化与原有的方向或立场存在差异，导致大学生对某一事物的看法或评价发生根本性改变，即从否定转为肯定，或从肯定转为否定。例如，某位原本持自我中心立场的大学生在接受教育后，对“人生的价值在于对社会的奉献”这一观点从否定转为认同。二是态度强度的改变，即态度的变化没有偏离原有的方向或立场。这种改变可能源于对原有态度的进一步确认或强化。例如，大学生原来只是同意某人当班长，到后来变得坚定不移地支持该人当班长。

态度改变对大学生具有积极作用，主要体现在以下几个方面：一是能够开阔大学生的视野，促进思维发展。态度转变使大学生能够接受和理解新的信息和观点，从而开阔视野，丰富知识储备。例如，大学生原本对参加社团活动不感兴趣，但在接触到社团活动的新信息后，态度发生改变，开始主动学习社团活动的知识，并从不同角度思考问题，更加客观地分析社团活动中遇到的问题，提出新的解决方案，从而促进思维的发展。二是增强情感体验，改善人际关系。态度转变能够给大学生带来积极的情感体验，如满足感、成就感等，有助于改善大学生的人际关系。例如，当大学生在改变学习态度后，会更加积极地投入学习，从而获得更大的学习成就感和满足感；当大学生对某个同学的态度由敌对转变为友好时，能够更好地与对方沟通和交流，从而改善人际关系。三是能够提高行为效率，促进个人成长。态度转变能够促使大学生更加积极地采取行动，提高行为效率。例如，当大学生转变对体育锻炼的态度后，其主动性会显著增强，不仅能提升运动效率，还能促进个人的全面成长与发展。

七、态度形成与改变的主要理论

（一）强化理论

行为主义的代表人物斯金纳认为，态度的形成与改变与强化有很大关系。正强化是指当个体的行为获得积极刺激后，该行为在未来重复出现的概率会提高。在态度形成中，正强化能够有效增强个体对某一对象的积极态度。例如，大学生在课堂上积极参与讨论并得到教师的表扬，教师的表扬作为一种正强化，会增强大学生参与课堂讨论的积极性。负强化是通过移除不愉快的刺激来增加某种行为发生的概率。在态度形成中，负强化能够减少个体对某一对象的消极态度。例如，大学生为了避免教师的批评而认真完成作业，教师的批评作为一种负强化，促使大学生形成对学习的积极态度。此外，强化的时机、频率、强度、方式等也影响态度的稳定性。例如，及时的强化能够更有效地巩固个体的态度。当大学生对大学教育做出积极评价时，教师及时给予语言鼓励，能够显著增强大学生对大学教育的积极态度。总而言之，斯金纳的强化理论认为，态度的形成与改变是强化的结果。

班杜拉认为，替代性强化在态度的形成中起着非常重要的作用。个体不仅通过直接经验学习，还通过观察他人的行为及其结果来学习。当个体看到他人表现出某种行为并获得积极的结果时，就有可能模仿这种行为，并形成与之相关的积极态度。例如，当某个大学生看到其他同学努力学习，保送读研究生并得到教师、同学的赞扬，就可能会模仿这种行为，并形成努力学习的积极态度。班杜拉还认为，在态度的形成中，自我效能感起着关键作用。当个体相信自己有能力完成某项任务时，就更有可能表现出积极的态度。例如，一个大学生如果相信自己能够通过努力取得好成绩，就可能对学习持积极的态度。自我效能感还会让个体以更加积极的态度面对困难，即高自我效能感的个体在遇到挫折时，更能坚持自己的态度和行为而不放弃。

尽管强化理论在态度形成中具有重要作用，但也存在一些局限性。强化理论主要关注外部环境对个体态度形成和改变的影响，忽略了个体的内在心理因素，如价值观、信念等的作用。因此，在实际应用中，需要结合其他理论来更全面地理解态度的形成机制。

(二)认知协调理论

认知协调理论主要是从认知的角度探讨态度的形成与改变。认知协调理论主要包括海德(F.Heider,1958)的平衡理论和费斯廷格(L.Festinger,1957)的认知失调理论。这两种理论对态度改变所持的基本假设是一样的,均认为在生理上,人有维持身体内环境协调状态的需要;在心理上,人有维持认知信念与态度体系均衡的需要。人的协调性是人的一种社会性,是人的正常状态。一个人做出或不做出某种行为是为了最大限度地实现其认知系统的内部协调。例如一个吸烟者不会宣传吸烟对身体的害处。人们总是采取妥当或有效的方式,自行调整自己的态度和行为。当认知结构不协调时,个体会产生改变不协调状态的心理压力,这种压力就是态度改变的内部原因。

海德的平衡理论认为,当个体的认知系统中出现不平衡状态时,会产生心理上的紧张和焦虑。这种不平衡会促使个体产生恢复平衡的内在动力,从而引发态度的改变。他通过P-O-X模型来描述态度系统中的平衡与不平衡状态。在这个模型中,P(Person)代表认知主体,即个体自身;O(Other)代表与认知主体发生关系的另一个对象,通常指他人;X(attitude object)代表相关的其他对象,可以是一个人、一个物件或一个事件。例如,当一个人(P)喜欢某人(O),但不喜欢O所从事的工作(X)时,这种不平衡状态会导致P的心理紧张,进而促使其通过改变对O或X的态度来恢复心理平衡。海德的平衡理论强调"最小努力原则",即个体在恢复平衡时会尽量减少情感关系的改变。这意味着个体在改变态度时,会选择对现有认知结构影响最小的方式。例如,如果P非常喜欢O,但不喜欢X,P更可能通过改变对X的看法来恢复平衡,而不是改变对O的态度。这种原则有助于预测个体在面对不平衡时可能采取的态度改变策略。同时,海德的平衡理论特别强调人际关系对态度改变的作用,即个体对某一对象的态度常常受到他人对该对象态度的影响。例如,当P尊敬的师长O对某事物X持负面态度时,即使P原本对X持正面态度,也可能因为自己与O的关系而改变对X的态度。这种理论揭示了人际关系在态度形成和改变中的重要性。总之,海德的平衡理论为理解个体态度的形成和改变提供了重要的理论基础,揭示了认知平衡对个体心理变化的重要作用以及人际关系在态度改变中的关键作用。

费斯廷格的认知失调理论认为,当个体的认知之间存在不一致或矛盾时,会产生心理上的不适感,即认知失调。例如某个女大学生喜欢吃甜食,但又觉得吃甜食会导致肥胖,此时认知之间就产生了矛盾,为此这个女大学生会产生心理压力。为了减轻这种心理压力,她会采取下面几种方法:一是改变态度。即接受甜食会导致人发胖的信息,调整原有的态度,从而减少对甜食的偏好。二是改变行为。通过行动减少矛盾,如减少对甜食的摄入。三是合理化解释。增加新的认知,让冲突合理化,如"偶尔吃甜食不会影响健康"。四是选择性忽视。忽略与现有态度相矛盾的信息,拒绝承认吃甜食会导致肥胖的说法。由此可见,减少认知失调的策略包括改变行为、调整态度或信念、增加新的认知元素、弱化认知的重要性、寻求外部支持、重新解释信息以及增强认知的灵活性。这些策略可以帮助个体在面对认知矛盾时,减少心理上的不适感,从而更好地维持心理平衡。

(三)霍夫兰的态度改变模型

美国心理学家霍夫兰(C.I.Hovland,1953)及其同事研究了信息传播过程中影响态度改变的各种因素,认为态度改变是信息传递的结果。该理论模型涉及多个关键要素:(1)传播者。传播者的信息的可信度、专业性和吸引力影响着信息接收者的态度。(2)信息。所传播的信息内容、结构、清晰度和情感诉求影响着态度的说服效果。(3)接收者。指信息的目标受众。他们的原有态度、人格特征和认知能力同样影响着态度的改变。(4)情境。指信息传播的环境,包括社会背景、群体压力等外部因素。上述这些关键要素影响着信息传播的效果。此外,霍夫兰认为,信息的接收者必须关注需要改变的信息,能够理解和接受这些信息内容,将新的态度保持在记忆中,从而通过态度的改变影响行为。

霍夫兰的态度改变模型为我们理解态度改变的过程和机制提供了一个系统理论框架,被广泛应用于教育心理学、广告心理学、营销心理学、宣传心理学等领域,具有重要的指导意义,有助于人们更有效地进行信息传播和说服工作。但该模型过于强调外部因素对态度改变的影响,相对忽视了受众的主观能动性和自我调节能力。值得注意的是,在实际应用中,不能仅依赖模型中的因素,还需要综合考虑其他社会、文化、心理等多方面的因素。

八、影响态度形成和改变的因素

影响态度形成和改变的因素非常多,概括起来主要包括下面几个方面:

(一)个人因素

一是个体的经历。个体的生活经历、经验等会塑造其态度,经历不同,态度的形成和改变也不同。不同年龄阶段的人,由于经历和需求不同,对同一件事会持有不同的态度。大学生更容易接受新事物和新观念,形成新的态度,发生态度的改变;而年长者可能更倾向于持有保守和传统的观念,态度比较稳定。又比如,一个大学生在学习的经历中获得了成功和满足,就会对学习形成积极的态度;反之,如果经历了失败和挫折,可能会对学习产生消极的态度。

二是个体的价值观。价值观是决定人的行为、信仰和态度的重要因素。一个人的价值观会影响其对事物的看法和态度。如果个体面对的信息与其价值观相一致,可能会强化原有的态度;如果新的信息与个人价值观相冲突,可能会引发反感或认知冲突,进而引起个体的抵抗态度。

三是个体的情绪状态。情绪会影响个体对信息的接收和处理,积极的情绪会使个体以更加开放的姿态接受新信息,更容易持支持的态度;而消极的情绪则可能导致个体出现抵触情绪,持拒绝的态度。

四是个性的特征。个体的自尊心、自信心、自我防卫机制、开放性等个性特征会影响其对劝导的敏感度和态度改变的难易程度。例如,低自尊的个体可能更容易被说服,而强自尊的个体则可能更坚持自己的原有态度。高开放性的个体更容易接受新观念,更容易形成新的态度,发生态度的改变。当个体的自我形象或自尊受到威胁时,其可能会启动自我防卫机制,拒绝接受他人对自己行为的批评,出现抵制态度。

五是个体的认知需要。高认知需要的个体更倾向于深入分析信息,对信息的有效性更敏感,因此更容易因信息的影响而主动改变态度;而低认知需要的个体则更易受信息呈现方式等外部因素的影响,不太容易发生态度的改变。如认知需求高的大学生更愿意深入思考和分析信息,对于与自己原有态度不一致的信息,能更客观地进行评估,从而更容易发生态度改变。

（二）社会因素

一是社会制度和文化背景。不同的社会制度和文化背景塑造着不同的价值观和行为规范，进而深刻影响个体态度的形成与转变。在集体主义文化中，个体态度往往与群体共识高度一致；而个人主义文化则更注重培养独立的态度倾向。

二是社会群体和参照群体。个体所属的社会群体和参照群体的态度和行为会对个体产生影响，个体往往会为了与群体保持一致而调整或改变自己的态度。例如大学生通过群体归属感来强化自己对班级的态度，从而更积极地支持班级开展的活动。

三是群体压力。群体的意见和压力对个体态度改变有重要影响。当个体处于与自己原有态度不同的群体中时，可能会为了融入群体或避免被孤立而改变自己的态度。

四是社会舆论和媒体的影响。社会舆论和媒体的报道、宣传等会对个体的态度产生引导作用，影响个体对事物的看法和态度。

五是家庭和学校的影响。家庭的氛围、父母的教育方式等家庭环境因素会对个体的态度产生深远影响。在民主、和谐的家庭环境中成长的孩子，可能更容易形成积极、开放的态度；而在专制、压抑的家庭环境中成长的孩子，可能会形成消极、封闭的态度。父母是孩子的榜样，他们的态度和行为会潜移默化地影响孩子。如果父母对某一事物持有积极的态度并付诸行动，孩子也可能会对该事物形成类似的积极态度。例如大学生通过观察和模仿父母形成热爱祖国和热爱家乡的态度。另外，学校教师的教育理念、教师的人格特征和价值观会影响学生的态度。例如教师通过课程内容、实践活动等引导大学生形成遵纪守法、保护生态的态度等。

（三）信息因素

一是信息源。信息来源的可信度越高，其对个体态度的影响越大。例如，专家或权威人士传递的信息更容易被大学生接受和信任，从而更有效地改变他们的态度。

二是信息内容和呈现方式。信息内容的说服力、与个体原有态度的差异程度，以及信息的呈现方式，如单一论据或正反论据的选择、信息重复频率等，都会显著影响态度改变的效果。

三是信息唤起的情绪反应。信息如果能够唤起大学生的强烈情绪反应，如恐惧、焦虑等，可能会促使大学生为了减弱这种情绪而改变态度。

（四）情境因素

一是预先警告。如果预先告知个体将接收到与原有态度相矛盾的信息，个体可能会产生抗拒心理，从而难以改变态度；但如果不预先警告，反而可能有助于个体态度的改变。

二是分散注意力。个体在注意力分散的情况下，可能会减少对信息的抵触和反驳，从而有利于态度的改变。

三是情境的强化作用。在影响态度改变的因素中，各种力量相互影响，如某些力量由于受到强化的作用，可能会促进态度的转变，而另一些力量则可能促使个体维持原有的立场。

四是原有态度的强弱。如果个体原有的态度比较坚定，那么改变起来就比较困难；反之，若原有态度摇摆，就相对容易改变。

九、促进大学生态度形成与改变的策略

促进大学生态度形成与改变的策略较多，下面重点介绍几种主要策略。

（一）识别大学生的态度

教师要通过与大学生沟通、谈心等，了解和明确大学生对某件事情或某个问题的现有态度，帮助大学生更清晰地认识到自己的态度。同时，教师要思考大学生的这种态度是如何形成的，是基于个人经验、社会影响还是其他因素。了解他们态度产生的原因，有助于找到改变他们态度的切入点。教师对症下药、因材施教，才有助于大学生态度的改变。

（二）适用团体规范

生活在团体中的大学生，团体规范可以有效地改变他们的态度。教师要与大学生一起讨论和制定合理的团体规范，如校规、班规、学生公约等，并善于

利用这些团体规范来促进大学生态度的形成和改变。例如,要营造积极向上的集体氛围,增强集体的吸引力,让大学生感受到集体的温暖及增强对集体的认同感,进而在集体的影响下逐渐形成或改变自己的态度。

(三)加强宣传和引导

教师要通过宣传和引导,向大学生提供全面、准确的信息,帮助大学生形成或改变态度。教师提供的信息内容应该逻辑清晰、可信度高,要通过客观事实、真实数据、典型案例等增强信息的说服力,要考虑大学生的接受能力和特点,选择大学生喜闻乐见的传播渠道。例如,在法治教育中,要向大学生普及法治知识,使其认识到法治教育的重要性,从而形成知法、懂法、守法的正确态度。要鼓励大学生通过阅读书籍、观看视频、聆听讲座等方式接触新信息,在系统学习相关知识的过程中,充分认识不同态度的优势与应用价值,进而促使其原有态度发生积极改变。

(四)改变大学生的情感反应

教师要教会大学生情绪调节的方法,帮助大学生进行情绪调节,缓解因为态度冲突引起的情绪不适,使大学生保持平和的心态,以便更理性地处理态度冲突。要鼓励大学生尝试从新的角度看待问题,寻找积极的情感体验。例如,教师要鼓励大学生将学习压力视为学习挑战,从而激发他们对学习的积极态度。同时,要通过大学生的情感体验来影响其态度,利用生动的生活案例、文学故事或影视作品唤起大学生的同情、喜悦等情感,进而改变其态度。以环保宣传为例,通过系统展示因环境污染导致的生态灾难画面,唤起大学生的同情、恐惧和担忧意识,促使他们形成保护环境思想并付诸实践。

(五)鼓励大学生积极参加活动

教师要鼓励大学生积极参加活动,让大学生置身于特定的活动情境中,扮演不同的角色,体验不同的情感和态度。例如组织大学生参加环保志愿活动,让他们亲身参与垃圾分类、植树造林等,在实践中增强环保意识。在教育中,让大学生扮演不同的职业角色,体验不同职业的压力与责任,从而改变他们对某些职业的偏见。

（六）为大学生树立榜样

榜样对大学生的影响举足轻重。通过树立具有影响力和吸引力的榜样，可以引导大学生观察、学习并模仿优秀典范的行为。这种观察学习尤其体现在对权威人物和优秀同伴的效仿上，能有效促进大学生态度的形成或转变。例如，通过评选优秀学生标兵、展示先进典型的学习态度与方法，能够激励其他学生学习先进典范，从而培养其积极的学习态度，转变消极的学习倾向。

（七）提供反馈与强化

教师要通过奖励和惩罚来强化或削弱大学生的某种行为，进而影响他们的态度。当大学生表现出教师期望的态度或行为时，教师要及时给予肯定、奖励等反馈，以强化这种态度或行为。比如，大学生在集体活动中表现出积极的团队合作态度，教师应该及时给予表扬和奖励，促使其继续保持并强化这种态度。教师要注意向大学生反馈自己的看法和意见，帮助大学生更全面地认识自己，进一步优化改变态度的过程。

第三节　大学生的品德发展与培育

大学生的规范学习与品德发展相互联系、相互作用，共同构成其道德体系的两个重要维度。规范学习为品德发展提供外在引导与约束，而品德发展则通过内在驱动促进规范的执行，两者相互配合，共同促进大学生的健康发展。在本节中，我们着重探讨大学生品德的发展与培育问题。

一、品德的含义

品德，也称为德性、品性，是个体在道德情境中依据特定道德规范所表现出的稳定人格特征。品德与人格有一定的联系，但品德是人格中最具有道德评价意义的部分。性格是人格中表现为对现实的稳定态度及习惯化行为方式的特征，有外向与内向、开朗乐观与悲观失望等区别。这些性格特征没有道德评价的意义，只有性格中对人、对事的态度中具有道德评价性的部分，才具有品德的意义。例如一个大学生学习认真、乐于助人、爱劳动，爱集体等，说明其具有良好的性格，这些性格特征具有品德的意义，也说明这个大学生具有良好的品德。

二、品德与道德的关系

品德与道德既有区别又有联系。两者的区别在于：第一，道德是社会现象，属于社会意识形态范畴，是协调个人与个人、个人与社会以及集体之间关系的行为准则的总和。道德依赖于社会存在，不取决于个体的意志，并随着人类社会的产生而产生。在原始社会，人们为了维护共同的利益、协调彼此的关系，便形成了一系列行为准则或风俗习惯。遵守这些规范的人会获得群体认可并感到心安理得，而违反者则会受到舆论谴责并产生内疚感，这正是道德的最初形态。道德不是天生的，是由社会存在、经济基础决定的。一般而言，品德是个体现象，以个体的存在为前提，随着个体的存亡而生灭。但某些优秀人物的品德对人们有重大影响。例如雷锋虽然去世了，但雷锋精神永垂不朽。这是因为体现在雷锋身上的社会道德基础依然存在，雷锋精神是作为社会典范而存在的，能够对社会风气产生积极的影响。第二，道德的内容反映着特定社会经济基础的要求，构成一个完整的规范体系；而品德则是社会道德在个体层面的具体体现，表现为对部分道德规范的内化与实践。第三，道德的产生与发展，服从于社会发展的规律。道德随着社会存在和经济基础的改变而改变，具有鲜明的社会性、历史性。同时，道德也有继承性，诸如尊老爱幼、乐于助人等道德规范，既属于人类公共生活的基本准则，也是文明积淀形成的宝贵精神遗产。品德是人类社会所特有的精神现象，它既源于客观现实并受社会规律制约，又遵循心理活动规律。从心理学角度看，品德是一种心理现象，是社会道德在个体心理层面的内化与反映，并最终外化为具体的行为表现。第四，道德是社会学、伦理学研究的对象，品德是教育学、心理学研究的对象。

品德与道德的联系表现在：社会道德是个人品德的基础，个人品德是社会道德在个体心理和思想层面的具体体现，二者通过人脑的活动实现相互转化。

三、品德与规范的关系

品德与规范的区别主要体现在以下几个方面:第一,作用不同。品德是个体在道德实践中形成的稳定品质,如诚实、善良、公正等,它通过内在信念和价值观引导个体的行为,使个体能够在复杂情境中做出符合道德准则的选择。规范是群体或社会为维持秩序而制定的行为准则,包括法律、道德、习俗等,它们通过正式或非正式的方式约束个体行为,确保社会有序运行。第二,表现不同。品德是内在的、主观的,是个人在长期的社会生活中形成的道德品质和行为倾向。它反映了个人的道德素养和价值取向,具有个体差异性。规范是外在的、客观的,是社会对个人行为的普遍要求。它不依赖于个人的主观意愿而存在,具有普遍性和强制性。第三,明确性不同。品德是一种综合的道德品质和行为倾向,难以用明确的条文来表达。品德的好坏需要结合个人在各种复杂情境下的行为表现来判断。规范通常具有明确的条文规定,人们可以清楚地知道在特定情境下应当如何行为。例如,法律明确规定了各种违法行为及其相应的处罚措施。

品德与规范的联系在于:规范通过外部约束力影响个体品德的形成,通过奖惩机制引导个体内化道德标准,逐渐形成品德。规范为个人品德的形成和发展提供了方向,告诉人们什么是正确的、什么是错误的。例如,法律规范禁止人们的违法犯罪行为,道德规范倡导人们的诚实守信、助人为乐等行为,这些规范共同引导人们在日常生活中做出正确行为。规范通过教育和宣传等方式,传播道德观念和行为准则,帮助人们树立正确的道德意识。例如,对大学生进行道德规范教育、法律规范教育,有助于引导大学生形成良好品德。规范还通过长期的熏陶和影响,塑造个人的品德。在社会生活中,人们不断接触和遵守各种规范,这些规范逐渐影响个人的思想和行为方式,进而形成稳定的品德特征。例如,长期遵守职业道德规范的人,会形成爱岗敬业、诚实守信等良好的职业品德;长期遵守道德规范的人,会形成善良、正直等良好的道德品质。

品德通过个体行为反过来影响规范的演变。品德高尚的人通常会自觉遵守各种规范,他们内心认同规范的价值和意义,将遵守规范视为自己应尽的义务和责任。例如,一个具有良好道德品德的人,会自觉遵守交通规则、法律法规等,不会因为没有外在监督而违反规则和法律。品德对规范的作用还体现在个人对规范的主动维护上，品德高尚的人不仅自己遵守规范，还会积极劝导他人遵守规范，通过自己的言行影响周围的人，从而促进规范的普遍遵守。

此外，品德可以弥补规范的不足。规范虽然为人们的行为提供了明确的指引，但不可能涵盖现实生活中的所有复杂情境。在一些规范没有明确规定的情况下，个人的高尚品德可以起到补充作用。例如，个体在面对一些复杂的道德问题时，规范可能无法提供明确的答案，但品德可以引导其做出符合道德准则的选择。品德还可以对规范进行解释和拓展。在一些情况下，规范的条文可能比较抽象，需要个人根据自己的品德和道德判断来具体理解和应用。品德高尚的人能够更准确地理解和应用规范，使其在实践中发挥更大的作用。品德高尚的人往往是规范的积极推动者，他们通过自己的言行和影响力，推动规范的完善和发展。例如，一些道德模范通过自己的品德和行动倡导和推动规范的进步，促进社会的文明和发展。

总而言之，规范是外在的行为准则，为个体提供明确的行为框架；品德是内在的道德约束，通过自我驱动促使个体自觉遵循规范。二者相辅相成，共同维护社会秩序并推动人类文明进步。

四、大学生品德的心理结构

品德的心理结构是指构成品德这一复杂心理现象的各要素及其相互关系，主要包括道德认识、道德情感、道德意志和道德行为四个相互关联、相互作用的组成部分，这些要素有机统一，共同构成了完整的品德心理结构。以下是对品德心理结构的详细分析。

（一）道德认识

道德认识是大学生对道德规范、道德价值和道德行为的认知与理解。它是大学生品德形成的基础，为大学生的道德行为提供认知指导。通过培养道德认识，大学生能够有效辨别是非善恶，深刻理解道德行为的意义及其后果，从而为道德选择和行为提供理论依据。

（二）道德情感

道德情感是大学生在道德情境中所产生的情绪体验，如正义感、责任感、羞耻感等。它是大学生品德发展的重要动力因素，能够强化大学生对道德规范的认同感和内化程度，使他们在面对道德冲突时做出符合道德规范的行为。

（三）道德意志

道德意志是大学生在面对道德挑战时，为实现道德目标而克服困难和挫折的内在品质。它是大学生品德修养的重要调节因素，能够帮助他们在面对诱惑和压力时坚守道德准则。道德意志能够使大学生在面对道德冲突时，克服内心的矛盾和外界的干扰，坚定地执行道德决策，从而保证道德行为的实施。

（四）道德行为

道德行为是大学生在道德情境中所表现出的具体行为，如助人为乐、诚实守信等。它是大学生品德的外在表现形式，是道德认识、道德情感和道德意志的综合体现。道德行为是品德的最终体现，通过道德行为，大学生能够将道德认识、道德情感和道德意志转化为实际的道德实践，从而实现道德价值。例如，大学生在具备助人为乐的道德认知的基础上，激发同情心与正义感，克服帮扶困难，最终践行助人为乐的行为。

五、大学生品德心理结构的特点

大学生的品德心理结构无论在组合关系、差异性还是培养开端方面，都具有鲜明的独特性。

（一）统一性

大学生的道德认识、道德情感、道德意志与道德行为构成一个有机统一的整体，彼此密不可分。当大学生对某种道德现象形成认知时，往往会伴随相应的道德情感体验，进而激发道德行为；而当道德行为遇到困难或不能实现时，道德意志则发挥调节或控制作用，或改变道德行为方式，或调节道德情感。品德的这四种构成要素互相联系、互相作用、互相影响，形成了错综复杂的动态关系网络。

（二）顺序性

一般说来，大学生道德认识的发展遵循一定的认识规律，即由个别到一般、由具体到抽象、由片面到全面、由表面到深刻、由现象到本质。大学生道德情感的发展，由初级到高级、由简单到复杂、由易变到比较稳定。大学生道德意志的发展，由不稳定到稳定再到坚持。大学生道德行为的发展则遵循由易到难、由低水平到高水平的规律。总之，大学生道德品质的形成与发展普遍呈现从他律逐步转向自律的演进趋势。

（三）差异性

不同大学生的品德发展过程存在显著差异，这种差异主要受遗传、家庭环境和社会文化背景等多重因素的交互影响。大学生道德品质的发展水平，本质上取决于道德认识、道德情感、道德意志和道德行为这四种心理成分能否实现协调统一发展。值得注意的是，这四种心理成分的发展水平总是有差异的、不平衡的，差异太大或比例失调时，就会导致品德结构缺陷，不仅会阻碍品德健康发展，还可能导致不良品德的形成。

（四）多端性

大学生品德的形成过程，是上述四种心理成分统一协调的过程，但在实际教育中，不必拘泥于这四种心理成分的顺序来培养大学生的品德，需要具体情况具体分析。比如，对于明知故犯、缺乏坚持的大学生，需要加强他们的道德意志的培养；与教师情感疏远者则需要从情感培养入手。无论怎样做，只有当大学生品德的基本心理成分都得到相应的发展，特别是形成稳固的道德认知与行为联结时，品德才能真正形成。因此，教育者应根据学生个体差异和具体情境，采取多元化的教育切入点，为学生提供全面的品德发展机会。

六、大学生的品德发展

（一）大学生道德认识的发展

大学生的道德认识是指其对道德现象、规范及价值的理解与判断能力。这一整体认知结构主要包括道德概念、道德评价和道德信念三个核心要素。

1. 大学生道德概念的发展

道德概念是社会道德现象的一般特征和本质特征的反映，大学生只有真正形成了道德概念，才能克服具体道德行为的局限，形成道德迁移能力，在道德情境中做到举一反三，触类旁通。

道德概念往往是抽象、概括的，它的形成不是通过简单的知识传递或机械记忆就能实现的。大学生熟悉或能够背诵道德规范，并不等于形成了相应的道德概念。大学生要形成道德概念，需要先对多元社会道德准则进行系统性分析、比较、抽象与综合概括，从而准确把握道德规范的本质属性与内在特征。例如“孝顺父母”的道德概念，是大学生从“尊重父母的意见和教导”“对父母有礼貌”“父母老了要赡养”“体贴帮助父母”等一系列道德行为规范中概括和提炼而形成的。大学生的道德概念随着其认知能力的提升、知识储备的积累以及思维水平的成熟而不断发展完善。研究表明，许多复杂的道德概念通常要到大学阶段才能被真正理解。当大学生掌握了这些概念后，他们便不再仅凭感性认识道德现象，而是能够理性把握是非、善恶、美丑的标准，明确区分道德与不道德的行为，并依据这些概念指导自身行为、评价他人与自我的行为。因此，大学生道德认识教育的重点应首先放在帮助其系统掌握道德概念上。

2. 大学生道德评价的发展

道德评价是指大学生运用已掌握的道德规范和行为准则，对自身或他人的行为进行是非善恶判断的过程，这一过程是将抽象的道德观念转化为具体道德实践的关键环节。道德评价不同于一般的认知判断，它是一种价值判断。道德评价有两种作用：一是裁判作用。大学生根据道德评价来判断自己或他人的行为是否符合标准。道德评价的这种裁判作用是法律裁判所不能代替的，法律界定某种行为是否被允许，而道德裁判则探讨是否应该的问题，从而有效激发大学生的道德自觉意识。二是激励作用。道德评价带有感情色彩，大学生通过道德评价可以发现自己或他人行为的不道德性，从而引发不安、羞愧、痛苦等情感体验。大学生通过道德评价和情感体验，能够有效激发道德行为，提高自己的道德境界。

大学生道德评价水平与其道德认知能力有关，是其所掌握的道德知识在实际情境中的具体运用和外在体现。大学生经常进行道德评价，可以加深对道德意义、道德知识的理解，提高分析与辨别善恶的能力。如果大学生领会了道德知识，但是不能用于道德评价，很难说形成了道德观念。大学生道德评价能力的发展是道德观念形成的重要环节，也是道德成熟的重要标志。

3.大学生道德信念的发展

大学生的道德信念是指其对是非、善恶、正义等道德问题的坚定看法和态度，这些信念在品德塑造过程中发挥着关键作用。道德信念是道德认识的出发点，是进行道德判断的标准，是道德动机的高级形式，是推动大学生产生道德行为的内在动力。大学生的道德信念有两个特点：一是情绪性。道德信念往往带有情绪色彩，当行为与信念一致时会产生愉悦、满足等积极情绪，反之则引发内疚、羞愧等负面感受。二是习惯性。大学生的道德信念一旦建立，就自然而然按此标准行动，主动将道德知识转化为道德行为，保证道德行为的一贯性、稳定性和坚定性。

“信”是道德信念形成的基础。大学生道德信念的坚定性取决于其信任程度。一旦大学生形成了道德信念，道德信念就成为其价值观的有机组成部分。因为道德信念本身蕴涵着价值意义。当大学生愿意接受某种道德观念和道德规范时，意味着他们已赋予其价值，完成了从外部规范到内在信念的转化。

大学生道德信念的形成需要经过三个阶段。首先，要对道德概念、道德规范、道德评价等进行自由选择和比较，对选择的后果审慎思考。其次，对自己的选择感到满意、骄傲、自豪，愿意公开自己的选择，乐意让他人知道自己的选择。最后，落实到行动上。根据选择的结果，指导和制约自己的行为。经过上述过程，大学生会对特定的道德观念和价值理念产生深刻认同，进而形成坚定的道德信念。他们不仅确信这些信念的正确性和价值，更会自觉付诸实践，为之不懈努力。大学生的道德信念是在家庭熏陶、学校教育和社会环境等多重因素共同作用下形成的,并通过持续的道德实践与深刻反思得以不断深化和巩固。这种内化的道德信念将会成为他们人生的重要指引,在他们面对各种困难和诱惑时,能够坚守道德底线,做出符合自己道德信念的选择,成为具有坚定道德意志的人。

(二)大学生道德情感的发展

道德情感是大学生在道德认识的基础上,对道德情境产生的爱憎、好恶等情绪体验。道德情感会影响大学生对道德问题的认知和判断。积极的道德情感能促使大学生更倾向于关注和认同道德行为,从而有助于形成正确的道德观念。同时,这种情感还能有效激发大学生践行道德行为的意愿。例如,对弱势群体的同情和关爱之情,会促使大学生积极参与慈善活动,提供志愿服务等,推动大学生践行道德行为。同时,道德情感能够使大学生在面临道德选择时,调控自己的行为。

道德情感在大学生的品德发展中具有举足轻重的作用。虽然大学生理解和掌握道德规范并不困难,但要将这些外在的规范内化为自身的道德需求,必须通过真切的道德情感体验才能实现。例如,当大学生遵守社会道德并受到赞扬时,会感到高兴、愉快;反之,若受到谴责,则会感到内疚、不安。缺乏高尚道德情感的支撑,大学生就难以产生自觉而坚定的道德行为。

1.大学生道德情感的内容

大学生道德情感内容丰富多样,本文着重探讨以下几种主要类型。(1)责任感。大学生是社会的一员,应有社会责任感。例如,当大学生意识到所学专业知识将来能够解决社会问题,这种责任意识会促使他们努力学习;大学生会关注社会热点事件,积极参与垃圾分类宣传、植树造林等公益活动;同时,大学生在参与班级活动时,会逐渐培养起对集体的责任感,自觉将个人努力与班级荣誉紧密联系,主动为集体发展贡献力量。(2)正义感。大学生普遍具有强烈的社会公平意识,高度关注贫富差距、教育资源分配、司法公正及就业公平议题。例如,在学校里,尤为重视奖学金评定、评优评先等的公平公正,希望能够完全按照既定的标准和程序进行评选,反对不公正行为。当遭遇不公现象时,会表现出强烈的抵制情绪,积极表达自己的意见,采取合理的行动来维护公平。(3)同情感。大学生对残疾人、老年人、贫困山区居民等弱势群体往往怀有同情心,积极为他们送温暖。当同学遇到困难和挫折时,会耐心倾听他们的倾诉,给予安慰和鼓励,帮助同学调整心态、重新规划生活等。(4)荣誉感。这是大学生因自身或他人的成就符合特定社会道德标准与价值观念而产生的一种积极情感体验。比如,当大学生看到我国运动员在奥运会上夺得金牌,为祖国赢得荣誉,会产生强烈的荣誉感;当他们取得优异的学业成绩、社会实践成绩,或获得他人的认可和赞扬等,会产生自豪感和光荣感。(5)羞耻感。大学生羞耻感是指当其意识到自身行为违背道德规范时所产生的自我谴责性情感,主要表现为羞愧、懊悔及胆怯等复合型心理反应。例如,某个大学生在考试中作弊被发现,会感到羞耻,因为这种行为违背了诚信原则。这种羞耻感会促使其反思自己的行为,避免再次犯错。对于做出的一些违反社会公德的行为,如在公共场合大声喧哗、乱扔垃圾等,大学生也会感到羞耻。这种羞耻感会让大学生在行为上更加自律,自觉遵守社会规范。

在大学生的成长过程中,上述道德情感相互交织、相互影响,不仅有助于其良好道德品质的养成,更能提升其社会适应能力。

2.大学生道德情感的表现形式

大学生道德情感的表现形式主要有三种:(1)直觉的道德情感体验。指个体在特定道德情境中迅速产生的、自觉性较低且具有快速道德定向作用的情感反应,其发生过程短暂且无须复杂的思维加工。如大学生看到有人落水,会立即产生救人的冲动和紧张感,这种情感就是直觉的道德情感。它源于个体对生命价值的本能尊重和对危急情境的自然应对。这种道德情感的产生迅速而直接,具有很强的直觉性和情境依赖性;它的产生往往是自动的、无意识的,是在长期社会生活和进化过程中形成的一种快速反应机制。(2)想象的道德情感体验。指个体通过对某种道德形象的想象而产生的情感体验。这种道德形象可以是具体的人物典范,也可以是某种抽象道德观念的具象化呈现。大学生通过对这些形象的想象,激发起内心的道德情感。如大学生在阅读英雄事迹时,会通过主动想象英雄为国家利益不惜牺牲自己的场景,从而产生敬佩、感动等情感,这种道德情感具有一定的自觉性和主动性。想象的道德情感能够帮助大学生超越现实的局限,深化道德情感体验,拓展道德认知边界,从而更主动地追求高尚品德与善行。(3)伦理的道德情感体验。指个体在深刻理解并认同道德规范与伦理原则的基础上,通过道德概念、原理和原则的明确认知所形成的情感体验。这种情感体验具有高度的自觉性、理论概括性和持久稳定性。例如,当大学生形成了对爱国主义概念的深刻认知,会在国家危难之际,产生强烈的责任感和使命感,愿意为保家卫国贡献自己的力量。伦理的道德情感是大学生道德情感的最高层次,体现了他们对道德价值和意义的深刻理解与自觉追求。这种情感不受具体情境和个人利益的影响,建立在普遍道德原则的理性认同与自觉遵循基础上,具有显著的稳定性与导向性,能够有效引导大学生在多元复杂的社会环境中做出符合伦理规范的价值判断和行为选择。

以上三种道德情感的划分具有相对性,实际上三者之间联系紧密,往往相互交织。总体而言,大学生的道德情感发展呈现从简单到复杂、从具体到抽象的演进过程,即从最初对具体情境的直观情感反应,逐步发展为对抽象道德原则的深层情感认同。

(三)大学生道德意志的发展

道德意志是大学生在履行道德义务的过程中所表现出来的自觉克服一切困难和障碍、做出正确抉择的顽强毅力和坚持精神。大学生道德意志的发展与道德情感和道德认知密切相关。道德情感可以为道德意志提供动力支持,而道德认知则为道德意志的坚持提供依据。大学生的道德意志又会反向影响道德情感的体验和道德认知的发展,三者相互促进、相互影响。

在大学生品德发展过程中,道德意志发挥着关键作用。现实中,部分大学生虽具备道德认知和行动意愿,却仍会出现违反校纪、侵占失物、损坏公物等行为,这些现象往往是由于外界诱惑或内在需求与道德要求发生冲突时,其道德意志薄弱导致的。因此,加强大学生道德素质教育,必须首抓他们的道德意志。道德意志是一种自我控制、自我约束的能力,能使大学生在面对道德冲突和困难时,坚守道德原则和规范,自觉抵制各种诱惑,从而做出符合道德要求的行为;能够帮助大学生以善良的动机战胜邪恶的动机,排除内心和外界的道德障碍,坚守道德准则并实践道德行为。

大学生道德意志发展的特点包括以下三点:(1)从他律到自律。大学生在道德意志发展的初期,通常表现出他律特征,即依赖教师、制度等外部权威和规则来约束自身行为。随着认知能力的提升和年龄的增长,他们逐渐能够依据内心的道德准则进行自我调节,从而实现从他律向自律的转变。(2)从具体到抽象。大学生最初的道德意志通常体现在具体情境中,如遵守课堂纪律、服从教师指导等。随着思维能力的提升,他们逐步能够理解更抽象和普遍的道德原则,并将其应用到各种不同的情境中。(3)从情境性到稳定性。大学生的道德意志最初容易受到具体情境的影响,在不同情境中表现出较大的波动性。随着经验的积累和自我意识的增强,他们的道德意志逐渐趋于稳定,能够在各种情境中保持相对一致的道德行为。

总之,大学生道德意志的形成是一个从依赖到独立、从理论到实践的过程,受家庭熏陶、学校教育、社会影响以及个人实践体验的综合作用。

(四)大学生道德行为的发展

道德行为是指个体在一定的道德意识支配下表现出来的对待他人和社会的有道德意义的行为。通常将符合一定社会道德规范和准则的行为称为道德行为,反之则为不道德行为。大学生道德行为的养成对其品德的形成具有重要意义。道德行为不仅是道德认识的巩固与发展,也是道德情感的深化与丰富,更能锤炼道德意志。大学生品德形成的关键在于将道德认识转化为相应的道德行为,因为只有通过道德行为,品德才能获得社会价值并得以实际体现。

大学生的道德行为从低到高,分为不同的等级,主要有下面几种:(1)依赖性道德行为。一些大学生的道德行为,依赖于外在的约束或控制,如学校的规章制度、教师的监督等。例如在考试时,如果监考严格,他们就会遵守考试规则;如果监考宽松,可能就会产生作弊的念头或行为。随着道德认知的深化和道德情感的培养,大学生的道德行为会逐渐摆脱情境的束缚,形成稳定的道德自律能力。这种内化的道德品质使他们能够在各种环境下坚守道德底线,实现从被动约束到主动自律的转变,最终建立起持久、自觉的道德行为模式。(2)模仿性道德行为。这种道德行为是大学生模仿先进榜样而产生的,不具有强制性,但往往具有情境性。(3)习惯性道德行为。大学生的这种道德行为无需外在监督和控制,而是达到了自动化程度。例如他们习惯做好人好事,乐于助人。(4)完全自觉的道德行为。指大学生已经把社会道德规范的要求自觉转化为自己的道德需要,他们的道德选择不再依赖于父母或教师的引导,而是基于自主的价值判断和道德认知。面对道德情境时,他们能够进行理性分析并独立做出行为决策,即便遭遇外界阻力,也能坚守道德信念,持之以恒地践行道德行为。

大学生道德行为的形成包括四个阶段:一是解释道德情境。大学生首先需要搞清楚,他们遇到了什么样的道德情境,这些道德情境具有什么道德意义,如何理解这种道德情境。二是做出判断。大学生要进一步搞清楚道德情境产生的原因,进行归因分析,判断怎样行动才是道德的,明确应该做什么?三是道德抉择。大学生需根据道德情境分析动机冲突,权衡利弊后做出决策。四是履行道德计划。大学生要克服困难、抵制诱惑,坚持完成道德行动。

随着教育水平的提升,大学生的道德行为将更趋稳定和自律,这不仅体现了其成长环境的影响,更展现了他们自觉遵守社会规范的能力。

七、大学生品德的培育

大学生品德培育的方法多种多样,以下重点阐述几种主要方法。

(一)加强课堂思政教育

课堂思政教育是大学生品德培养的主渠道,教师应立足专业课程特点,有机融入品德教育内容。在教学过程中,教师可以采用案例分析、小组讨论、主题演讲等多种教学方法,增强课堂思政内容的吸引力和感染力。例如,在医学专业课程教学中,教师可以强调医生的救死扶伤精神和医德医风,通过讲述医学界楷模的感人事迹,培养学生的职业使命感和人文关怀意识;在理工科专业课程教学中,教师可以结合科研诚信教育,强调在学术研究中不能伪造数据、篡改数据,要有严谨的科学态度,培养大学生严谨求实的科研态度和学术道德观念。

（二）营造良好的校园文化氛围

校园文化作为隐性课程，对大学生品德培养具有潜移默化的重要作用。学校可以通过举办丰富多彩的文化活动来营造良好的品德教育氛围。例如，开展文艺会演、书画展览、演讲比赛等校园文化活动，在活动中设置一些主题，如“弘扬中华优秀传统文化”“践行社会主义核心价值观”等，使学生在深度参与中接受品德教育。学校可以打造特色校园文化景观，如爱国主义主题雕塑、励志主题宣传栏等，通过潜移默化的方式陶冶学生情操，提升品德修养。

（三）组织大学生参加社会实践活动

高校应该为大学生提供参与社会实践的机会，通过组织社区服务、支教扶贫、助残环保等公益活动，着力培养大学生的同理心与社会责任感；依托社团活动有效提升学生的组织协调与团队合作能力；同时通过专业实习和社会调研等实践形式，帮助学生深入了解社会现实，在实践历练中强化职业道德修养，全面提升品德素养。

（四）教师要注意言传身教

教师主要通过两种基本途径向大学生传播道德知识和道德规范：一是通过言传，即口头讲解与宣传；二是通过身教，即以自身行动示范。前者必不可少，后者更为重要。大学生有很强的模仿性，教师作为学生成长的重要引路人，其生动的榜样展示比抽象的说教、论述更有感染力和说服力。如果教师言行不一时，其所倡导的道德规范就会失去可信度，进而影响学生道德认知的形成；反之，教师的身教示范则能显著提升学生遵守道德规范的自觉性。因此，高校教师应当切实强化育人意识，时刻保持高度的道德自觉，通过课堂内外的言传身教，以高尚的师德师风为学生树立品德标杆，真正成为大学生健康成长的引路人和道德楷模。

（五）引导大学生学习道德榜样

大学生可以通过学习榜样模范来提升自己的品德修养。这些榜样可以是历史上的英雄人物，如雷锋、焦裕禄等，也可以是身边的优秀教师和同学等。

大学生可以阅读榜样人物的传记、事迹报道等,了解他们的高尚品德和奋斗精神。例如,学习雷锋的全心全意为人民服务精神,学习焦裕禄的亲民爱民、艰苦奋斗、科学求实、迎难而上、无私奉献等精神。

(六)加强制度约束与激励

高校要通过完善校规校纪约束大学生的行为,加强对大学生不道德行为的监督;要建立健全大学生信用体系,培养他们的规则意识;要建立奖惩制度,对大学生的失范行为进行惩戒,同时激励大学生自觉遵守道德规范。

(七)大学生加强自我道德修养

大学生要通过主动阅读道德经典著作、聆听道德讲座等,丰富自己的道德知识体系,提高道德认知水平。同时,要通过写日记记录自己的成长经历,通过文字梳理自己的思想,定期对自己的行为进行反思,在反思中总结经验教训,及时觉察并改进品德修养方面的不足,实现品格的自我持续完善。

本章小结

1.社会规范是社会成员广泛接受并共同遵守的行为准则与价值观念,是维系社会协调运行的重要基础。规范是一个非常庞大的系统,涉及的内容十分广泛,具有共识性、继承性、约束性、差异性、发展性等特点。加强大学生规范教育有利于引导其树立正确的价值观念、培养优良品德,又能有效促进其社会化进程。

2.态度是个体对某一特定对象所持有的评价倾向和稳定的心理状态,具有对象性、评价性、持久性、内在性特点。态度的心理成分包括认知成分、情感成分和行为倾向。态度具有适应、自我防御、价值表现的功能,其形成要经历服从、认同和内化三个阶段,态度的改变则包括方向改变和强度改变两个维度。

3.态度形成与改变的主要理论包括强化理论、认知协调理论和态度改变模型。影响态度的形成和改变的因素包括个人因素、社会因素、信息因素、情境因素。促进大学生态度形成与改变的策略主要包括识别大学生的现有态度、适用团体规范、加强宣传和引导、改变大学生的情感反应、鼓励大学生积极参加活动、为大学生树立榜样和提供反馈与强化。

4.品德是个体在道德情境中基于特定道德规范所表现出的稳定人格特质。品德与道德、品德与规范既有区别又有联系。大学生品德心理结构包括道德认识、道德情感、道德意志、道德行为,具有统一性、顺序性、差异性、多端性特点。

5.大学生品德的发展包括道德认识的发展、道德情感的发展、道德意志的发展和道德行为的发展。大学生品德培育方法主要有:加强课堂思政教育、营造良好的校园文化氛围、组织大学生参加社会实践活动,教师要注意言传身教、引导大学生学习道德榜样、加强制度约束与激励,以及大学生应加强自我道德修养。

复习思考题

一、简答题

1.什么是规范,规范有哪些特点和类型,规范学习对大学生的意义是什么?

2.什么是态度,态度的心理成分包括哪些方面,态度的功能是什么?

二、论述题

1.论品德与道德、品德与规范的关系。

2.论大学生态度的形成与改变。

3.论大学生品德的发展与培育。

三、分析题

小李是某大学二年级学生,家庭条件优越,父母对他关爱有加,几乎满足他所有的物质需求。进入大学后,小李结识了一群沉迷网络游戏的朋友,从此便经常逃课打游戏。为了购买游戏中的高级装备,小李的开销逐渐增大。一次,他偶然发现室友小张的钱包放在桌子上,里面有不少现金。小李见钱心动,经过心理挣扎,最终还是没能抵挡诱惑,偷偷拿走了部分现金。这些钱让他在游戏中风光无限,但也惶惶不可终日,生怕事情败露。小张发现钱款丢失后立即向辅导员反映了情况。面对老师的调查和确凿证据,小李不得不低头认错,坦白了自己的所作所为。

第七章 大学生的心理健康

【内容提要】

心理健康在大学生的发展中起着非常重要的作用，这关系到他们学习的效果与质量，关系到他们良好品德的形成、顺利成才的问题，因此，高等教育心理学要研究大学生的心理健康。本章在对心理健康概念、方法和标准的阐述基础上，重点探讨大学生心理健康的标准、常见的心理问题、产生的原因以及大学生心理健康教育的内容、途径与方法。

【学习目标】

了解心理健康的含义，领会心理健康的实质，理解大学生常见的心理问题，能够深入分析其产生的原因，运用正确的教育方式促进大学生的心理健康。

【学习重难点】

学习重点：大学生心理健康标准及常见心理问题。

学习难点：大学生心理问题的成因及解决对策。

第一节 心理健康概述

心理健康是大学生生活幸福、学业成功的基础，也是促进大学生全面发展的必然要求。大学教师应该主动学习心理健康知识，帮助大学生维护和促进心理健康，不断提高大学生的心理健康水平。

一、健康与心理健康

（一）健康

长久以来，人们常常把健康停留在身体上无疾病或不衰弱的生物医学模式上。如《辞海》（1979）对健康的定义是：人体各器官发育良好、功能正常、体格健壮、精力充沛并具有良好活动效能的状态；通常用人体测量、体格检查和各种生理指标来衡量。这种生物医学模式重视了人的生理上的问题，却忽略了心理上的问题。

随着时代的进步，人们对健康的认识和理解逐渐加深，已开始从生物医学模式向生理—心理—社会医学模式转变。早在1948年，世界卫生组织（WHO）就在《世界卫生组织宪章》中开宗明义提出：健康乃是一种在身体上、心理上和社会上的完善状态，而不仅仅是没有疾病和衰弱现象。1989年世界卫生组织进一步提出：健康不仅仅是身体没有疾病，而且还要心理健康、社会适应良好、道德健康。2000年前后，世界卫生组织还具体提出人的身心健康的“五快三良好”：五快是指食得快、便得快、睡得快、说得快、走得快；三良好是指良好的个性、良好的处事能力和良好的人际关系。

根据上述全面健康的观点，健康应该包括四大方面：生理平衡（没有身体疾病）、心理稳定（没有心理障碍）、社会成熟（良好的社会适应力）、道德健康（良好的品质）。这四个方面相互联系、相互影响：一方面，身体疾患对心理可以产生一定的负面影响，而长久或者强烈的负面情绪刺激也会对身体健康产生负面影响。也就是说生理问题可以在心理方面有所反应，心理的失调也会导致生理的改变。另一方面，心理健康与社会适应互为因果。心理不健康，就无法适应社会，社会适应能力弱也会导致心理问题的出现。道德健康在某种意义上属于心理健康的范畴。因此，心理健康是健康的一半，在某种程度上更是健康的“核心”。

（二）心理健康

对心理健康的定义，可谓见仁见智。第三届国际心理卫生大会（1946）将心理健康定义为：心理健康是指在身体、智能以及情感上与他人的心理健康不相矛盾的范围内，将个人心境发展成最佳状态。心理学家英格利希（1958）认为，心理健康是指一种持续的、积极的、丰富的心理状态，无论当事者面对的是顺境还是逆境，都能做出良好的适应，具有生命的活力，并能充分发展其身心的潜能。社会学者贝姆认为，心理健康是合乎某一水准的社会行为，一方面能为社会所接受，另一方面能为自身带来快乐。精神病学家门宁格认为，心理健康是指人们对环境及相互间具有最高效率及快乐的适应情况，不仅要有效率，要有满足感，而且能愉快地接受生活的规范。

从国内观点看，2016年，原国家卫生计生委、中宣部、教育部等22部委联合发文的《关于加强心理健康服务的指导意见》指出：心理健康是人在成长和发展过程中，认知合理、情绪稳定、行为适当、人际和谐、适应变化的一种完好状态。在这种状态下，个体的认识活动、情感反应、意志行动都是积极的，调控能力也是正常的、适当的，且能充分发挥其身心的潜能（刘栋，薛少一，2018）。

综合以上观点，心理健康应该是指作为独特个体，在处理自我与自身、与他人、与社会环境关系中呈现的认知合理、情绪稳定、行为适当、人际和谐、适应变化的一种完好状态。

（三）心理健康水平等级划分

在心理健康水平的等级划分上，不同研究者有不同看法。

传统心理健康模型主要采用消极的精神病理学（psychopathology）指标，将心理健康分成四个等级水平：健康状态、不良状态、心理障碍和心理疾病。个体在健康状态下，心情愉悦，适应能力强，人际关系和谐，情绪调控能力强；个体在不良状态下，处在亚健康水平，能够正常工作、学习和生活，只是愉快感小于痛苦感，他们常用的词语是“很累”“没劲”“不高兴”，并且可以通过个体自行调整、缓解和恢复；心理障碍是个体心理状态的某一方面出现了超前、停滞、延迟或偏离，如外在表现与其生理年龄不相符，或反应方式有异于常人，这种状态影响个体社会功能的正常发挥，自我调整无法从根本上解决问题，需要求助心理医生等的专业帮助；个体在心理疾病状态下，出现强烈的心理反应，如思维判断失误，记忆力下降，产生空白感、强烈自卑感及痛苦感，情绪低落成忧郁等，并伴随明显的躯体症状和不适感，社会功能严重受损，必须有专业医生参与，一般采用心理治疗和药物相结合的综合治疗手段。

近年来，随着积极心理学运动的兴起，研究者从积极心理学视角，提出“心理健康的双因素模型(the Dual-Factor Model of Mental Health,简称DFM),主张对积极心理健康状态(主观幸福感)和消极心理健康状态(心理疾病症状)同时考察,认为心理健康是一种两者结合的完全状态,并按照病理学、主观幸福感双维标准,将不同心理健康水平的人群划分为四种类型:完全病态者、部分病态者、部分心理健康者和完全心理健康者(图7-1)。

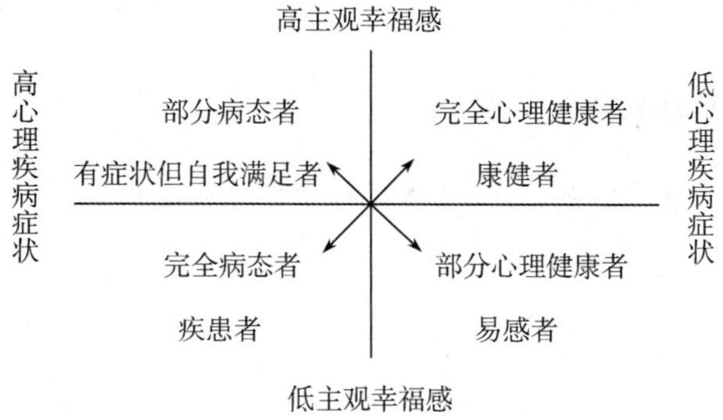

图7-1 双因素理论的人群心理健康分类(王鑫强,张大均,2011)

完全心理健康者,也称为"康健者(flourishing)",是一种有高水平的主观幸福感以及近期无心理疾病的综合状态,是个体最佳的健康状态,表现出情感有效性、良好的心理和社会功能,并预言其近期会免于心理疾病。部分心理健康者,也称为"易感者(vulnerable)",由于心理疾病症状未达到精神病理学的诊断要求,其心理状况常被传统的心理健康模型所高估,被排除在研究和服务之外。而事实上他们可能需要心理帮助,因为他们在未来的发展中可能会变得衰弱或出现问题。部分病态者,也称为"有症状但自我满足者(symptomatic but content)",这种人即使具备一定的心理疾病,但由于具有自我满足等积极力量,其心理问题可能会容易自动康复。完全病态者,也称为"疾患者(troubled)",具有高心理疾病症状和低主观幸福感,不仅会表现出抑郁等症状,而且会对生活感到不满,并表现出心理和社会等功能的不良(王鑫强,张大均,2011)。

还有学者提出了心理健康的"灰色区域理论":认为心理健康和心理不健康之间没有明确的界线,二者不是截然分开的,而是一个连续变化的过程。具体来讲,如果把人的心理健康比作白色,心理不健康比作黑色,那么在白色和黑色之间存在一个巨大的缓冲区域——灰色区域,而大多数人都处在灰色区域。同一个人在不同阶段,也可能处在区域的不同位置。"灰色区域理论"提供了一个很好的视角，就是心理健康不是非黑即白的判断，它具有相对性、连续性、动态性和可逆性的特点。

二、心理健康的衡量原则及方法

衡量个体的心理健康状态，要遵循一定的原则，采取合理的方法。

（一）衡量心理健康的原则

国内学者郭念锋(1996)认为，评估一个人是否心理健康应遵循三条基本原则。

1. 同一性原则

同一性原则是指心理活动与外部环境是否具有同一性。一个人的所思所想、所作所为是否能够正确反映外部世界，有无明显差异。

2. 协调性原则

协调性原则是指心理过程是否具有完整性和协调性。一个人的认知过程、情绪情感过程、意志过程内容是否完整、协调。

3. 相对稳定性原则

相对稳定性原则是指个性心理特征是否具有相对稳定性。在没有重大的外部环境改变的前提下，人的气质、性格、能力等个性特征是否相对稳定，行为是否表现出一贯性。

（二）衡量心理健康的方法

基于对心理健康的理解不同，评估和衡量心理健康水平的方法也就不同，对心理健康标准的看法也呈现出诸多不同。由于每一种衡量心理健康的方法各有优劣，因此，评估心理健康时，需要根据对象、问题及条件，选用一种或多种方法，相互参照。

1. 心理测量法

这种方法是通过标准化的心理量表测试来衡量。它以大多数人的心理状态作为心理健康的指标，以心理健康的常态作为统计的依据，使用心理学家编制的标准化心理量表为工具，制定出某一特定人群的心理健康总体平均标准——常模(norm)，然后把不同个体的测定结果与常模进行比较，判定其心理健康的水平，并根据差异的大小分成不同的心理健康层次。如教育部组织全国心理学专家历时4年编制的适合中国大学生使用，并且有我国自主知识产权的中国大学生心理健康测评系统就是基于这种逻辑设计的。

心理测量作为一种规范化、标准化的检测模式，具有较高的信度和效度，比较客观，便于比较。但是，由于真正适合中国文化背景的心理测量量表太少，而且一般来说必须通过专业人员操作并解释结果，因而在应用上存在较大的局限。

2.社会适应判定法

它以个体行为的社会意义及社会适应性为出发点，以社会行为规范为准则，考核个体的行为是否符合社会的要求，借以判定其心理健康水平。如果个体行为符合社会规范要求，就是适应良好和心理健康；反之，则为适应不良和心理不健康。

此方法虽然在某些时候是正确的，但其局限性也非常明显。毕竟违反社会行为规范与心理异常不能视为一回事。违反社会行为规范的原因多种多样，由心理不健康而导致的违规只是其中的一个原因，并且社会规范随着社会的发展也会发生改变。严格地说，这种方法是一种社会学标准而不是心理学的方法。

3.生活适应评定法

这种方法是以个体是否能够很好地适应生活为标准。如果个体能够与周围的环境保持和谐，并能根据环境条件的改变，有效地发挥自己的心理机能，通过适当的行为适应或改造环境，满足自己生存和发展的需求，其心理就是健康的。

这一标准在具体运用时易受评价者的主观影响，操作缺乏客观性。但如果评价者接受过专业教育以及具有丰富的临床经验，仍可以进行比较准确的衡量。

4. 主观病痛法

这是依据个体内省的主观感受来判断其心理健康状况的方法。人们对自身的心理正常状态会有某种程度的认识,这是衡量自身当前心理状况的内在依据。如果一个人觉得自己处于严重的焦虑不安、抑郁、情绪低落、失眠等状态,可以说其心理异常。如果个体在某些情况下,如亲人丧亡而没有强烈的心理反应或无动于衷,或当个体已有明显的行为不正常,却坚决否认,也可以说明其心理异常。

这种衡量方法在某些情况下可能有用,但由于它没有外在的统一标准,随意性大,很难作为一个独立的正式衡量标准来使用。

5. 症状判定法

症状判定法以个体是否存在某些生理和心理异常的症状为依据,对个体的心理健康状况进行判定。如果一个排除器质性病变的人表现的某种心理或行为可以找到病理解剖或病理生理变化的依据,则容易判断个体的精神疾病或心理异常。此方法临床应用较多,但效果取决于判定者对个体的生理和心理异常的多种症状的熟悉程度和进行多方面身心检查的判断程度。

三、理解心理健康标准要注意的问题

确立心理健康标准,固然受确立的依据、把握尺度的宽严不同等的影响,但关键还是与如何理解心理健康的人性观与价值观有很大的关系。我们在理解心理健康的时候必须注意下面这些问题。

(1)心理健康标准应该兼顾个体内部协调和外部适应两个方面。也就是一个健康的人,内部的各项心理机能是健全的,人格结构是完整的,在外部的适应性上能够及时应对环境变化带来的各种影响,具有良好的人际关系。

(2)心理健康的水平是个体持续的状态。心理不健康是某种心理和行为持续的不良状态。个体偶尔出现一些不健康的心理和行为并不等于心理不健康或已患心理疾病。不能从一时一事就得出心理不健康的结论,不能把心理不健康与不健康的行为混为一谈。

(3)心理健康与心理不健康之间不是泾渭分明的对立面,没有绝对的界

限。它们之间只是存在一个连续状态上的程度差异问题。

(4)心理健康的状态不是固定不变的,而是一个动态变化的过程。心理健康并不是一种静态的平衡,并不是永久性的无压力、无冲突、无痛苦,而是要在平衡—不平衡的交错中,进行有效的自我调整,与现实环境保持动态的协调,进而追求成长与发展。

(5)心理健康标准是一个理想尺度,不仅为人们提供了衡量心理健康的标准,更是指明了提高心理健康水平的努力方向。

(6)心理健康是一种人生态度。心理健康首先反映出一个人健康的人生态度,健康的人懂得人生意义,在生活中多持有积极的、开放的、现实的、辩证的、通达的人生态度。《论语·子罕第九》中所说的“子绝四:毋意,毋必,毋固,毋我”,这种辩证的、通达的人生态度,是维护个体心理健康的宝贵的人生箴言。

四、大学生心理健康的标准

确定大学生心理健康的标准,是大学生心理健康教育得以开展的前提和基本依据。根据国内外已有研究,心理健康的大学生应该符合五个标准。

(一)认知合理

心理健康的大学生思维敏锐,记忆力好,能够正确认识和处理义和利、群和己、成和败、得和失的关系。有较强烈的求知欲和好奇心,乐于学习和工作。有积极的自我观念,对自己的认识比较接近现实,有自知之明,对优点感到欣慰,对弱点不回避,也不会自暴自弃,而是善于接纳自己,努力发展自身潜能,也能恰当认同他人。一个心理不健康的大学生,学习态度不端正,缺乏自知之明,或者自高自大,目空一切,或者只是看见自己的缺点和错误,对自己总是不满意。由于所定目标不切实际,容易过高或过低地估计自己,总是将自己陷入自傲、自卑的旋涡中,心理无法平衡,甚至出现心理困扰。

(二)情绪稳定

心理健康的大学生能够真实感受自己的情绪,能较好地协调和控制自己的情绪,身心处于积极向上、充满希望的乐观状态,愉快情绪多于负性情绪,愉快、开朗、满意等处于优势，即使是面对来自内外的阻碍目标和逆境，都有面对的勇气和自信，情绪反应与环境相适应，情绪反应是由适当的原因引起的，反应的强度与情境相符。如果经常出现情绪不稳定，自我情绪体验不真实，自卑、自负，情绪调控能力比较差，甚至出现因某事所引起的不良情绪长期控制自己心境，或者常常笼罩在消极情绪中，都是心理不健康的表现。

（三）行为适当

心理健康的大学生，其行为方式与年龄特征和社会角色相一致，他们具备独立的生活能力和独立的思考判断力；珍惜生命，热爱生活，积极投身于学习、工作中，能从中获得满足和激励，体验价值和成就；其行为具有理智性和一贯性，重视现在，善于吸取过去的经验和教训，也能预见和较好地策划未来。对睡眠、饮食、学习、生活和休闲娱乐保持有度、有节和合理安排。反之，如果行为与年龄特征和社会角色不一致，出现持续性失眠、饮食障碍、逃避性上网或网络成瘾等都是心理不健康的表现。

（四）人际和谐

心理健康的大学生乐于与人交往，愿意融入集体；与人相处，友善、同情、信任、真诚、喜悦、赞美等积极态度总是多于如猜疑、嫉妒、仇恨、敌视、厌恶等消极的态度，有真挚的友谊；以集体利益为重，其个人思想、目标、行动能与集体要求相协调，能尊重集体的需要，能够以集体的规范约束自己。同时，能够得到集体的关心和爱护，获得集体给予的安全和归属的满足。心理不健康的大学生总是疑神疑鬼，对他人和集体缺乏信任感，与周围的人总是格格不入，远离集体。

（五）适应变化

心理健康的大学生能够直面现实，正确认知环境，保持与环境的良好接触，能够主动适应现实、改造现实；当现实环境不符合自己的希望与信念时，也能设身处地、实事求是地去面对和接受现实的考验，并能多方寻求信息，倾听不同意见，把握事实真相，相信自己的力量，随时接受挑战；即使碰到不能解决的问题，采取的方法也总是积极的，适应的方式是成熟健全的。心理不健康的大学生往往以幻想代替现实，不敢面对现实，没有足够的勇气接受现实挑战，逃避现实；总是抱怨自己生不逢时，或者责备社会环境对自己的不公而怨天尤人，因而无法适应现实生活。

第二节　大学生常见的心理健康问题

大学是学生从青涩走向成熟的关键期。大学生面临对自我认识的探索，对美好生活的追求，学习、生活、人际关系等诸多挑战，他们的迷茫、抑郁、焦虑等心理困扰非常普遍，容易导致心理健康问题，应予以高度关注和重视。

一、大学生心理健康问题的现状

归纳已有研究，我国大学生的心理健康问题主要有下面几个特点：

（一）发展性、困扰性问题为主

虽然大学生中时有心理障碍或心理疾病甚至恶性危机事件的案例报告，但总体来说，绝大多数大学生心理健康问题仍是属于心理困扰性问题，只有少数存在心理障碍，极少数人存在心理疾病。困扰性问题是大学生心理健康问题的主要形式，是大学生在成长过程中出现的正常的心理反应，是大学生成长中的烦恼、发展中的困惑，是对新的环境和各种压力的短期的不适应。这种困扰，通过心理健康的知识普及、自我学习、自我调适、心理帮助和社会支持能够得到化解，不需要采取心理干预措施。当然，大学生的心理困扰若不及时调节和疏导，持续发展下去就可能导致心理障碍或精神疾病。

（二）累积性、多重性问题交织

大学生中出现的心理健康问题并非完全是在大学阶段产生的。许多大学生的心理困扰是在中小学阶段产生并积累潜伏下来，在大学阶段才显现出来。例如，不少大学生在家庭中受到过多保护，生活自理能力差，人际交往能力缺乏，社会适应能力低，这些问题在大学这个特定的学习、生活环境中突现出来。

进入大学后，竞争压力、学习压力、经济压力、就业压力、情感压力等，自我意识模糊、价值取向迷茫、人际关系不适、社会适应不良、就业压力加大等不同层面的问题交织在一起，这些构成了大学生心理困扰的多重并发，形成大学生心理健康问题的新特点。

（三）主要问题、重点性问题呈现年级阶段性

在大学生的不同成长阶段，心理健康问题呈现出不同的重点。大量研究得出，一年级大学生的主要心理健康问题是对大学的适应问题、学习与专业问题、人际交往问题；二年级大学生则是人际交往问题、学习与事业问题、情感与恋爱问题；三年级大学生主要是自我发展与能力培养问题、人际交往问题、恋爱与情感问题；四年级大学生主要是择业与就业问题，兼有恋爱问题及未来发展和能力培养问题。一、四年级大学生的心理健康问题要多于二、三年级大学生。

二、大学生常见的心理健康问题

大学生中常见的心理健康问题主要有以下几种：

（一）生活适应问题

来自五湖四海的大学生，远离父母来到一个陌生的环境，心理上容易产生孤独感，如特别想家、思念亲人、怀念老同学等，成为压力源之一（傅小兰等，2023），并由此产生烦恼、焦虑、抑郁、敌对、低落的情绪，严重者会影响心理健康。有的学生出现了睡懒觉、疯狂追剧、痴迷游戏、无聊熬夜、沉迷网络等不良行为，对学习逐渐失去了兴趣，把时间浪费在消遣活动中。加之部分大学生缺少实践锻炼，缺乏应有的学习能力，面临新的学习、同学关系、师生关系，不知道如何沟通，不愿与人交往，内心孤独和自闭，闷闷不乐，萎靡不振，甚至出现精神紧张，不能坚持有效地学习。

（二）学习问题

学习是大学生的主要任务，尤其在深化本科教育教学改革、全面提高人才培养质量的新时代，学习更显重要。学业负担重和升学压力是心理健康问题

的主要诱因(傅小兰,2023),一些大学生受不良观念影响,专业思想不稳固,经常在矛盾冲突的内耗中消磨时光,学习得过且过,“不求精益求精,只求蒙混过关”,缺少应有的学习激情和毅力,学无所获。学习动力不足、学习目标不明确、学习方法不合理、学习态度不端正、时间利用不合理、成绩不理想、学习困难、考试焦虑等问题始终困扰着部分大学生。据调查,有50%的大学生认为自己不能做到合理分配时间,其中19%的大学生认为时间自由度过大,81%的大学生不知道如何协调好学习与课外活动、学习与娱乐之间的关系;29%的大学生对目前所学专业产生怀疑,没有确立自己的奋斗目标,更没有学习计划;41%的大学生认为专业课吃力,课业压力大(胡楠,2010)。

(三)人际关系问题

人际交往是维护大学生身心健康的重要支柱。良好的人际关系,可以稳定情绪,给人以安全感、归属感。不少大学生在高中时忙于学习,性格较为封闭,人际交往能力普遍较弱。进入大学后,人际关系的不适和困惑是大学生心理咨询中的首要问题(吕一萍,2005),呈现社交依赖与孤独感的矛盾状况,即线上社交活跃,但仍群体性孤独。现实中有的大学生缺乏交往的信心和勇气,不敢或不会与人交往;有的大学生以自我为中心,当人际关系发生冲突时,缺少有效的应对技巧,受情绪波动的影响,常常容易发生冲动行为或偏激行为;在人际交往中,自卑、多疑、嫉妒、虚荣,过分注意他人的评价,在集体中感到压抑和孤独。

(四)情绪问题

情绪影响着大学生的心理健康。热爱、兴奋、快乐、幸福等正向情绪,使人心情舒畅、注意力集中、思维敏捷、力量倍增,而苦闷、忧伤、悲哀等负向情绪,则使人心情灰暗、注意力分散、思维迟钝、力量削弱。大学生受年龄特征、社会事件等影响,往往表现出情绪波动大,有所成功就沾沾自喜,遇到失败或挫折就一蹶不振;对学业、就业等不确定性感到迷茫,“内卷”与“躺平”矛盾心理并存;有些学生的负性情绪强于正性情绪(段鑫星,1998),对学习无精打采,对同学冷漠无情,对集体漠不关心,对生活缺少激情;忧心忡忡,长吁短叹,焦虑、抑郁,负性情绪控制力差,难以保持平和心态。

（五）自我意识问题

自我意识是个体对自己的存在以及对周围人、事物的关系的意识。大学生自我意识逐步增强，但还不够稳定，会遇到一系列自我意识的矛盾，面临着自我意识的分裂和整合。集中表现为：一是理想自我与现实自我的矛盾。大学的竞争、复杂的关系，让抱负水平高、成就欲望强的个体容易产生理想自我和现实自我的割裂，如果没有得到有效疏解，就会出现心理困扰问题。二是自我整合统一需要经历自我接纳和自我排斥的交替作用。自我接纳是以积极的态度正确对待自己；自我排斥是否定自己，拒绝接纳自己。大学生容易感受到自我认知模糊、自我定位不明确，“自我不稳定”甚至“自我分裂”。三是自我中心意识强烈。凡事多从自我角度思考，希望表达自己的意见，按自己的意见行事，很少体会别人的感受，不愿意被别人指手画脚，随意摆布。

（六）恋爱与性心理问题

大学生处在身心走向成熟，生理机能最为旺盛的时期，恋爱和性是大学生不可回避甚至最期盼的话题。但由于缺少青春期应有的性教育，家庭对恋爱、性问题缺乏合理引导，部分大学生对恋爱和性认识不足，缺少异性交往经验，对异性的神秘感、恐惧感和渴望交往交织在一起；面对异性追求或追求异性，因缺少应有的技巧而焦虑、彷徨、不知所措；或缺少应有的自我保护意识，失恋后没有自我调整能力，焦虑、惶恐、抑郁和伤心等负性情绪容易出现，产生心理困扰，严重的还可能导致心理障碍和心理疾病，如恋物癖、露阴癖、窥淫癖等。

（七）就业心理问题

就业是大学生人生旅途的一个重要转折点。就业决定着大学生今后一段时间内的发展方向和发展道路，在很大程度上决定了将来的生活质量和生活方式。面对严峻的就业形势，不少大学生由于社会经验不足、职业规划缺失、自我认知不够充分、对就业市场和职业信息了解不足，在择业时，容易表现出焦虑、自我怀疑、职业迷茫、求职倦怠等。如不及时调适和解决这些不良心理，不仅直接影响大学生择业的过程和结果，而且对大学生健康人格的形成影响极大。

(八)上网成瘾问题

信息化浪潮展开,网络已经成为大学生获取知识和信息的重要途径。但使用网络不当,会诱发大学生产生上网依赖,甚至呈现上网成瘾症。其主要表现是:上网时间管理失控,情绪上对网络过分依赖,上网时精神极度亢奋并乐此不疲,下网后情绪低落、对学习丧失兴趣、荒废学业、生物钟紊乱、食欲下降、精力不足、自我评价能力降低、思维迟缓、人际交往技能退化,甚至出现轻生念头。我国钱铭怡教授对北京12所高校的近500名本科生的调查发现,大学生中的网络成瘾者占被调查者的6.4%。这足以说明大学生上网成瘾现象的严重性。

第三节　大学生心理健康问题的成因

大学生心理健康问题产生的原因是复杂和多方面的,既有大学生的自身因素,还有学校教育、家庭教育和社会环境等方面的因素。

一、大学生自身因素

大学生作为同龄青年中的优秀群体,其心理健康问题既受普通青年共有身心发展规律的影响,又由大学生群体的特殊性所塑造。

从人的发展阶段性看,心理学家将青春期称为“狂风骤雨”时期或“第二次断乳期”。大学生正处于从青春期向成年期过渡的关键阶段,面临自我接纳、社会适应、人际关系、异性交往、社会责任等多方面的发展任务。由于心理成熟度尚显不足,他们难免出现适应不良、情绪不稳定、心理冲突等问题。因此,大学生心理健康问题的产生具有必然性和普遍性,本质上是成长过程中的发展性问题。

从大学生自身特点来看,大学生具有较高的文化修养和自我抱负水平,自我价值感强,成就欲望高。但他们的心理和思想还没有完全成熟,在激烈的竞争中,面对困难和挫折,会感到难以应对。加之大学生处在社会责任和家庭责任的“合法延缓期”,有更多的时间关注自我,思考自我发展以及各方面的需要问题,因此也就更容易产生和感受到心理困扰和心理问题。

此外，心理素质是心理健康的重要影响因素，大学生心理健康问题与希望感、心理韧性和乐观等积极心理素质呈显著负相关（桑志芹等，2017；李永慧，2021）。缺少相应心理素质或心理素质脆弱是大学生产生心理问题的重要个体因素。有些大学生心理素质差，害怕失败，经不起挫折。尤其是当挫折的相对强度较大或影响时间较长时，一些人会出现心灰意懒、萎靡不振甚至心理障碍等问题。

二、学校教育因素

长期以来，高考制度一直是影响我国中学教育的指挥棒，虽然国家再三强调中学要实施素质教育，但为提高升学率，很多中学的教育依然是应试教育，重智轻德、分数至上的误区和“精英主义”情结压迫和挫伤着中学生的心灵，使中学生的自我管理能力、人际交往能力等得不到有效锻炼，许多发展性问题未得到及时解决。这就增大了大学期间学生的成长压力或成长负担，导致许多大学生容易出现自我管理能力弱、人际沟通能力差、过于单纯幼稚、情绪不稳定、性格懦弱、意志比较薄弱、挫折承受力低等问题。

高校的师生比例一般较小，许多课程采用大班教学，教学方式较为传统，师生交往较少，关系疏远，教师对学生的关心和指导不够，不能及时有效地解决学生因学业等引发的心理问题；专职辅导员和心理咨询教师不足，辅导咨询工作的力度不够，大学生的问题得不到及时引导和解决，他们的心理问题就可能更加严重。此外，大学校园的多元文化以及多种价值观念，在给大学生提供更广阔的发展可能性的同时，也给大学生带来自我定位上的迷茫和矛盾，如果处理不好就容易出现心理问题。

三、家庭环境因素

家庭环境对人的一生都会产生重大影响。家庭环境包括家庭结构、父母的文化程度和教养方式、家庭氛围、家庭经济状况、父母人格特征、家庭社会地位等（吴薇莉，2008）。相比较而言，单亲家庭、留守家庭因缺乏亲情和关爱，孩子容易产生冷漠、孤僻、仇视等不良心理问题。在溺爱中长大的孩子，因缺乏必要的规矩和约束,往往自由散漫,以自我为中心,适应能力差,人际关系紧张,集体荣誉感不强。患有恐惧症、强迫症、焦虑症和抑郁症的大学生的父母比正常大学生的父母表现出较少的情感温暖,较多的拒绝态度或过多的过分保护(武慧多,2009;魏杰,2017)。研究发现,在家庭因素本身影响之外,个体主观的认知观念发挥着中介作用。如程刚、张大均(2018)调查得出,家庭社会经济地位通过主观社会地位的中介作用和贫困生身份的调节作用对大学生的抑郁情绪产生影响。王雨婷等(2022)的研究表明,家庭收入水平与大学生心理健康状况呈现显著正相关性。该研究进一步发现,自我概念在二者关系中起着部分中介作用,同时提升大学生的集体自尊水平能够有效促进其心理健康发展。

大学期间的代际关系也是影响大学生心理健康的重要因素。例如,有的父母教育子女的方式还停留在传统的家庭教育理念上,强烈要求子女按照他们设定的目标发展,对子女的恋爱、就业强行干预,不尊重子女的选择,由此造成代际的摩擦和冲突;也有的家长在子女考入大学后将更多的精力转移到提供经济支持上,而对子女的心理成长关注不够,使得家庭不能成为大学生的支持力量,反而成为大学生心理压力的来源之一。

上述因素彼此制约,相互联系,常常共同作用于大学生。因此,教师在分析和解决大学生的心理健康问题时,必须着眼于整体,具体分析。

四、社会环境因素

大学生不是生活在真空中的,其必然受到社会影响和制约。我国的改革开放,使得经济发展,提高了人们的生活水平,也刺激着人们的心理欲求。社会竞争加剧,生活节奏加快,增加了大学生生活的紧张感和紧迫感;网络化为个体自主学习提供了个性化和多样化的资源与服务,但同时也带来了信息超载、网络欺凌和成瘾等心理风险;AI技术的快速发展和产业迭代升级,加之国际形势的不确定性,加剧了就业市场的波动性,用人单位对大学生的认知偏见和挑剔态度,以及高校专业调整的加速,进一步削弱了大学生的社会认同感,导致其面临更大的就业压力与职业发展挑战,进而加剧了大学生的心理压力,使大学生容易产生焦虑、担忧等情绪问题。

心理学家马尔塞拉(1979)等认为,社会因素对大学生心理健康的影响作用是通过价值冲突压力和生活事变压力而引起个体的心理异常的。从价值冲突压力看,东西方文化的碰撞,利益格局的调整,大学生面对多元文化交互影响,多种价值观冲突,常常会感到迷茫、疑虑、混乱,诸如在个人利益与集体利益、自我发展与社会奉献等问题上认识模糊,容易出现心理紧张或心理困惑,产生较多的适应障碍。从生活事变压力看,生活事变压力往往是由日常生活中出现的事件或变故引起的,常常会引起个体在紧张状态下的应激性反应,打乱个体原有的适应,改变有效调节模式,使得个体产生应付压力。突发性的强烈生活事件,如家庭破裂、恋爱失败、就业受挫、身体健康损害等都可能给大学生带来适应上的困难。即使是一些平淡的负性生活事件,若得不到及时解决,日积月累同样能导致大学生的心理问题。

第四节　大学生心理健康教育的内容

《高等学校学生心理健康教育指导纲要》(2018)明确指出:心理健康教育是提高大学生心理素质、促进其身心健康和谐发展的教育。心理健康教育应引导学生正确认识义和利、群和己、成和败、得和失,培育学生热爱生活、珍视生命、自尊自信、理性平和、乐观向上的心理品质和不懈奋斗、荣辱不惊、百折不挠的意志品质。结合大学生常见的心理健康问题,高校应该开展如下几方面的心理健康教育工作:

一、注意大学新生的适应性教育

(一)提高大学生生活自理能力

面对全新环境,缺少父母在身边支持的大学生容易因为陌生而产生心理压力,退缩逃避。因此,为提高大学生的适应能力,学校应该创造条件让大学生尽快熟悉校园、宿舍、图书馆等必需的生活资源,要帮助大学生学会生活自理和习得生活技能,并提供必要的社会支持,鼓励、倡导和督促他们养成良好作息、积极参与锻炼等健康生活习惯。

(二)促进大学生融入集体和团体

归属和爱是大学生心理的重要渴求。面对新的环境,大学生能否彼此关心和温暖,彼此约束和促进,关键是班集体和团队的建设。因此,促进学生适应能力的发展必须加强以宿舍为基础、以班级为核心、以社团为补充的集体建设,加强引导大学生积极融入集体和团队,主动与同学交流和沟通,学会包容,遵守集体规则,增进同学之间的情感发展。

二、加强对大学生的学习指导

(一)引导大学生树立正确的学习动机

学习动机是学生学习积极性的关键。教师可以采取听报告、参观访问、讨论等多种形式,让大学生自觉地把个人命运同国家、民族的命运联系起来,端正专业思想,从而产生强烈的学习愿望。要帮助大学生根据自己的实际情况,确定适宜的个人奋斗目标,避免由于对自己的期望过高或过低而造成心理上的焦虑不安或松懈情绪。

(二)帮助大学生掌握有效的学习方法

适合大学生的学习方法很多,教师要指导学生根据自己的特点选定一种或几种学习方法,比如整体与部分学习方法、集中和分散学习方法、过度学习方法等。为了提高大学生的学习能力,指导大学生学会如何读书、做笔记、画思维导图、利用图书馆和网络来获取和筛选信息,也是非常必要的。

(三)注意大学生的考试心理卫生

考试焦虑是大学生中普遍存在的心理问题。大学生产生考试焦虑往往与其认知评价、知识经验、应试技巧、外在环境等多方面因素有关。因此,教师要注意大学生的考试心理卫生,消除他们的过度考试焦虑,从充分备考、增强考试信心、形成对考试的正确评价、学习掌握必要的应试技能等方面对大学生进行指导。

三、培养大学生的人际交往能力

（一）树立大学生人际交往的科学认识

教师要引导大学生树立科学的人际交往意识，放弃自私自利、唯我独尊、交往无界、随心所欲的心态，更不能对他人持有绝对化、不合理的要求。大学生应该把握好人际交往尺度，遵循合理的人际交往原则，“己所不欲勿施于人”，学会站在对方角度思考，学会真正了解别人，做到平等、尊重、诚信和宽容。

（二）构建成熟、健康的人际交往模式

教师要帮助大学生在人际交往中正确认识自己，具有适度的自我价值感，不狂妄自大、自以为是，也不嫉贤妒能、心怀妒忌，更不能低人一等、自我放弃。而是应当建立“我行、你也行”的健康模式，相信自己也相信别人，爱自己也爱他人，能悦纳自己和他人，正视现实，并努力改变自己能改变的事物，善于发现自己和别人的优势，从而使自己保持一种积极、乐观、进取、和谐的心理状态。

（三）教给大学生人际交往技巧

教师要指导大学生学会倾听，学会共情，要注意自己的沟通方式，沟通交流时语言和态度要体现出真实、信任、诚意、谦和、不带偏见或成见，没有自命不凡、夸大其词、言过其实、圆滑虚伪、讥讽贬低。大学生通过感受性训练来提高对人际关系的敏感性，通过角色扮演法，体验不同的角色，学会将心比心，克服人际交往中的自我中心，使其善解人意，从而改变待人接物的态度和方式。

四、重视对大学生的恋爱和性心理教育

（一）教育大学生树立正确恋爱观，科学掌握性知识

恋爱的期待和行为是大学生的正常心理，健康良好的恋爱关系可能是大学生心理健康的一剂良药（傅小兰等，2023），但有的大学生对待恋爱的态度不成熟，处理不好恋爱关系，容易产生恋爱问题，甚至滋生严重身心安全问题。因此，教师要引导大学生端正恋爱动机，正确区分恋爱和喜欢，摆正恋爱和学

业的关系，遵循恋爱的道德原则。要帮助大学生自然、友好、文明地与异性交往，既尊重对方、平等相处，又保持自尊、自主和责任意识，不断充实、发展自己，提高个人修养，培养爱的能力。与此同时，教师要让学生懂得性是自然属性，同时又要符合社会规范；学会以科学的态度对待性问题；要帮助大学生通过合理的作息制度、紧张的生活节奏、丰富多彩的文体活动来减少对性问题的关注，合理宣泄和释放性能量。

（二）教育大学生正确处理恋爱挫折

有恋爱就可能有失恋。痛苦的失恋往往会影响到大学生的身心健康和正常的学习活动。为让大学生尽快摆脱失恋痛苦，要加强同伴支持和陪伴，帮助大学生面对痛苦，及时倾诉、宣泄内心痛苦，分析原因，探寻得失，寻找内心的平衡点，总结经验，吸取教训，做些自己喜欢的事情，增加愉快的生活体验，以更加饱满的热情投入生活学习中。

五、促进大学生形成正确的自我意识

（一）帮助大学生学会客观认识自我，悦纳自我

自我认识过程包括自我反省和与他人比较。大学生能否获得正确的自我认识，关键在于是否善于运用社会比较策略。教师可以采取讨论、游戏、活动等形式，促进大学生学会合理运用社会比较策略，全面客观地认识自己。

教师要引导大学生积极评价自己，明确自己的优缺点，这是促进大学生产生自尊感、克服自卑感的关键。为此，教师应采取多种形式，让大学生明确自己的优缺点和长短处。对自己的长处要充分发挥，对自己的短处要正确对待，既不能护短，也不能灰心，而是客观分析，提升短板和发扬长处。

（二）促进大学生努力完善自我

自我完善是确立理想自我、努力提高现实自我的过程，是自觉规划行为目标、主动调节自身行为、积极改造自己个性，以适应社会要求的成长过程。为此，教师应引导大学生树立开放意识，积极实践了解真实社会，为理想自我找到合适的社会坐标；主动调整自我抱负，保持合理的自我期望水平；要为大学

生树立有价值的榜样,促进大学生形成良好的学习参照;要引导大学生不断修正现实自我的行为和相应的心理活动,使之不断提升自我,完善自我。

六、加强对大学生的就业教育

(一)帮助大学生做好职业生涯规划

大学生正处于职业建立的探索期,面临着许多未来发展的重大抉择,职业生涯规划关系着大学生今后的发展方向,决定着大学生的校园生活与学习重点。教师可以运用心理问卷或测量工具来帮助大学生了解自己的身心素质和职业倾向,通过参观、实习、讲座、宣传等多种形式帮助学生了解有关的职业信息,使他们形成正确的职业理想和职业责任感。

(二)帮助大学生掌握求职技巧,树立求职自信

求职过程既是双向选择的过程,也是艰难抉择的过程,充满着智慧和技巧,也可能导致内心的忐忑与迷茫。教师可以通过讲座、观摩、模拟就业真实情境训练等方法,帮助学生掌握求职技巧,调整求职心态,增强大学生的求职自信心。

(三)帮助大学生正确处理择业中的挫折

大学生在择业求职中总会遇到一些挫折,如性别歧视、地域限制、面试中表现不佳等。遇到挫折,如果丧失信心,就失去了开始新生活的勇气。教师要指导大学生面对挫折不气馁,采取合理调适方法调整好心态,分析失败原因,吸取失败教训,重新调整个人求职目标,充满信心地争取新的机会。

第五节 大学生心理健康教育的途径与方法

教育部印发的《高等学校学生心理健康教育指导纲要》和教育部等十七部门联合印发的《全面加强和改进新时代学生心理健康工作专项行动计划(2023—2025年)》强调,通过多措并举促进学生的心理健康发展,从顶层设计

层面对新时代大学生心理健康教育工作提出了具体要求，并明确了大学生心理健康教育的途径和方法。

一、大学生心理健康教育的途径

大学生心理健康教育主要是通过课堂教育、课外活动、校园氛围、咨询干预以及朋辈影响等途径，全面普及心理健康知识、开展宣传活动、加强咨询服务、强化危机预防干预，提高大学生的心理健康水平。

（一）推进心理健康知识普及，淬炼大学生的心理品质

1.抓好课堂教育教学

课堂是大学生知识学习的主要载体。教师要利用课程教学，推进心理健康知识、心理调节方法的普及。在心理健康课程教学中，要科学规范内容，创新教学手段，有效改进教学方法，通过线下线上、案例教学、体验互动、行为训练、心理情景剧等多种形式，激发大学生的学习兴趣，提高教学效果。开设专题讲座和报告时，应聚焦学生发展和问题，具有代表性和普遍性，贴近生活实际，理论和实践结合。各科教师在教学中要主动向大学生植入和渗透心理健康知识，有针对性地培育大学生的认知、情感、记忆、思维，引导大学生正确看待竞争与合作、失败与成功、痛苦与快乐，使大学生在获得知识和掌握能力的同时，完善各种心理品质。

2.搞好心理健康教育活动

心理健康教育活动要依据大学生心理发展的规律和特点，有目的、有计划、有组织地开展。它打破了课堂教学时间、空间和形式上的局限性，成为大学生心理健康教育的重要途径。由于它重视学生主体性、自我探索性、体验感悟性和同学之间的自助和互助性，受到学生的喜欢。心理健康教育活动主要包括下面几种：

一是心理健康主题班会。这是根据大学生的心理需求设计并实施的教育实践活动。主题班会要符合大学生的特点，调动大学生参与的积极性，营造平等、尊重、和谐的班会氛围，引导大学生自主思考和解决问题。

二是心理拓展训练。这是根据训练者面临的心理问题设定的项目，使大学生在团体情境中，通过团体内人际交互影响，提供心理学帮助和指导，达到解决问题的一种实践活动。

三是心理沙龙。这是一种形式自由活泼、参与性强的主题讨论会。组织者要根据大学生心理发展的热点问题来选定内容，通过宣传招募的方式邀请有兴趣的大学生参与。

四是团体训练。这是在专业人员的指导下，通过角色扮演、情境体验、心理拓展、游戏训练等方法，对自信心、语言表达、人际交往、情绪控制、潜能拓展等主题进行互动交流，为大学生的行为提供导向，使其学会认识自己、悦纳自己。

3.营造良好的校园文化氛围

校园文化是学校的软环境，对大学生有潜移默化的影响，是大学生心理健康教育的重要资源。学校要建设好“一站式”学生社区，定期举办大学生心理健康节等主题教育活动，发挥“以德育心、以智慧心、以美润心、以劳健心”的作用；要拓展心理健康教育渠道，充分利用广播、电视、书刊等传播形式，组织创作、展示心理健康教育精品和公益广告；要创新宣传方式，主动占领网络心理健康教育新阵地，建设好融思想性、知识性、趣味性、服务性于一体的心理健康教育网站和新媒体平台，运用微信、微博、小程序等媒介，向大学生宣传心理健康知识，倡导健康生活方式，提高他们的心理保健能力。

(二)强化心理咨询和预防干预，增进学生心理健康和提高社会适应能力

心理咨询是一种专业的助人行为，是由受过咨询心理学专门训练的专业人员，运用心理学知识、理论和技术，针对来访者的各种适应、发展和健康问题，通过与来访者的协商、交谈等互动过程，帮助来访者达到自立自强、增进心理健康和提高社会适应能力的过程。

1.建立大学生心理档案

进行咨询时，首先要了解大学生内心真实的想法和感受，才能做到有针对

性和实效性，达到对症下药的目的。教师必须加强对大学生的心理健康状况的调查研究。如对大学新生或贫困生进行调查研究和心理健康诊断，要建立大学生心理档案，对确有心理问题的大学生及时进行心理咨询和心理矫正。

2. 完善学校心理咨询机构

优化心理咨询服务平台，加强硬件设施建设，设立心理发展辅导室、心理测评室、积极心理体验中心、团体活动室、综合素质训练室等，积极构建教育与指导、咨询与自助、自助与他助紧密结合的心理健康教育与咨询服务体系。要健全心理健康教育与咨询制度，通过个体咨询、团体辅导、电话咨询、网络咨询等多种形式，向大学生提供经常、及时、有效的心理健康教育与咨询服务。

3. 健全危机预防和干预体系

健全心理危机预防和快速反应机制，建立学校、院系、班级、宿舍“四级”预警防控体系，完善心理危机干预工作预案，做好对心理危机学生的跟踪服务，注重做好特殊时期、不同季节的心理危机预防与干预工作，定期开展案例督导和个案研讨，不断提高心理危机预防干预专业水平。建立心理危机转介诊疗机制，畅通从学校心理健康教育与咨询机构到校医院、精神卫生专业机构的心理危机转介绿色通道，及时转介疑似患有严重心理或精神疾病的学生到专业机构接受诊断和治疗。促进家校协同合力，提升家长预防学生心理健康风险的能力和信心。

（三）发挥同辈影响，提高学生自我教育能力

大学生既是心理健康教育的对象，又是主体，心理健康教育必须作用于大学生才能产生效果。因此，让大学生通过社团活动、朋辈辅导等同辈互动的心理健康教育活动，能调动大学生的主体性，增强其自我教育、自我管理的积极性。

1. 社团活动

支持大学生成立“大学生心理健康协会”等学生社团，促使更多学生主动参与其中，在平等自由、友爱互动的氛围里，开展形式多样的“寓教于乐”社团

活动，在校内宣传心理健康知识，组织开展诸如团体活动等心理健康教育活动，通过积极的心理健康自助、互助，增长心理健康知识，提升心理健康素质，增强心理调适能力。

2.朋辈辅导

朋辈辅导是指大学生通过专业训练和督导，自愿成为从事心理援助者，在心理辅导基本原则的指导下，对周围需要心理帮助的同学和朋友给予心理开导、安慰和支持，提供具有心理辅导功能的帮助。同龄人之间具有相近的年龄、生活经历和价值观，彼此更容易相互理解和认同，同时互助的过程也能增进友谊和归属感，巩固和拓展学生的人际网络，使其获得情感支持，实现“助人自助”成长。

二、大学生心理健康教育的方法

教师对大学生进行心理健康教育时，应该既考虑积极的心理品质训练，又考虑应激事件的预防和应对、消极情绪的调适，以及心理障碍和心理问题的矫正。

（一）采用积极心理学方法，培养积极心理品质训练

积极心理学的基本思路是“扶正祛邪”（孟万金，官群，2017）。维护大学生的心理健康，关键在于大学生内部积极心理品质的塑造，以及积极社会组织系统的建立。研究发现，大学生积极心理品质发展的过程，同时也是应对和消解心理疾患的过程，即有意识地培养自己的积极力量，也就是增强自己心理的“体质”，只要心理的“体质”提高了，心理的免疫力也会相应提高。大学生要通过学习阅读法、行动转化法、档案袋法等积极心理技术，培养自己的专注力，提升自己的心理韧性，形成乐观开朗的性格，增进心理健康。哈佛大学沙哈尔开设的“幸福课”之所以在大学风靡，受到大学生的喜爱，正是课程本身具有学习性和阅读性，广大大学生从中受益匪浅。

(二)教给恰当应对问题的方法,提高应对能力

应对(coping)指个体采用一定的反应方式和方法来处理问题。应对可以分为很多种类:(1)从自觉性的水平看,有自发应对和自觉应对。前者是通过遗传而获得的本能反应方式,如否认、合理化、发泄等。后者是有意识的自我调节应对。如学生遇到问题,主动寻求教师帮助。(2)从效果看,有积极应对和消极应对。前者是经过思考的、有助于问题解决的应对,如重新调整奋斗目标,继续努力。后者是带有明显情绪性、无助于问题解决的应对。如勃然大怒、攻击、逃避、固执和拒绝帮助等。(3)从针对性看,有情绪定向应对与问题定向应对。前者以发泄或减轻情绪为主。如借酒消愁、借故发火、向他人诉说自己的情感等。情绪定向应对可能带来积极的结果,也可能带来消极的结果。后者侧重于以改变问题为目标。

应对不是一种简单、静态、僵化的反应方式和方法,个体必须根据所遇到问题的特点、与环境的关系、自身的条件等采取相应措施。比如,幽默通常被认为是一种积极或有益的应对方式,但是不合时宜的幽默会引起他人反感,甚至愤怒。

教师要教给大学生处理问题的恰当应对方式。哪一种应对方式更合适,依赖于三个因素:(1)作用的领域。某种应对方式在某一领域中起积极作用,在其他领域中可能会起消极作用。(2)时间的聚点。研究发现,回避性质的应对方式对短期结果有更好的适应性,而警惕性质的应对方式对长期结果有更好的适应性。(3)情境。某种应对在某种情境中适用,在另外一种情境中就不一定适用。

(三)采用认知改变法,调适情绪和行为

美国心理学家埃利斯认为,人的情绪和行为问题不是由某一激发事件直接引起的,而是由经受这一事件的个体对它的非理性认知引起的。艾利斯把认知分为理性和非理性两种。理性认知是一种客观、辩证的认识,它引导人的情绪和行为走上正确轨道。非理性认知是一种片面、绝对、以自我为中心的认识,给人带来很大的情绪困扰和行为问题。

非理性认知的主要特点是:(1)绝对化要求。这是指人们以自己的意愿为

出发点，对某一事物怀有认为其必定会发生或不会发生的观念，它通常与“必须”“应该”这类字眼连在一起。如“我必须获得成功”“别人必须很好地对待我”“生活应该是非常公平的”等。有这种观念的人容易陷入情绪困扰中，因为客观事物的发生、发展都有其规律，是不以个人的意志为转移的。(2)过分概括化。这是一种以偏概全、以一概十的不合理思维方式的表现。一方面，表现为个体对自身的不合理评价。自己做错了一件事就认为自己一无是处，以某一件或几件事来评价自己的整体价值，其结果往往导致自责自罪、自卑自弃，从而产生焦虑和抑郁等情绪。另一方面，表现为对他人的不合理评价。他人稍有一点对不住自己就认为这个人坏透了，完全否定他人，一味责备他人，从而产生敌意和愤怒等情绪。(3)“糟糕至极”的想法。这是一种认为如果一件不好的事发生了，将是非常可怕、非常糟糕，甚至是一场灾难的想法。例如，某大学生没有考上研究生就觉得这辈子完蛋了。这将导致其陷入极端不良的情绪体验，如耻辱、自责自罪、焦虑、悲观、抑郁的恶性循环之中而难以自拔。

艾利斯认为通过改变个体的非理性认知，可以解决其情绪和行为问题。因此，教师要通过与有心理问题的学生的沟通来了解其非理性认知是什么，分析与讨论这种认知是否有道理，是否绝对化，是否犯了以偏概全，或夸大缩小的错误，通过改变学生的非理性认知，来解决其不良的情绪和行为问题。

(四)采用行为矫正方法，塑造或矫正行为

行为主义认为，人类的行为大多是在条件反射基础上建立起来的，通过改变外部条件能够消除或纠正其不当的行为，建立良好行为。人的心理的变化，主要表现为人的行为的改变。由此，行为主义创作了一系列改变人的行为的方法，如系统脱敏法、冲击法、厌恶疗法、模仿法、行为协议法、自我管理法、塑造法等。教师可以通过这些方法来矫正学生的不良行为，使其心理发生变化。例如，运用系统脱敏法来减轻或消除学生的考试焦虑，运用塑造法和行为协议法来建立学生的良好行为。

本章小结

1. 心理健康是指作为独特个体，在处理自我与自身、与他人、与社会环境

关系中呈现的认知合理、情绪稳定、行为适当、人际和谐、适应变化的一种完好状态。心理健康水平等级划分包括:完全病态、部分病态、部分心理健康和完全心理健康。

2.衡量心理健康应遵循同一性、协调性和相对稳定性这三条基本原则。衡量心理健康的方法包括:心理测量法、社会适应判定法、生活适应评定法、主观病痛法和症状判定法。

3.大学生心理健康的标准包括:认知合理、情绪稳定、行为适当、人际和谐以及适应变化。

4.我国大学生的心理健康问题的主要特点有:发展性、困扰性问题为主;累积性、多重性问题交织;主要问题、重点性问题呈现年级阶段性。大学生常见的心理健康问题主要有:生活适应问题、学习问题、人际关系问题、情绪问题、自我意识问题、恋爱与性心理问题、就业心理问题以及上网成瘾问题。

5.大学生心理健康问题成因包括大学生自身、学校教育、家庭教育和社会环境等因素。

6.大学生心理健康教育包括:注意大学新生的适应性教育;加强对大学生的学习指导;培养大学生的人际交往能力;重视对大学生的恋爱和性心理教育;促进大学生形成正确的自我意识;加强对大学生的就业教育。

7.大学生心理健康教育主要是通过课堂教育、课外活动、校园氛围、咨询干预以及朋辈影响等途径,全面普及心理健康知识、开展宣传活动、加强咨询服务、强化危机预防干预,提高大学生的心理健康水平。

复习思考题

一、简答题

1.大学生的自我意识问题有哪些,如何教育?

2.大学生心理健康教育的主要途径和方法有哪些?

二、论述题

1.论如何理解大学生的心理健康标准。

2.阐述大学生心理健康教育的主要内容。

3.阐述大学生常见的心理健康问题及其原因。

三、分析题

我国大学生的就业形势非常严峻。很多大学生面对就业,如热锅上的蚂蚁,焦虑而迷茫,不知道“职在何方”,也不知道自己“要做什么”“能做什么”“适合做什么”;求职中纠结煎熬,没有得到面试通知而伤心失落,得到通知又紧张不安;没找到工作时担心找不到,找到工作时又担心不是最好的。面对这样的大学生,教师应该如何帮助?谈谈你的看法。

第三编

大学生的教育管理心理

第八章　大学教师心理

【内容提要】

大学教师在高等教育心理学研究中占有重要地位,大学教师的素质影响到自身与学生的发展。本章着重阐述与分析大学教师的社会角色,大学教师的威信、师爱,大学教师的能力素质,以及大学教师的心理健康。搞清楚这些问题,对于了解大学教师这一职业、提高大学教师的专业素质和心理素质具有重要的意义。

【学习目标】

了解大学教师社会角色的多样性,理解大学教师角色的形成过程,掌握大学教师拥有威信与师爱的方法,领会大学教师应具备的能力素质,能够运用所学知识分析大学教师的常见心理问题,提高大学教师的心理健康水平。

【学习重难点】

学习重点:大学教师的威信及能力素质。

学习难点:大学教师的常见心理问题及心理调适的方法。

第一节　大学教师的社会角色

作为高等教育的重要组成部分,大学教师的社会角色直接影响着教育教学活动的性质和人才培养的质量。随着社会的发展与变迁,大学教师的角色在不断发生着变化。大学教师的社会角色到底有哪些?这值得我们认真加以分析。

一、大学教师角色的多样性

角色是指个体在特定的社会关系和社会结构中所处的位置，以及与之相适应的行为模式和社会期望。在现代社会，人们对大学教师的社会角色有了更加多元化的定义。无论是从学生培养角度，还是从社会责任角度，都要求大学教师担当不同的社会责任与使命。大学教师的社会角色不同于其他教师，大学教师集教书育人者、科学研究者、社会服务者、心理健康教育者、终身学习者等多种社会角色于一身。

（一）教书育人者的角色

培养人才是大学教师的第一要务，因此，教书育人者是大学教师最重要的社会角色。大学教师担负着培养人才的重大社会责任与使命，要按照教育的法律法规和行业规范，根据学校要求和条件，满怀热忱地从事教育事业。

大学教师不仅是教育实践活动的主体，更是“教”的主体，因此，大学教师是教育活动的设计者、实施者和组织者，对整个教育活动起领导作用；同时，大学教师也是学生学习活动的指导者、帮助者和评价矫正者，对学生的学习活动起着校正方向、调整内容、激发动力的作用。大学教师的教育反映着社会的需求和发展，控制着整个教育过程的推进和教育内容的设定，其教学质量在很大程度上制约着学生的发展质量，其教育活动内容影响着学生的生活、学习和就业。

大学教师需要对学生进行传道、授业、解惑。教书只是手段，育人才是目的。面对日新月异的时代以及多元文化的冲击，大学生的世界观、人生观、价值观也随之受到影响。作为教育者的大学教师要以师者之高尚，以智者之明慧，努力成为大学生的标杆，引导并影响大学生多读书、多思考，培育他们丰富的精神世界和独立人格，使他们拥有良好的学习、生活和行为方式，对现实世界有正确的判断标准和价值取向。

（二）科学研究者的角色

科学研究是大学不遗余力追求的目标，大学通过科学研究不断推出科研成果以满足社会需要，推动社会进步。大学教师是大学科学研究的主体，科学研究是大学教师工作的重要组成部分，是大学教师区别于中小学教师的根本特点，大学教师要在遵守学术道德的前提下，清楚地认识到自己的学术责任，积极追求真理，探索学问，开展科学研究。

大学教师作为研究者要研究学生，研究师生关系，研究如何从知识的传递者转变成学生学习的合作者，使教学真正成为师生富有个性的创造过程；要研究课堂教学，成为学生学习的促进者；研究课程内容，充分利用现代信息技术的发展，成为课程资源的开发者；大学教师还要研究自身的发展，成为创新型的教师；要运用科学的研究方法探讨各种自然现象、社会现象、教育现象以及存在的各种问题，提出独到的见解与思想，开拓新的研究范畴与前沿，在实践中获得新的研究成果，取得科学研究的进步，推动社会的发展。

（三）社会服务者的角色

大学教师社会服务者的角色是指大学教师利用自己的能力和智力优势，通过各种形式满足社会发展需要，直接为社会、经济和科技发展做出应有的贡献。大学教师的社会服务形式丰富多样，主要表现在以下几个方面：

1.知识传播与普及

大学教师可在学校、社区、企业等场所，开展学术讲座、科普讲座或技能培训，向社会传播专业知识、最新研究成果和实用技能，提升公众科学文化素养；可以通过电视、广播、网络等平台参与科普节目制作，或撰写并发表专业评论文章，针对社会热点提供科学解读，传递客观信息，引导理性舆论；可以将专业知识转化为通俗易懂的科普读物、教材等出版物，推动科学知识普及与文化理念传播。

2.技术服务与创新

大学教师可针对企业在生产经营、技术研发等过程中遇到的问题，利用自己的专业知识和科研经验，为企业提供技术咨询服务；可以作为项目负责人或技术顾问，与企业和科研机构开展产学研合作，推动高校科研成果转化。此外，一些具有创新精神和创业能力的大学教师，还可依托自身的科研成果和技术优势，创办科技企业，实现技术的市场化应用。

3. 政策咨询与决策支持

大学教师可依托专业知识和研究成果，参与政府部门组织的政策调研、论证、评估等工作，参与政府重大项目的规划、评审，为政府决策提供智力支持；可以围绕社会热点问题和国家发展战略，开展专题研究，撰写政策研究报告，通过学术期刊、政府内参等渠道，为决策部门提供具有前瞻性和可操作性的政策建议。

4. 社区服务与公益活动

大学教师可与社区合作，开展各类教育文化活动，如举办专题讲座、艺术培训、读书会等，丰富居民精神文化生活；可以为弱势群体提供法律援助、心理咨询、教育辅导等，参与环保公益活动、扶贫济困活动等，为社会公益事业贡献力量；可以运用专业知识，为社区发展规划、社区治理、环境保护等提供专业支持，推动社区可持续发展。

（四）心理健康教育者的角色

《2022年大学生心理健康状况调查报告》显示，从总体来看，我国大学生心理健康总体状况良好，对生活的满意度较高。但大学生的生涯规划、生活方式和恋爱心理健康教育等方面仍存在问题，亟待加强关注。因此，大学教师除了上好课，也应该关心、重视大学生的心理健康状况，成为心理健康教育的工作者。大学教师应该掌握一定的心理健康知识和心理咨询技术，预防和识别大学生的各种心理问题，为学生提供心理安全的教育环境，在学生遭受心理问题或心理挫折后，要及时疏导，帮助他们减轻心理痛苦，增强自信心，使大学生能够自尊自强，健康成长。

（五）终身学习者的角色

大学教师不仅是知识传播的承担者，也是知识的创新者。随着社会科学技术的发展，教育教学理念的更新，大学教师必须根据社会期望和时代要求自我发展、与时俱进。在数字化、信息化时代，学生获取知识、信息的渠道呈现多样化趋势，大学教师作为学生唯一知识源的地位已彻底动摇，大学教师需要重新定位，以学习来促进自身的发展。因此，大学教师要加强自主学习，加强同伴互助和专家引领。大学教师不但要学习专业学科知识,还要学习哲学、政治学、教育学、心理学、法学、管理学等多方面的知识。大学教师只有树立终身学习的观念,不断通过学习掌握新知识、新技术、新方法,善于独立思考和不断反思,才能在激烈的社会竞争中立足,为国家培养好人才。

此外,大学教师还被赋予诸如“权威者、指导者、蜡烛”等角色,这些社会角色依然具有时代意义。但在当前构建“双一流”的背景下,大学教师的社会角色被赋予了新的内涵,如一流科学家、学科领军人物、反思性实践者、智慧型教师,以及学习促进者、文化传承者、社会变革推动者。这些角色名称反映了人们对大学教师在新的历史背景下赋予的新的责任与权利,以及相应的社会期许(龚春芬,2019)。但无论社会环境如何变化,大学教师作为教书育人者、科学研究者、服务社会者、心理健康教育者、终身学习者的角色是不会改变的,这几种角色会在时代发展中愈发受到重视,并不断充盈其内涵。

二、大学教师角色的发展

教育的发展与进步离不开教师的发展。教师角色的发展是教师教育研究的重点领域,不仅关系到教师自身素养和能力的提高,而且关系到教书育人、服务社会、文化传承的质量。

(一)教师角色发展的含义

教师角色的发展是指教师作为专业人员,在职业道德、专业思想、专业知识、专业能力、专业品质等方面由不成熟到成熟的发展过程,即由一个专业新手发展成为专家型教师或教育家型教师的发展过程(朱永新,2009)。

一般认为,新手教师是指缺乏良好的教学效能感和教学监控能力,在教学中存在较多无效或低效行为的教师。专家型教师是指具有良好教学效能感和教学监控能力,在教学中富于创新,能够根据教学情境灵活采取教学行为,能够产生较高教学质量的教师。

新手教师和专家型教师并没有明显的年龄和教龄的区别,他们的区别主要体现在教学行为调控、教学评估和反馈、教学反思三个方面。专家型教师比新手教师更能根据教学情境的变化,恰当运用教学资源和教学方法进行灵活调整；专家型教师在教学中注重课堂的生成，灵活运用多种教学方法，通过观察、提问、练习等教学形式敏锐地把握学生的学习情况；相对于专家型教师，新手教师在课堂后的教学反思往往注意课堂的具体细节，缺乏对教学的全过程进行反思，而专家型教师则优先分析课堂的整体状况，从多方面、多角度进行反思。

（二）大学教师角色发展的途径

1.立足教学，打好职业发展基础

大学教师要积极参加、认真对待岗前培训，接受敬业、勤业、奉献等职业精神的教育，认真学习教育理论和方法。对于非师范类专业毕业的教师，更应全力学好岗前培训内容，这是对教师角色的认知。大学教师要主动向经验丰富的教师学习，善于请教，积极思考，不断摸索和总结经验，提高自身的水平。要充分利用业余时间增加知识储备量、完善知识结构，形成系统、充实的知识体系，积极学习并参加学校精品课程的建设，学习如何打造“金课”，提高自身的技能水平。

2.提升科研能力，形成科研成果

科研对大学教师自身能力的提升、职称的评定、社会名誉的获得等有关键影响。大学教师应以教学为基础，以科研促发展，使科研为教学服务，通过科研提升教学质量、提升自身素养，实现大学服务社会的功能。因此，提升科研水平是大学教师角色发展的必经之路。经过系统的科研学习和训练，大学教师基本已具备了科研的基础和条件，可通过申请课题、发表论文、参与教材编写等形式参与科研，也可以通过教学教改的形式参与科研，逐步积累科研成果。科研的过程是枯燥且漫长的，大学教师要戒骄戒躁。科研的过程是大学教师迅速学习提升的过程，也是磨炼大学教师心智的过程。

3.积极参加培训，拓宽视野

伴随着AI技术的飞速发展，终身学习的需求以及非传统学习方式的日益增加，大学教师应充分认识到知识快速迭代与社会发展对教育的新要求，将学习内化为职业习惯和生活方式，始终保持对新知识、新技术的好奇心和求知欲，积极主动参与专业化培训与学习，不断吸纳新的知识、理念、方法和技术。我国的研究发现，大学教师参加培训的主要动机是提高教育教学能力、提高科研能力、优化知识结构、掌握学科前沿动向。大学教师主要是通过个人自学、学术会议或学术活动、网络培训等形式拓宽知识视野。

第二节　大学教师的威信与师爱

大学教师作为大学生成长成才的引路人和指导者，通过培养学生、教育学生，帮助学生健康成才来实现教师的人生价值。这其中，教师的威信和师爱发挥着重要作用。

一、大学教师的威信

（一）大学教师威信的含义

大学教师的威信是指大学教师在课堂内外的言行举止中所展现出来的个人魅力、渊博学识和威严与诚信。它是大学教师的人格、能力、学识及教育艺术在学生心理上引起的崇拜的态度，是教师在学生心目中的威望和信誉。

大学新生刚入学时，对大学生活充满了憧憬，对大学教师比较好奇和崇拜。大学教师能否在大学生中树立良好的威信将直接影响教育教学效果的好坏。大学生有比较强的个性和自我判断能力，一旦认可大学教师，课堂表现就会比较活跃，上课踊跃发言，积极思考，教师的授课就会达到良好的效果。一旦大学生对教师持否定态度，上课状态以及听课效果就会大打折扣。因此，在施教与被教的过程中，威信是大学教师与大学生情感联系的纽带。

大学教师的“威信”不同于“威严”和“权威”。威信是大学教师对学生心理和行为产生的一种精神感召力，使学生信服和尊重。威严是一种威逼力量，只能引起学生的惧怕心理，使学生敬而远之。权威通常有两种，一种是学生心悦诚服，一种是强加于人。大学教师的威信绝不是靠权威、威严、恐吓来建立和维持的，它是大学教师自身人格魅力与渊博学识衍生出来的，是学生对教师发自内心的尊敬与爱戴。

(二)大学教师威信的形成

大学教师威信的形成受诸多因素的影响。例如社会、家长、学生对大学教师及其工作的认识,大学教师本身的条件等。其中大学教师本身的条件对其威信的形成起着决定性作用。

首先,大学教师要有高尚的思想品质,如正直诚实、严于律己、言行一致、以身作则、平等待人等,使学生心悦诚服,形成大学教师高尚思想品质上的威信。

其次,大学教师要有较高的专业水平和职业精神,如热爱教育事业,热爱学生,对教师职业有强烈的自豪感、光荣感和责任感,拥有渊博的知识,掌握教育教学技巧等。

再次,大学教师要有良好的心理品质,如坚毅果断、认真负责、勤思好学、勇于自我批评等,让大学生从心底佩服和崇拜。

最后,大学教师要有良好的仪表、生活作风和行为习惯,这代表了大学教师的精神面貌,会给学生产生积极向上的心理感觉。反之,则会引起学生的反感,有损教师形象,不利于教师威信的形成。

大学教师的威信不是一成不变的,这主要取决于大学教师的思想品质、业务水平和心理品质是处于积极发展状态还是消极怠工状态,如有些教师原本是有威信的,但由于意志薄弱,对教师工作逐渐失去了兴趣和热情,业务上不求进步,教学质量下降,导致原来的威信不复存在。

(三)大学教师威信的维护和提高

大学教师树立威信很困难,而失去威信却很容易,因此,大学教师要有危机感,要维护和提高自己的威信。大学教师可从以下几方面入手,维护并提高自己的威信。

1.加强自身道德和文化修养

“师者,人之模范也。”大学教师要树立崇高的职业理想和坚定的职业信念,具有强烈的事业心和责任感,要以正派的工作作风、生活作风及对本职工作的高度负责建立自己的人格威信;同时要不断提升自己的专业素养,时刻铭记“要给学生一碗水,至少要有一桶水”,树立终身学习的理念,潜心钻研业务,拥有渊博的知识和独到的见解以及精湛的教学技巧，用自己的专业化水平获取在学生心目中的地位。

2.培养良好的性格特征

对于大学教师来说，观念新颖，学术权威固然重要，但它无法取代良好人格的力量。大学教师的人格魅力不但影响学生的人格和个性，而且有助于创造积极和谐的课堂氛围，使学生愉快学习。具有高尚人格魅力的教师容易吸引学生、感召学生，因此大学教师要培养良好的性格。

3.保持良好的仪表和行为习惯

大学教师面对的学生都是成年人，他们无论从注意力上还是审美观上都有一定的自我见解。一个仪表大方、衣着整洁的教师能够引起大学生的好感，给大学生良好的印象。大学教师要适宜地打扮自己，让自己看起来神清气爽，精神良好。此外，大学教师的语言要文明，举止要端庄。

4.改善师生的心理关系

大学生在大学生涯里，接触最多的除了同学就是教师，大学教师扮演了很重要的角色。大学教师要维护和提高自己的威信，不仅要做学生的良师，更要成为他们的益友，要加强与学生的心理关系，保持与学生的正常交往，对学生热情关怀、坦诚相见，不无原则地迁就学生。大学教师要严格要求自己，在学生面前有批评与自我批评的精神，不断提高自己的教育教学工作水平，才能得到学生的尊敬。

二、师爱

习近平指出："教育是一门'仁而爱人'的事业，爱是教育的灵魂，没有爱就没有教育。"教师的教育活动应该以师爱为出发点。教师如果没有了爱，教育便没有了目的和归宿。大学阶段，是大学生人生最美好的时期，是他们世界观、人生观、价值观形成的关键时期。师爱在大学生的发展中具有非常重要的价值，是大学教师教育教学工作的基础。大学教师要把关爱学生落到实处，让师爱成为常态，使大学生在有温情的教育环境中顺利成长。

（一）师爱的含义

教师对学生的爱，简称“师爱”，它是在教育教学实践中产生的教育者对受教育者的一种自觉、真诚、普遍、持久、全面的爱，是一种充满科学精神和献身精神的爱。我国教育家林崇德认为，师爱是师德的核心和精髓。

当前高校频繁出现大学生自杀等恶性事件，这背后不仅有学生心理脆弱的原因，更有师爱缺乏的原因。大学生和中小学生一样，都需要教师的关爱和呵护。而现实中，大学生进入大学后，专业教师和辅导员跟大学生的沟通交流不够，不太了解大学生的心理状态和生活学习状况，给予的关爱较少。师爱是大学教师教育大学生的感情基础，大学生只有体会到这种感情，才会“亲其师”，从而“信其道”。

关于师爱的特征，管敏岑、崔岐恩（2022）认为师爱具有法理、伦理、真理三个维度的属性。梁明伟（2024）指出，师爱具有职业性、教育性、全面性和持久性。金羽西、程亮（2025）认为，师爱是一种积极的、深切的关心与承诺。不同学者对师爱特征的看法不同，但他们都关注到了师爱无私高尚的本质。需要注意的是，师爱不同于父母对子女的本能之爱，也不同于朋友之间的友爱，它比较复杂，是教师的理智感、美感、道德感凝聚而成的一种高尚情操，是集“公爱”“大爱”“博爱”于一身的不计回报的高尚的爱。

（二）师爱的作用

师爱能最大限度地唤起大学生的自尊心、自信心、自爱心。大学生正处于心理、生理发展的关键时期，同时也是受教育的最佳时期。日本一家报刊曾对1000名大学生进行调查，发现喜欢渊博知识型教师的学生占31.1%，而高达52.85%的大学生希望教师温和、可亲、具有爱心。由此可见，“师爱”在学生心目中的地位。有时“师爱”比渊博的知识更重要，它能让大学生感受到被尊重、被重视、被关心，从而激发他们爱自己、相信自己、尊重自己。师爱是一种积极健康的情感，它能使大学生精神愉悦，奋发向上，是大学生渴望得到的精神动力。

师爱是建立良好师生关系、沟通师生心灵的桥梁。教师爱学生，学生得到教师的爱，然后学生将爱再反馈回去，从而形成双向交流，建立起和谐的师生关系。师爱能引导学生产生巨大的内在动力,从而自觉、主动地沿着教师指出的正确方向前进。当代大学生心思细腻,个性鲜明,只有当大学教师给予学生诚挚、无私的爱,给学生以亲近感、信任感、期望感,大学生才会自觉地尊重教师,愿意接近教师,愿意与教师交流。

师爱能强化大学教师的工作责任心,促进大学教师的发展。在一个具有深深责任心和浓浓师爱的大学教师的眼里,教室不仅是教师的舞台,更是师生心灵交流的花园。大学教师对学生的爱与责任,会激发他们不断丰富自己的知识结构,不断关注专业前沿的发展,提高自己的专业能力。

(三)师爱的践行

1.深入了解学生

践行师爱首先要了解当代大学生。大学教师要深入了解学生,掌握学生的家庭、生活和个人情况,经常与学生交流,了解学生的想法、需要等。当代大学生兴趣爱好广泛,喜欢新、奇、特、热的事物,大学教师要找到与学生的共同兴趣,成为学生的知心人,主动与学生建立良好的师生关系,帮助学生树立远大的理想,培养学生良好的学习习惯,关注学生的心理问题,及时开展辅导,在心理上给予学生呵护和支持。

2.充分激励并成全学生

有效激励的前提是师生互信,包括教师信任学生、学生信任教师。大学教师要给予大学生更多的信任,善于给他们分配任务,提供锻炼机会,激励他们在完成任务过程中提高自我。大学教师要督促大学生强健体魄,还要解放学生,让学生成为自己的主人。

3.平等对待学生

在教育教学过程中,大学教师会遇到各种成绩水平、性格特点、思维方式的学生,要注意教育公平问题,不能戴着有色眼镜看待学生,要平等对待所有学生。要尊重学生,避免在大庭广众下斥责他们,要顾及他们的心理感受。要构建多元评价标准,不能只看学生的成绩,要努力捕捉和分析他们各方面的表现及进步,唤起他们的自信,激发他们继续努力。

第三节　大学教师的能力素质

大学教师的能力素质，在很大程度上影响着人才培养的质量以及大学服务国家的功能。大学教师的能力素质主要包括教学效能感、教学反思、教学监控能力和教育机智四个部分。

一、教学效能感

（一）教学效能感的含义及作用

教学效能感概念源于班杜拉的自我效能理论。我国学者俞国良认为，教学效能感是教师对自己能否有效地完成教学工作、实现教学目标的一种能力的知觉与信念。

教学效能感直接影响教师为自己确立的目标以及为达到目标所付出的努力，并影响教师面对困难的坚持性。教学效能感强的大学教师在面对挫折、失败、痛苦时，会表现出更大的努力和毅力。大学教师的教学效能感还影响着大学教师对活动的选择、对情绪的调控。高教学效能感可以减少大学教师在职业期望、工作负荷、角色职责等方面的压力，减少情绪衰竭的消极影响；低教学效能感会加重大学教师倦怠的程度。此外，教学效能感高的大学教师善于正确归因，相信努力和坚持的价值，更能够有效应对职业压力，主动进行心理自我调节；而效能感低的大学教师在面对职业压力时往往采取被动应对的方式。

国内外大量研究证实，教师的教学效能感与学生的成绩、学生的动机呈显著相关。通过教师的教学效能感可以有效预测学生的学业成绩，一般而言，教师的教学效能感越强，学生的学业成就会越大。在实际的教学活动中，教师教学效能感直接影响着教学行为和效果。大学教师教学效能感的提高不仅有利于学生学习，还有利于教育质量的提高。

（二）影响教学效能感的因素

大学教师的教学效能感并非与生俱来的，它是在丰富的教学活动中逐渐培养和发展起来的。张晓玲（2017）通过实证研究发现，大学教师的教学效能感受学历及性别的影响。周海涛,郑淑超(2018)对民办大学教师的研究发现,大学教师的工作能力水平对教学效能感及其各维度有显著影响。张丽(2019)对应用型高校外语教师的研究发现,教师的自我概念对教学效能感有影响,可以联合预测职业倦怠。

综合已有研究,大学教师的教学效能感受多方面因素影响。微观层面包括教师个体的性别、学历、年龄、教龄、教学能力、人格特质等;中观层面包括学校规模、学校组织文化、学校管理与评价制度、学生因素等;宏观层面包括社会结构、政府措施、大众传媒、薪资待遇、职业声望以及社会肯定等,这些都会对教师的教学效能感产生影响。

(三)提高教学效能感的方法

首先,大学教师教学效能感的提高离不开良好的环境与机制。社会要联合各方力量,加强社会支持,营造良好的尊师重教的社会氛围,增强大学教师从事教育教学工作的自信心和责任感。学校要重视大学教师的培训,通过交流、培训、观摩、学习等提高大学教师的教育理论、专业知识水平;要不断完善对大学教师教育教学的评价机制和激励机制,以发展性评价为主,关注大学教师的个体差异,寻找其闪光点,及时给予激励,让他们充分感受到成功的喜悦,增强教学的自信心。要鼓励、支持大学教师进行教学改革和开展学术科研,积极扶持、推广成功的经验,激发大学教师对教学、工作、科研、服务社会的热情,增强他们的责任感和使命感,从而有效提高他们的教学效能感。

其次,大学教师教学效能感的提高离不开教师自身的积极性和自主性。第一,大学教师要提高职业认同感,努力在教育教学过程中感受快乐和幸福;要加强教育研究和反思,不断积累经验,拓宽知识结构,提高学术水平,增强教学的自信心;第二,大学教师要尊重学生的个性,关注学生的成长和进步,保持积极健康的心态,获得学生的信任与爱戴,通过和谐的师生关系提高教学效能感;第三,大学教师要建立良好的人际关系,包括与学校领导、同行、朋友等的关系,使其获得友爱、鼓励、温暖和安全感,从而增强对工作的自信心。

二、教学反思

（一）教学反思的含义

教学反思是教师对教育教学实践的再认识、再思考，并以此来总结经验教训，进一步提高教育教学水平。教学反思一直以来是教师提高个人业务水平的一种有效手段。大学教师要善于反思，能从自己的教育实践中总结得失，通过教育案例、教育故事或教育心得等来提高教学反思的质量。

影响大学教师教学反思的因素众多，教师个人因素，如自身素养、教龄、人际关系、教育理念、技能水平等；外部环境因素，如学校的教学反思氛围、评价制度、时间资源、相关培训指导等。

（二）教学反思的成分

大学教师要了解教学反思的成分，以有效开展教学反思。郭俊杰、李芒、王佳莹(2014)的研究提出，教师反思包括认知成分、批判成分和教师的陈述。认知成分是指教师对概念、原理等信息或决策过程的反思。批判成分是指教师对自己的教学目标、方法、内容以及自身经验和观念的反思。教师的陈述是指教师在教学活动中的提问、写作、交谈等。郭俊杰、李芒、王佳莹(2014)提出，教师反思包括认知成分和行为成分。认知成分是指教师对教学活动进行思考、审视和分析的过程，它离不开教师已往的知识和经验，包括教学理念和价值观等，是教师进行教学反思的基础。行为成分是指教师的教学反思不仅是思维的过程，也是将思维付诸行动的过程。教学反思是教师在教学情境中发现问题并解决问题的过程，它起源于教学实践，最终还要回归教学实践。

也有研究者从反思内容的角度去研究反思的成分，如姜广运(2010)认为，教学反思的内容包括对教学心态、教学观念、教学过程、教学效果等进行反思；刘世斌(2015)认为教学反思的内容包括教学理念、教学设计、教学组织能力、教学评价、教学效果；王家祥，杨阳(2018)指出，教学反思包括反思成功之处，反思失败之处、反思创新之处、反思意外之处、反思疑惑之处等。朱宁波、张艳(2022)提出教学反思包括认知反思、情感反思和行为反思。王鉴、赵文卓(2023)认为教学反思由教学目标反思、教学内容反思、教学方法反思和教学评价反思构成。

（三）提高教学反思的方法

教学反思常用的方法有行动研究法、比较法和叙事法。行动研究法即将教学实践和反馈意见结合起来，不断改进教学实践。比较法即在纵向、横向维度，从教学理念、教学设计、教学效果、学生反应及同事评价上进行比较，及时矫正不足。叙事法即用书面的形式把自己的教学情况记录下来并进行分析挖掘，还可用口头的方式请教他人，让他人帮助发现问题、提出建议。在教学实践中，教学反思的提高离不开大学教师和学校的共同努力，以下方法可供借鉴。

大学教师要以学习者的身份，基于教育情境开展多视角反思。以观察日记、阅读理论文献等方式，对自己在情境中的行为决策进行全方位的反思。例如，“我这样做对不对”“有没有更好的做法”“我是否把握了教育的契机”“我当时是如何思考的”“下一次我应该如何做”等。大学教师在反思时要有反复多次的推敲和改进，若对某一问题只是走马观花地浏览一遍，根本不是真正意义上的反思，缺少了反思的实质。此外，大学教师还要从学生的视角进行反思，这样才能真正理解学生的体验和感受。

学校要加强教师培训，利用培训开展教师反思技能的训练；要创建有利于教师合作、共同学习交流的机会；将教学反思纳入教研活动计划等，以提高教师教学反思水平。

三、教学监控能力

（一）教学监控能力的含义

教学监控能力是教师为了保证教学的成功，达到预期的教学目标，而在教学的全过程中将教学活动本身作为意识的对象，不断地对其进行积极主动的计划、检查、评价、反馈、控制和调节的能力。教学监控能力不仅对大学教师的教学活动有着重要的影响，而且通过其教学活动影响学生的能力发展和学业水平提高，是大学教师应具有的核心素质。

(二)教学监控能力的特征

1.方向性

教师的教学监控总是以一定的目标为导向,这种目标可以是教师自身心态的调整,可以是对教学节奏的变更,也可以是对教学失误的纠正,但总目标都是为了营造良好有序的课堂环境,从而高效完成教学目标。

2.复杂性

教师教学监控对象具有多元性和变化性,使得教师教学监控能力呈现复杂性。一方面,教师不仅要找出问题,分析问题,采取积极的调控策略;另一方面,教师教学监控不仅涉及教师自身的个性特征、处事能力,而且涉及教学内容、学生以及教学环境等因素。

3.能动性

教师在课堂教学环境中自主地选择监控对象、自由地监察和调控教学行为,而非在外界的压力和逼迫下被动地进行监测与调控。在这个过程中,教师要充分发挥主观能动性,综合分析各种信息,从而能动地选择监控行为,及时有效地做出决策。

4.迁移性

教师教学监控能力是教师在长期的教学实践中积淀而成的一种相对稳定的能力,能够迁移到相似的教学情境中,促进教学问题的解决。但其迁移的可能性以及迁移的程度不仅取决于情境的相似性,更受制于教师教学监控能力的熟练性和惯性。

(三)教学监控能力的结构

不同学者对教学监控能力的结构有不同的见解。申继亮、辛涛(1995)通过实证分析确立的教师教学监控能力包括计划与准备、评价与反馈、控制与调节以及反思与矫正四个结构维度,并编制了教学监控能力量表。这四个方面构成一个相互联系的、过程性的、动态性的循环结构。在这个循环结构中,课前的计划与准备是前提;课堂的反馈与评价是基础,且要达到课堂的控制与调节目标;课后的反思与矫正不仅是对本次循环的巩固,更是下次循环的基础与前提。而教师的教学监控能力只有到了第四阶段,才离专家型教师更近了一步(图 8-1)。

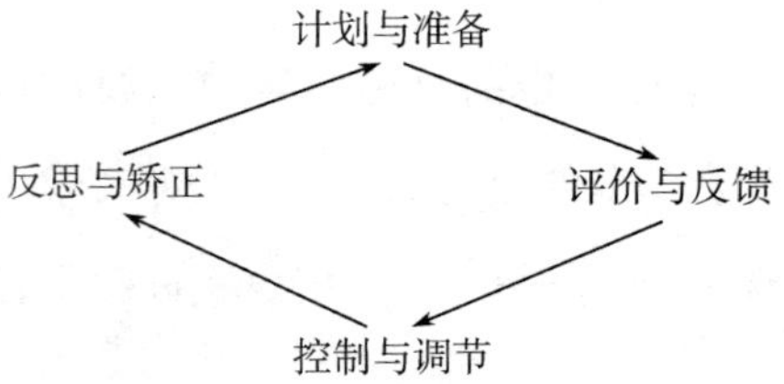

图 8-1　教师教学监控能力结构

也有学者(谷世乾、李伟,2021)基于辛涛等人编制的教学监控能力量表并结合调查对象的特点,从计划与准备、课堂的组织与管理、教材内容的呈现、教学互动、评估学生进步、反省和评价六个结构维度对中国南方某大学本科课程授课教师的教学监控能力进行了测量。

(四)教学监控能力的作用

首先,大学教师的教学监控能力对教学活动及其效果有重要影响。教学监控能力高的大学教师能充分考虑教学中的各要素,制订合理计划,并能不断反馈和调整,从而提高教学效率和效果。

其次,教学监控是大学教师能力水平提升的有效途径。大学教师通过对教学活动的积极主动评价、反馈和调节来实现认识的不断提高,从而可以制订合理、科学的教学计划,选择有效适宜的教学方法,使自己的能力水平不断提高。

最后,大学教师的教学监控能力影响对大学生的培养。大学教师的一个细小言行举止,很可能会在大学生身上放大,从而影响大学生的学习和身心发展。教学监控能力高的教师能根据教学目标和大学生的实际情况,适时调整教学计划及言谈举止,对大学生的学习和培养起着重要作用。

(五)教学监控能力的提高

大学教师教学监控能力的提高包括以下几个方面。

1.提高大学教师自身的素质

研究发现,责任意识强的大学教师能认识到教学监控的重要性,从而主动发现问题、分析问题并解决问题,会自觉进行调整和反思。而责任意识淡薄的大学教师几乎不会关注教学效果和教学监控。因此,增强大学教师的责任感是搞好教学监控的重要途径。此外,大学教师不仅要具备学科专业知识,还要掌握教育学、心理学知识和教育实践知识,完善自己的知识结构是大学教师提高教学监控能力的必经之路。美国学者波斯纳提出教师成长公式:经验+反思=成长。大学教师还要进行积极的反思,提高自己的教学监控能力,促进自身的发展。

2.调整师生关系

师生关系是教学监控中的重要环境因素。研究表明,师生关系与教师的教学热情和学生的学习效果、学习成绩呈显著相关。因此,大学教师要转换角色,从施教者转变为学生学习的帮助者、指导者、组织者和促进者,使师生彼此愉悦,缩短心理距离,形成师生良好互动,这对提高大学教师的教学监控能力,提高教学效率和质量很有帮助。

3.实施干预训练

在国内,申继亮等人提出了两种提高教学监控能力的干预方法,即自我指向型的干预手段和任务指向型的干预手段。

自我指向型的干预手段,主要是针对教师的教学观念、教学兴趣、动机水平、情绪状态等进行的训练和干预手段,包括认知自我指导技术、角色改变技术和归因技术。任务指向型的干预手段,主要是针对教师的教学目标、教学任务、教学材料、教学方法等,包括专家讲座、观摩课、教学反馈技术和指导技术。研究表明,干预训练不仅提高了教师的教学监控能力,而且提高了教师对教学的认知水平,改善了教师的教学行为。因此,高校要有意识地对大学教师进行干预训练。

四、教育机智

复杂多变的教学情境决定了课堂教学的不可预测性和不确定性。对大学教师而言,无论课前计划多周密、多详尽、多合理,课堂上仍不可避免地会出现各种突发情况,这就要求大学教师具有较高的教育机智,要灵活多变、从容应对。

（一）教育机智的含义

德国教育家赫尔巴特最早将机智引入教育领域，许多学者研究了教育机智。瑞士教育家裴斯泰洛齐认为，教育机智是教师对学生所处情境的感受、共鸣和洞察力。苏联著名教育家马卡连柯指出，教育机智是教师在和学生交往的过程中对学生施加影响的职业性力量。还有学者认为，教育机智是在面对突发事件时，教师能够迅速、及时地采取适当的教育行为，即在非常态教育情境中采取的有效教育行为。在本书中，我们认为，教育机智是大学教师在长期的教学实践过程中逐渐形成的高超的教学艺术及教学智慧。

教育机智是教师情境性的智慧行动，具体表征为临场的生成性、智慧的实践性、向他的目的性，具有情境实践性、塑造可能性、独特创造性等特点，需要教师在长期的教学实践中思考、探索、总结、积累、提升。（夏歆怡、文陈平，2022；庞上娟，2022；鲍伟红，2021）。

（二）教育机智的作用

乌申斯基曾说：不论教育者怎样研究教育理论，如果他没有教育机智，他就不可能成为一个良好的教育实践者。这说明了教育机智的重要作用。

首先，教育机智对教学过程具有强大的调控作用，可以帮助大学教师通过敏锐观察、迅速分析、果断决策，及时处理课堂突发事件，有利于整个教育过程的顺利进行，使大学教师的教学过程实现最优化，从而提升教学质量。

其次，教育机智作为教育理论和教育实践结合的中介，在教育过程中发挥着润滑剂的作用。大学教师运用教育机智，随机应变，采取有效措施解决问题，不仅可以使教育产生良好的效果，还可以避免师生冲突，增进师生关系的和谐发展，从而实现“亲其师，信其道”。

最后，教育机智是大学教师在长期的教育教学过程中发展起来的，是大学教师良好综合素质和修养的外在表现，也是大学教师娴熟运用综合教育手段的表现，本质上体现了教师的教育智慧，是教师专业化发展不可缺少的能力素质，对教师成长为专家型教师具有促进作用。

综上，教育机智使学生、教师都能受益，并对教学过程的完善、教学质量的提高有重要作用。

（三）教育机智的影响因素

大学教师的教育机智受多种因素的影响，主要集中在教师自身素质条件和客观环境条件两方面。客观环境条件包括教学环境、学校教育理念、同事的教育观念及学生的基本素质等。教师自身的素质对其教育机智的影响主要如下：

首先，大学教师丰富的学识影响教育机智的生成。这包括教师的一般学科技能、学科文化知识和教育教学理论与经验。学识丰富的教师，更能灵活展现教育机智。相反，缺乏经验的教师在遇到意外情况时容易不知所措。

其次，大学教师敏锐的思维影响其对教育情境和教育时机的利用能力，影响教育机智的广度。每节课的情境都是独特而不同的，拥有敏锐思维特质的大学教师往往善于洞察，能抓住潜在的教育时机，化消极因素为积极因素，提高教学效果。

再次，大学教师的反思能力影响教育机智。教师通过教学反思丰富其教学经历，并从中积累教学智慧。经过循环反复总结、反思、实践，大学教师的教育机智必然有所提高。

最后，教师的幽默水平影响教育机智。幽默不仅影响教育机智的产生，还是教育机智的一种展现，其可以活跃课堂氛围，调节师生关系。幽默对课堂教学以及教育机智的形成能够产生极其重要的影响。

除此之外，大学教师高超的语言能力、良好的心理素质也会影响教育机智的发挥。教育机智作为教学艺术的最高境界，不仅是一种技能，更是一种智慧。身边的每一个事件都可能蕴涵着丰富的教育意义，这就需要大学教师运用自己的洞察力去发现它，运用自己的机智去使用它。

（四）教育机智的提高方法

教育机智是教学艺术的体现，是大学教师成长的重要一环，如何提高大学教师的教育机智呢？

1.增加教育教学实践

教育机智最为重要的就是教育经验的有效积累，这离不开大学教师的教育实践。大学教师有了丰富的教育实践就具备了产生教育机智的基础。而大学教师教学经验是否丰富,并不单指时间上的简单积累,更重要的是教师个人能力及专业素质的提升。这绝不是一蹴而就的,必须在日久天长的教育教学实践中学习和积累。

2.培养学习能力

大学教师不仅要具有教育学及心理学的理论与素养,还要对师生关系有所认知、对教学策略有所选择、对教学进程有所把握,这都离不开大学教师的学习,因此,大学教师要加强学习,完善知识结构,还要强化教学监控能力的培养,针对教学活动进行积极的计划、检查、控制、反馈和调节,这是大学教师提高教育机智的基础。

3.练就良好的心理素质

教育教学过程中有很多事先未预料而又必须面对、必须解决的意外事情和复杂教学情况,这需要大学教师必须具备稳定而良好的心理素质来支撑,这也是教育机智能够充分发挥的前提。出现突发状况时,大学教师首先要保持冷静,切忌过度紧张。在心理素质稳定的前提下,利用良好的直觉思维和创造性思维使问题得到妥善解决。

4.加强教学反思

教育机智的生成需要教学反思作为基础,必要的教学反思是大学教师生成教学智慧的重要途径,包括课堂前瞻性反思、课中监控性反思、课后批判性反思等,因此,教师在设计教学计划时,要充分反思教学目标的设置是否符合课程标准,教学思路是否清晰,教学流程是否符合学生认知等,在反思中提高对教材、教法、学生和自我教学能力的认识,以更好地开展教学,培养教育机智。

第四节 大学教师的心理健康

我国高等教育快速发展、高校招生人数增多、社会生活节奏加快,使大学教师不仅要面临一般的生活压力,还面临专业发展、教学、科研等多重职业压力，这些变化对大学教师心理健康水平提出了新的要求与挑战。大学教师的心理健康水平不仅影响着个人的身心发展，也影响着教师职能和使命的发挥，还会对学生产生影响。

一、大学教师的主要心理问题

（一）工作压力

工作压力是指因工作负担过重、工作责任过大或改变等对人产生的压力。大学教师面临着教学任务和科研任务的双重压力，以及工作富有创新和特色的要求，而且大学教师自身专业成长要求高，工作一环扣一环、任务一个接一个、角色一个换一个（刘刚，2018）。大学教师面临多重工作压力，首先是高学历竞争日益激烈。当前高校招聘教师普遍要求博士学位，而985、211院校更倾向于录用海外名校博士。数据显示，2000年至2022年间，我国博士生数量大幅增加，进一步加剧了高校教师的入职竞争。其次是“非升即走”的考核压力。部分高校实行这一制度，要求青年教师在3至6年的考察期内完成既定目标，否则面临解聘。为此，他们不得不将大量精力投入论文发表和项目申请，科研任务繁重。再次是教学改革的压力。如教学方法创新、课程体系优化等，都需要教师花费大量时间和精力。此外，教师还需应对生源变化、社会高期望以及职业转型等多重挑战，压力持续增加。

工作繁重、任务复杂和角色多元导致大学教师的工作压力越来越大，长期高强度超负荷的工作状态对其身心健康造成了直接威胁。

（二）角色心理冲突

角色心理冲突是指个体在社会实践活动中，由于无法满足多重角色的要求和期望时所造成的内心和情感的矛盾。大学教师的角色心理冲突有诸多表现。

一是较高社会地位和较低经济待遇的冲突。教育对社会发展的价值和作用，决定了教师职业的社会地位较高，但社会上并没有真正形成与之相适应的尊师重教的现实，大学教师会因自己的劳动价值和劳动报酬相背离而忧心忡忡，心理冲突剧烈。

二是工作负荷和自身发展的冲突。大学教师需要有较强的专业知识、较高的能力水平，在较好完成教学的基础上，还要有较强的科研能力。面对知识经济时代，大学教师需要不断地接受继续教育以充实提高自己，但大学教师日常教学工作量大，时间、精力有限，同时一些高校存在重使用、轻培训的现象，甚至压缩培训、进修经费，致使教师业务水平难以提高，出现工作负荷和自身发展的冲突。

三是家庭角色与教师角色的冲突。在家庭中，大学教师是家庭的主要劳动力，在学校，大学教师担任教书育人工作，在家庭和工作的时间精力分配上存在冲突，尤其女教师的角色冲突更明显。由于社会对大学教师的期望高、要求严，使得大学教师的一言一行无不受人们的关注，无形中给大学教师增添了许多心理压力。

四是价值观、思维方式的冲突。社会发展，人们的价值观发生变化，大学教师和大学生不可避免地出现了价值观念的多元化。大学教师既要维持社会的主流价值观，又要对大学生的观念表示宽容与理解，这在客观上造成了师生心理沟通的困难，加大了大学教师工作的难度。

事实上，大学教师面对来自多方面的角色冲突，如果处理不好，往往会导致一系列的心理问题，如痛苦、焦虑、恐惧等，这将降低教学效果和工作效率，还可能反过来影响学生。

（三）心理挫折

心理挫折是人们在实现目标的过程中遇到阻碍、干扰而产生的焦虑、紧张、愤懑或沮丧、失意的情绪性心理状态。大学教师的心理挫折主要来自客观、主观两个方面，客观方面诸如职称评聘不如意、生活困难得不到妥善解决、人际关系冲突激烈、教育学生遭遇失败、天灾人祸等。主观方面诸如个人需要与国家、集体利益的矛盾，能力与任务之间的不相适应，性格软弱、缺乏挫折耐性等。

在日常生活中，大学教师心理挫折的感受程度有较大的个体差异。对于容忍力较小的大学教师，在遇到心理挫折后，往往会带来一系列生理和心理变化。生理上出现血压升高、头痛、没有胃口、体重减轻等症状；心理上出现沮丧、焦虑等负面情绪或产生讥讽谩骂、攻击、退化、固执等问题行为，种种负面效应常能导致大学教师工作情绪低落、教学水平波动,这些状况显然有碍大学教师的身心健康,不利于教育教学改革的深入开展。

二、大学教师心理问题的成因

大学教师心理问题产生的原因是环境客观因素与个体主观因素交互作用的结果,其成因大致有以下几点。

(一)环境客观因素

大学教师心理问题产生的环境客观因素主要包括社会、高校和学生等层面。

1.社会层面

社会对大学教师寄予很高的期望,认为他们不仅是知识的传授者,更是道德的楷模、学生成长的引路人。这种高期望使得大学教师在工作中承受着巨大的心理压力,担心自己的教学和生活表现不能满足社会的要求。尽管大学教师享有较高的社会声誉,但其经济收入与部分高收入行业相比仍存在明显差距。尤其在一些经济发达地区,居民生活成本不断上升,而教师的工资增长相对缓慢,这可能导致教师产生心理落差,影响工作的积极性和心理健康。此外,在知识迭代加速的当今社会,大学教师需要不断学习和掌握新的知识和技能,才能跟上时代的步伐。部分教师因未能及时跟进学科前沿发展而陷入职业焦虑,这种对知识落伍的担忧进一步加剧了其心理负担。

2.高校层面

首先,高校教师通常承担着较为繁重的教学和科研任务。一方面,他们需要备课、授课、批改作业、指导学生等,教学工作量较大;另一方面,他们还要开展科研工作,申请项目、撰写论文、参加学术会议等,这种双重任务的压力使得教师很难有足够的时间和精力去调整自己的心态,长期积累下来,容易引发心理问题。其次,许多高校的教师考核与评价体系过于注重科研成果,而对教学质量和人才培养的重视相对不足。这种不合理的评价体系使得教师不得不将大量的时间和精力投入到科研工作中,从而忽视了教学和学生的培养。同时,科研工作的不确定性和高压力也容易导致教师产生心理问题,甚至出现抑郁、焦虑等心理疾病。最后,高校教师晋升机会有限,竞争激烈。许多教师在职业发展过程中会遇到晋升职称困难、缺乏发展机会等问题,这种职业发展的不确定性和限制会让教师感到沮丧和失望。

3. 学生层面

大学生来自不同的地区和家庭,在知识基础、学习能力、兴趣爱好等方面存在着较大的个体差异,这给大学教师的教学带来了很大的挑战,教师需要花费更多的时间和精力去了解学生的情况,制订个性化的教学方案。如果教师无法有效地应对这些差异,可能会导致教学效果不佳,从而产生挫败感和焦虑情绪。除了教学工作,大学教师还需要承担一定量的学生管理和心理辅导工作。大学生面临着学习、就业、人际关系等多方面的压力,容易出现各种心理问题。教师需要及时发现并帮助学生解决这些问题,但由于教师自身的时间和精力有限,以及缺乏专业的心理辅导知识和技能,往往难以有效应对这些挑战,从而产生心理压力。此外,在一些情况下,教师的教学方法、学术观点、管理方式可能不被学生接受,从而产生矛盾和冲突,导致师生关系紧张,影响教师的教学情绪和工作积极性。

(二)个体主观因素

1. 部分大学教师职业认同感不高

大学教师担任多种社会角色,容易出现多种心理冲突,这消磨了大学教师的从业热情,使他们难以体验工作带来的愉悦、幸福,导致职业认同感下降、幸福感降低。有些大学教师对职业发展方向不明,缺乏职业规划,造成行为无效、情绪低落、意志动摇等不良后果。具备较高职业认同感的教师,可能会合理对待或加以转化;而对于职业认同感较低的教师,则可能成为心理健康的隐患或病因。

2. 部分大学教师知识结构陈旧

现代教育对大学教师的专业素质提出了更高要求,教师必须加快学习新的教育理念、教育方法和专业知识与技能，但一些大学教师仍在用陈旧的知识体系和教学方法开展教育教学，职业胜任力差，使得教学效果差，导致他们陷入挫败感，感到焦虑或抑郁。

3. 大学教师缺乏必要的心理健康知识

一是缺乏对大学生心理发展规律及大学生心理调适方法的了解与把控，导致教育无效，带来失落、挫败感。二是缺乏对教师心理学知识的了解和学习，使得自身出现心理问题时不能及时觉察，觉察后也不能有效调节，最终导致职业倦怠等心理问题。

三、提高大学教师心理健康的方法

大学教师心理问题的产生归结为自身因素和外界因素，因此，大学教师心理问题的调适可以从内外两方面入手。

（一）提高内在素养，增强心理品质

大学教师要想拥有健康的心理，不仅要有热爱教育事业的心，还要适时调整自己，善于做好自身的心理调节与保健。

1. 树立正确认知

大学教师应该用客观、理性、全面的眼光看待自己与周围环境之间的关系，形成理性观念与思维。学会从外界提取有关自我的真实反馈，避免由于自己的主观理解带来的误差，形成积极的自我观念。一是大学教师要明确自己的个体倾向、认识自己的心理特征、了解自己的优劣势；二是大学教师要保持良好的自我效能感，保持适度的自我期望值。

2. 培养良好个性，保持情绪稳定

良好的个性、稳定的情绪对大学教师教学工作、科研创新以及身心健康发展起着关键性作用。大学教师应该具有良好的社会适应能力，主动关心、了解社会，跟上时代的发展，使自己的思想永远保持先进性。只有这样，才能使教学内容更加丰富、贴近现实，使科研创作符合社会发展的需要，使自己的视野

更加开阔。大学教师要培养积极乐观的生活态度，才能有足够的信心应对工作与生活中的困难和挫折。

3.培养积极的人际关系

大部分的大学教师在人际交往方面没有太大问题，但由于某些主客观因素的存在，某些大学教师在人际交往方面存在一定的阻碍，使得日常的教育教学工作不能顺利开展。大学教师应该抱着互相理解的心态对待学生、同事与领导。在人际交往中，大学教师要注重培养自己的幽默感。幽默是人与人之间交往的润滑剂，是大学教师保持良好心理状态的一剂良药，也是丰富知识与阅历的体现。在人际交往中，大学教师要客观地看待别人并真诚地给予他人赞美，避免因自卑心理、嫉妒心理以及刻板印象等而片面地评价他人，戴有色眼镜看待他人。

4.提高心理调节能力和综合素质

大学教师应该学会自我心理健康教育并注重调控个人情绪，如掌握自我安慰、自我暗示以及自我激励等心理教育方法，能够悦纳自我、悦纳他人并能够客观地看待教师职业，具备乐观的生活态度，能够有效地调控自己的情绪，只有具备更高的专业能力与自身素质，才能拥有更加宽阔的视野与更多的机会。大学教师要注重提高自身综合素质和抗挫折能力，树立正确的挫折观。

5.培养健康的生活方式

随着生活节奏的加快以及心理压力的加大，大学教师应该在日常工作与生活中保持科学、健康的生活方式。首先，应该保持健康的饮食习惯，这样才能拥有足够的体力与精力为繁重的脑力劳动提供能量保障。要培养规律健康的作息时间。良好的作息时间是精力充沛、身心健康的必备条件。其次，要确保适当的体育锻炼。科学研究表明，适当的体育锻炼是缓解压力、减少抑郁和焦虑等不良情绪、保持身心健康的有效方式，同时体育锻炼有助于大学教师保持良好的身材、改善睡眠情况，从而使其保持自信状态。再次，要培养自己的兴趣与爱好。兴趣爱好能够缓解心理压力，增加生活乐趣，扩大人际交往范围，提高自己的心理健康水平。

(二)创设良好的心理成长环境,使大学教师体验到幸福

学校、相关职能部门要进一步充分认识到大学教师心理健康水平的重要性,给大学教师创造一个更加良好的心理成长环境。要尽量减轻大学教师的教育科研压力,为大学教师提供再教育和学习的机会和时间;提高大学教师的薪酬水平,解除后顾之忧;建立更加合理的绩效考核与晋升制度,改变部分高校只注重科研工作的局面;根据不同专业、不同教师岗位,结合实际情况,提供多元化的奖励机制,满足大学教师自我发展的需求;建立大学教师专门的心理咨询辅导站,指导他们分析、评价压力源,培养大学教师应对压力的能力;要引导大学教师确定恰当的奋斗目标,营造积极向上的风气;重视大学教师的心理需求,关注他们的心理健康,为他们提供更多的娱乐时间与场所,使其能够保持愉悦的心境。

(三)建立有效的社会支持系统,给大学教师以心理支持

家庭是情感的港湾,也是人们努力奋斗的力量源泉。当大学教师面临沉重的心理压力时,家庭便是给予温暖与关怀的地方,因此,家人应该创设温馨舒适的家庭环境,给予大学教师更多的理解与支持,使大学教师能够以更加从容、自信的心态完成教学工作与科研创新。

朋友是人际关系中甚为重要的交际对象,朋友可以提供家人之外的心理归属和支持。当大学教师遇到挫折、碰上烦恼时,要主动向朋友倾诉,朋友若能够真诚、耐心地倾听,为其情感发泄提供机会,并为其出点子、想法子,大学教师便能较快走出"沼泽",以更好的精神状态进行工作。

本章小结

1. 大学教师集教书育人者、科学研究者、社会服务者、心理健康教育者、终身学习者五种社会角色于一身,随着社会发展,其角色不断丰盈。由新手教师成长为专家型教师,大学教师需要立足教学、提升科研能力、积极参加培训。

2. 大学教师的威信是指大学教师在课堂内外的言行举止中所展现出来的个人魅力、渊博学识和威严与诚信,它的形成取决于诸多因素的共同作用。大学教师要关注威信的维护和提高。师爱是师德的核心和精髓,大学教师要关

注师爱的作用并践行师爱。

3. 大学教师的能力素质包括教学效能感、教学反思、教学监控能力和教育机智四个部分，大学教师要注重这四方面能力素质的培养和提高。

4. 大学教师的主要心理问题有工作压力、角色心理冲突和心理挫折，是环境客观因素与个体主观因素交互作用的结果。大学教师要提高内在素养，增强心理品质；社会、高校要为大学教师创设良好的心理成长环境，使他们体验到幸福；家人、朋友要建立有效的社会支持，给大学教师心理支持。

复习思考题

一、简答题

1. 大学教师的社会角色有哪些？

2. 大学教师的能力素质包括哪些内容？

二、论述题

1. 论大学教师角色发展的途径。

2. 论大学教师威信的维护与提高。

3. 论提高大学教师的教学效能感。

三、分析题

有人说，大学教师没有升学压力，比中小学教师轻松；也有人说大学教师科研教学压力大。研究表明，大学教师存在各方面的压力，容易出现心理健康问题。根据本章所学，分析大学教师有哪些主要的心理问题，如何进行心理调适。

第九章　大学生班级群体心理与管理

【内容提要】

班级是大学开展教育教学活动、学生学习专业知识和技能的基层组织，也是大学生社会化的重要基地，教师对班级群体心理与管理技能的掌握有利于促进大学生的身心健康发展。本章着重阐述与分析常见的大学生班级群体心理、大学生班级管理中的人际沟通以及大学班集体的形成与管理。

【学习目标】

了解班级和班级群体的含义，理解常见的大学生班级群体心理，掌握大学生班级管理中的师生沟通技巧，应用所学知识促进大学班集体的形成并进行有效的管理。

【学习重难点】

学习重点：常见的大学生班级群体心理及人际沟通技巧。

学习难点：大学班集体的形成与管理。

第一节　大学生班级群体心理概述

班级是大学开展教育教学活动、学生学习专业知识和技能的基层组织，也是大学生社会化的重要基地。大学班级中的群体心理、人际沟通以及班集体的发展对大学生的身心发展具有重要作用。

一、班级群体的含义

班级(class)是学校的基本单位，也是学校行政管理的最基层组织，是学校为了实现教育目的，按照一定的规章制度和学生人数规模建立起来的教育组织。班级不仅是学生获取知识的资源,也是学生社会化和自我教育的资源,整个学校教育功能的发挥主要是在班级活动中实现的。

班级群体(class group)是在班级中,为了实现特定的目标,按照一定的规范相互作用、共同活动的组织团体。在班级群体中,成员之间有共同目标,内部有一定的结构和规范,各个成员有自己的角色地位,成员之间在心理上彼此有依存关系和共同感,体现出群体的凝聚力。

二、班级群体的类型

按照形成方式,班级群体可以分为正式群体和非正式群体两大类。

(一)正式群体

正式群体(formal group)是按学校正式文件的规定,在院校领导、教师指导下组织起来的学生群体。班级属于正式群体。这种群体成员有固定的编制,有明确的职责分工、权利和义务,为了组织目标的实现,有统一的规章制度和组织纪律。

搞好大学班级正式群体的建设,对大学生和班级管理都具有重要作用,既可以实现班级目标,还可以对班级中的非正式群体起到有效控制的作用。例如,通过内容丰富、形式多样的班级活动,可以把大学生的注意力和兴趣吸引到正式群体,引导大学生健康发展。

(二)非正式群体

非正式群体(informal group)是指大学生在相互交往中,由于相似的需要、兴趣、态度、价值观等聚集在一起,自发形成的学生群体。这种群体结构较为松散,由于成员间有较深的情感基础,交往比较多,因而常表现出较强的合作性、稳定性和一致对外性。

大学班级的非正式群体可以分为下面几种。

1.积极型的非正式群体

该群体的价值目标与班级正式群体的价值目标是一致的,是班级正式群体的补充，对班级发展有促进作用。例如，班级中几个学习好的大学生由于兴趣爱好相同经常聚在一起交流学习经验。教师对于这种群体应加以保护和利用，对核心人物适当授权，让其成为班委会成员，组织所在群体开展一些有意义的活动。

2. 中间型非正式群体

该群体与班级正式群体若即若离，对班级发展不是很关心，对班级活动不太乐于参与，当班级活动有利于该群体时才主动投入。例如，某些大学生群体对班级活动和教师布置的作业经常敷衍了事，只参加能得到好处的活动，下课之后便三五成群外出吃喝玩耍。教师对这种群体要采用教育引导的方法，在学生中开展讨论，提高认识，创造条件，引导其目标与班级群体目标统一起来。

3. 消极型非正式群体

该群体的活动目标与班级目标不一致，对班级会产生消极影响，但行为后果较轻，虽有违纪，但无违法。例如，一些学习成绩不好的大学生，对学习没有兴趣，却经常在一起打游戏、抽烟聊天，不做作业，甚至集体旷课。教师对这种群体，应加强思想教育和法制教育，积极争取、引导和改造。

4. 破坏型非正式群体

该群体是反班级目标的，其活动后果较严重，不仅违纪，甚至违法。例如，某些大学生受坏人教唆形成了盗窃、抢劫的犯罪团伙。教师对这种群体，重在预防，要注意防止消极型非正式群体向破坏型非正式群体转化。对这种群体的成员，要以教育为主，特别是对情节较轻、受坏人引诱而做了错事的大学生，不应推给公安机关了事，要力争通过教育使其向好的方面转变，对屡教不改者，应依据法律校规，给予必要的制裁。

大学教师要加强班级管理，依靠班干部和班级积极分子，通过班会、QQ群、微信群、班级微博等，大力宣传班级的正确舆论、好人好事和互帮互助的事迹，提高大学生参加班级活动的积极主动性，使非正式群体都能够朝积极型的非正式群体发展，共同为实现班级目标发挥作用。

三、班级群体的心理功能

班级作为大学生成长发展的主要社会环境,对其具有强大的心理功能。

(一)社会化功能

班级是大学生社会化的重要场所,具有将其由“自然人”教化为“社会人”的功能。班级的社会化功能体现在:一是发展大学生的责任感,使其服从于班级的共同价值目标,在班级中承担责任与义务。二是培养大学生的能力,使其具备所需要的知识与技能,表现出符合班级规范的社会能力。

(二)个性化功能

班级的个性化功能是通过班级的教育活动,依据大学生身心发展的差异性,帮助大学生形成并发展个性。要发挥班级的个性化功能,教师必须努力发现每个学生的个性差异及形成这种差异的条件,根据这些差异确定其可塑方向。如果教师漠视学生在智能、态度、动机、兴趣、理想、性格等方面的差异而进行千篇一律的教育,班级群体的个性化功能就难以实现。

(三)需要满足功能

班级是大学生学习活动的主要场所,大学生的主要人际关系来自班级。如果班级目标与学生需要一致,班级就具有较强的吸引力,学生能从班级中获得教师的关爱、同学的友情和支持,就会在情感上与教师和同学发生共鸣,在安全、归属、尊重、求知等需要方面获得满足,自觉维护班级利益,并与班级保持行动上的协调一致。

(四)自我概念形成功能

自我概念是大学生对自己的社会角色、性格、能力、身体等方面的认知。大学生自我概念的形成和发展与班级角色、班级地位、班级作用以及班级中他人评价有着密切关系。美国心理学家费斯廷格将这种作用称为社会比较作用。大学生通过与同学的相互比较,通过教师和同学对自己的评价,可以更好地认识自我。

（五）行为塑造功能

班级是一个强有力的控制系统，它通过从众与服从、社会促进与社会抑制、群体规范以及群体凝聚力等多种心理机制，培养和鼓励大学生形成良好的行为方式，制止其不良的行为方式。可以说，大学生的许多行为都与班级规范、班风有密切的关系。

第二节　大学生班级的常见群体心理

群体心理是群体成员在群体活动中所共有的，有别于其他群体的价值观、态度和行为方式的总和。个体的心理及行为很大程度上受所属群体心理的影响。在大学中，群体心理对班级管理产生重要的社会影响。大学班级中常见的群体心理包括：从众与服从、社会促进与社会抑制、群体规范以及群体凝聚力等。

一、从众与服从

（一）从众

从众（conformity）是指大学生在真实或臆想的群体舆论压力下，放弃自己的意见，转变原有的态度，采取与大多数人一致的行为。

社会心理学家所罗门·阿希进行了从众的经典研究。他将被试者组成7人小组，其中6人是实验助手（假被试），只有1人是真正被试。实验材料是18套卡片，每套2张，一张是标准线段，另一张是三条比较线段（见图9-1）。所有被试者围桌而坐，依次比较判断A、B、C三条线段中哪一条与标准线段等长。前几次大家都做出了正确的判断，但从第7次开始，假被试者故意做出错误的选择，观察真被试者的选择是独立的还是从众的。实验发现：（1）有1/4~1/3的被试者保持独立性，即每次选择反应无一次发生从众行为；（2）约有15%的被试者平均做了总数3/4的从众行为，即从众反应平均每12次中就有9次；（3）所有被试者平均做了总数的1/3次的从众反应，即每12次中就有4次发生从众行为。

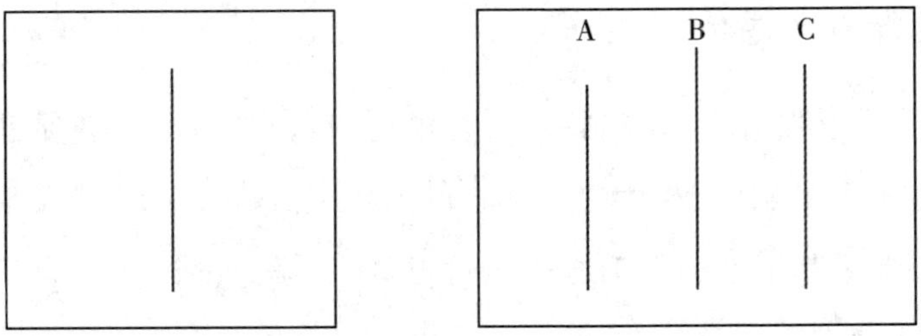

标准线段　　比较线段

图9-1　所罗门·阿希从众实验的图例

从众行为在生活中十分常见，诸如随波逐流、人云亦云等现象屡见不鲜。然而，从众行为本身并无绝对的好坏之分，其价值取决于从众的方向与实际效果。具体而言，从众者可能是缺乏主见、盲目跟风之人，也可能是深明大义、顾全大局之士；而不从众者，既可能是固执己见的偏执之人，亦可能是敢于突破陈规、引领时代的先锋人物。关键在于，这种行为是否顺应时代发展潮流，是否符合社会进步要求。从众的影响因素包括：

1.个体特点

在个人方面，一些研究认为从众与下列因素有密切关系：(1)智力的高低。一般说来，智力低者易受群体压力的影响，从众者较多。(2)情绪的稳定性。焦虑多、情绪不稳定者，对外力的抵御性低，易从众。(3)对偏离群体的恐惧。偏离群体的行为会使个体处于一种与众人对立的状态，失去安全感。因此，出于一种自我保护的心理，会选择从众。(4)人际关系的概念。过分依赖他人，看重他人评价者，易受到别人的暗示而更多地表现从众。

2.群体特点

在群体方面，一些研究认为有关的因素是：(1)群体的规模。群体的规模越大，持有一致意见的人越多，持不同意见者感到的压力越大，从众行为越显著。(2)群体的凝聚力与一致性。群体的凝聚力高，群体成员抱成团，个体在其中易从众。反之，群体内出现意见分歧者并得到一些同伴的支持，从众性便会减低。(3)群体成员的成分。如果多数群体成员的地位与能力高于自己，个体就易放弃己见而表现从众。

3.情境特点

在情境方面，主要有：(1)刺激的模糊性。个体在知觉和判断事物时，知觉的对象模糊、不确定或难以把握，个体从众的可能性就较大。(2)反馈的公开性。一般说来，如果个体的意见或知觉结果是公开的，个体所承受的群体压力就较大，从众的可能性会相应增加。多伊奇等人的研究发现，被试在当众和秘密两种条件下对线段知觉问题做出判断时，被试在公开条件下更容易从众。

在大学课堂情境中，一般认为从众行为的发生有两个原因：一是大学生往往相信大多数人的意见是正确的，跟随大多数人会降低犯错误的可能性，因而遇到自己的意见与大多数同学的意见不同时，往往放弃自己的意见。大学生越相信群体信息的正确性，自信心越差，从众的可能性就越大。二是大学生往往不愿意被班级其他成员视为不合群者，为了避免他人的非议或排斥，发生从众行为，与多数人的意见保持一致。

在大学班级管理中，从众有利有弊。一方面，在积极向上的班集体中，大学生的观念与行为与多数人保持一致是必要的。教师要善于利用从众心理，发挥学生干部和党员骨干积极的传染和暗示作用，制造正确舆论和群体压力来影响和改变大学生的不良观念和行为。比如，营造积极向上的班级舆论，大张旗鼓地表扬学习勤奋、乐于助人的学生，有利于学生朝好的方向发展。另一方面，有时多数人的观点并不能代表真理。如果学生没有独立思考，盲目听从别人意见，人云亦云，这对他们独立人格的培养、学习的进步等是有害的。从班级管理的角度看，如果班风不好，不良言行就会通过从众像瘟疫一样在班级蔓延，使自信心不强、意志薄弱的大学生随波逐流。

（二）服从

服从(obedience)是指大学生按照群体要求或他人意志而产生的行为。服从与从众虽然都是在外界压力下发生的，但有着本质的不同。从众虽没有按照自己本愿去行动，却是自愿的；而服从是个人通常不得不去做的，甚至是被迫的。

服从表现为两种情况，一是对正式群体规范的服从，二是对权威人物命令的服从。对正式群体规范的服从，有自觉服从和被迫服从两种形式。在正式群体，多数成员都能以群体规范作为行为准则，自觉服从。例如，多数大学生都能做到自觉遵守校规校纪，上课不迟到、不早退，按时完成作业，考试不作弊等。而对于少数不能自觉遵守群体规范的学生，教师通常是采用奖惩等强化手段，强迫他们服从，以促使他们把外在的群体规范逐渐内化为自身的行为准则，自觉遵守。

对权威人物命令的服从也有两种情况。一种是出于对权威人物的敬仰，发自内心地信服，认为他们是理想的化身和学习的榜样，对于他们的要求毫不犹豫地执行。比如，优秀的大学教师往往在学生心目中具有崇高威望，学生愿意自觉地接受其领导；另一种是迫于权威人物奖惩的惧怕，违心屈服。如大学生为了避免考试不及格和家长的责罚，不得不按照教师的要求而学习。

影响大学生产生服从行为的原因比较复杂。一般而言，个性较强、独立判断能力较高的大学生产生服从行为的频率较低。服从也与社会中的某些合法权力有关。合法权力是社会赋予角色关系一方以职位、权力以及影响力，从而使另一方认为自己应当服从。如社会赋予大学教师教育、管理学生的责任与权力，学生就必须服从教师的正确管理与教导，按照教师的要求行事。

服从是人类社会普遍存在的一种心理现象，在维持社会秩序中起着重要的作用，在学校尤其如此。大学班级正常的教育教学活动，是通过大学生的服从来保证。服从也是教师对学生进行社会化教育的一项重要任务。为了塑造大学生的健全人格，减少其服从的盲目性，大学教师要注意培养大学生的民主意识和参与意识，强调服从各种社会规范的意义和执行方法，而不是一味强调对教师权威的服从。

二、社会促进与社会抑制

（一）社会促进与社会抑制的含义

社会促进（social facilitation），也称社会助长，是指大学生在完成某项任务时，由于他人在场，表现出比自己单独活动效率更高的现象。例如，有的大学生与同学在一起合作学习，思维更加开阔，通过集思广益，完成作业的质量更高。最早对社会促进进行研究的是美国心理学家特里普利特（1898），他通过实验研究发现，青少年骑自行车，在独自、有人跑步伴同、竞赛三种情境中，竞赛时的速度大幅度提高。随后的系列实验研究发现，与他人在一起工作能促进个体能量的释放。

与社会促进相反，社会抑制（social inhibition）是指大学生在完成某项任务时，由于他人在场或共同活动而降低工作效率的现象，也称社会干扰。例如，有的大学生在众人面前发言时紧张，结结巴巴，不得要领。奥尔波特（1924）最早采用实验法研究了这种现象，他让被试独自或在小组中进行划去母音、乘法题计算、逻辑推论等工作，结果表明：被试做前两种工作，在小组中完成得更好；对于第三种工作，则是单独完成的准确率更高。

（二）影响因素

究竟在何种情况下发生社会促进作用或社会抑制作用？这取决于以下因素。

1.作业类型与难度

心理学家扎琼克指出，他人在场，增加了个体的活动驱力，这种驱力的增强对作业成绩的影响依作业性质而定。当作业所需要的反应是熟练或简单的，他人的存在有助于提高个人效率，可发挥社会促进作用。但是，当作业生疏或者难度太大，他人在场反而会破坏个体的表现，使学习效率降低。

2.被他人评价的意识

个人参与群体共同活动，不可避免地会产生被他人评价的意识。个体有自尊需要，总是渴望他人的肯定评价。例如，有的大学生参与集体活动，渴望得到教师的肯定、同学的敬佩，为了达到目的，他们会斗志昂扬、全力以赴行动，争取成功，从而产生社会促进作用。但是如果大学生的这种意识过于强烈，过于看重他人的评价或议论，担心别人的负面评价，就会产生焦虑情绪，产生社会抑制作用。

3.注意的干扰

巴伦的研究表明，他人在场，个体既关注他人又关注工作，当这两种关注的强度都大时，个体的注意容量就无法满足两者的要求，导致注意的冲突和分心，降低工作效率。如大学生在考试时，遇到监考教师往返走动，或者担心考场上的竞争对手太强、题目太难等而患得患失，就不能聚精会神地作答，进而干扰考试能力的正常发挥。

4.他人特征变量

他人的身份、性别等特征变量，同样会对大学生的社会行为产生很大的影响。金盛华和张杰(1995)提出了“性别助长”假设，对于大学生来说，性意识已经成熟，异性的存在会导致特殊的行为效率的提高。而教师的人格特征、教学态度和教学风格等以及同学的学识素养都会对大学生的社会行为产生很大影响。

社会促进与社会抑制在班级群体中是一种普通的社会心理现象。根据这种社会心理现象的原理，在大学课堂上，教师要鼓励学生积极回答问题，促进良好的学习氛围的形成；要根据学生学习任务的难易程度，帮助他们选择不同的学习方式，如是单独学习或是集体学习，促使学生产生社会促进作用；要加强对学生的知识技能训练，增强其自信心，减弱社会抑制的影响；要注重对学生的发展性评价，鼓励同学之间进行积极的相互评价；要积极创造良好的课堂环境，使学生能够集中注意力，促进其身心健康发展。

三、群体规范

(一)群体规范的含义

群体规范(group norms)是群体中每个成员必须遵守的思想和行为标准。群体规范使成员知道，在什么情境下应该怎样行为，不应该怎样行为。群体规范包括正式规范和非正式规范两类。正式规范是在正式群体中，由领导者倡导、明文规定、群体成员认同与遵守的思想和行为准则，是有目的、有计划的教育结果。非正式规范是成员间约定俗成的结果，受模仿、暗示和顺从等心理因素的制约。

(二)群体规范的作用

群体规范的作用可以概括为以下几点：

1. 维护群体秩序

群体规范是群体成员必须遵守的行为准则，有助于维护群体的内部秩序。制定明确的行为准则，对大学生的行为进行规范，可以有效避免冲突和混乱。

2. 增强群体凝聚力

群体规范能够增强成员的集体认同感和归属感。当大学生遵循相同的价值观和行为准则时，更容易形成紧密的联系，从而为群体共同的目标而努力。

3. 塑造群体文化

群体规范是群体文化的重要组成部分。班级规范不仅反映班级的文化价值，还体现院系、学校的历史、传统和价值观。班级规范塑造和强化班级、院系和学校的独特文化。

4. 影响个体行为

群体规范对个体行为具有很大的影响力。当大学生置身于班级中，往往会受到班级规范的影响，从而调整自己的行为以符合班级的期望。这种影响有助于大学生更好地融入班级，实现个人与集体和谐共处。

（三）群体规范的建立

群体规范是教师通过好的纪律、班风来培养大学生好思想、好品德的根据。在大学一年级，建立班级规范很重要，这有利于增强学生的自我管理意识，提高其自我管理能力，培养其良好的行为习惯，形成良好的班风、学风。对于大学二年级学生而言，班级常规变得相对自动化，可是一些新活动还需要教师的直接指导，班级规范还需要教师的监控和维持。对于大学三、四年级学生而言，一些学生变得自由散漫，教师的管理重点在于有效处理学生的一些违反班规的行为，设法去激发学生的参与热情。在大学班级中，创建并维持良好的规范是关系到大学生培养的重要事情。

1. 设定班级管理目标

这是班级管理实现群体规范的出发点和归宿。班级管理目标包括：(1)促进和实现学生的发展。将学生培养成为德、智、体、美、劳全面发展的社会主义建设者和接班人,是班级管理的终极目标。(2)创造有效学习的途径。要让学生理解教师对班级目标的要求和期望,传达让学生参与的信号,指导学生的重要行为,确保每个学生都清楚该怎样参与到课堂活动中(埃默和斯托,2001)。(3)创造更多的学习时间。学生在课程内容上所花的时间与学习效果之间有显著的正相关(温斯坦、罗马诺和米格纳诺,2011)。教师通过让学生积极参与有价值的、合适的学习活动,有效增加其学业学习时间。(4)促进学生的自我管理。教师通过让学生做决策、处理结果、设置目标和重点、管理时间、协作学习、调停争执、发展师生信任关系等方式来学习自我管理(罗杰斯等,1994;贝尔,2005)。

2.建立班级常规和规章

班级常规是班级活动的规定步骤,良好的班级常规有利于大学生形成良好的行为习惯,保证学生的正常学习和生活。班级常规主要包括:(1)学生行为管理,如言谈举止、个人安全等。(2)学生活动,如班会、文体活动、党团活动等。(3)环境维护,如宿舍卫生、院系或学校卫生等。(4)教学运行,如上课要求、课堂秩序、考场纪律等。(5)师生互动,如师生互动方式及要求,学生人际交往的原则。(6)奖惩措施,如班级的奖学助困措施。

大学班级规章的建立要注意以下几点:(1)让学生明确制订班级规章的目的是体现秩序、公平、好习惯和高效率。要从学生需要出发,组织学生共同讨论,让学生明白制订班级规章的目的不是为了"管住"他们,而是为了保证班级所有成员的利益。(2)教师不应凌驾于规章之上,应当是班级的普通一员。(3)要针对班级实际,具有可行性和可操作性。(4)要经历由简到繁、由少到多、相对稳定、调整完善的过程。(5)在内容上,要符合《大学生日常行为规范》、校规校纪以及国家法律法规。只有教师公平公正、赏罚分明、以身作则,班级规范才能得以建立和维持。只有严格按规定办事,才能赢得学生的尊重和信服,促进良好班风的形成。

3.创建班级文化

班级文化(class culture)是班级成员(包括师生)在班级活动中所创造的物质财富和精神财富的总和,是班级成员共同创造的群体文化。班级文化可分为“硬文化”和“软文化”。“硬文化”是一种“显性文化”，属于可以摸得着、看得见的环境文化，也是物质文化。营造“硬文化”要根据课程和教学内容合理安排教室布局，将教室环境设计为适合学生主动学习、小组合作或独立研究的场所。可以在教学楼走廊或者教室墙壁上粘贴一些写有名言警句的书法作品，或者悬挂专业名家和世界名人的画像，或者展示班级争先创优等相关作品。“软文化”则是一种“隐性文化”，包括班级全体成员所共同认同的制度、观念和行为文化。“软文化”是班级文化的核心和灵魂，是班级的本质、个性和精神面貌的体现。营造“软文化”需要明确规定班级管理制度并严格执行，形成制度文化，还可以在班级内提倡勤奋学习、助人为乐、团结互助行为，引导大家形成班集体意识和文明行为。大学班主任可以在班级中开展班级文化建设主题班会活动，通过设计班歌、班训、班徽、班服、班旗，开通班级微信群、QQ 群、博客和“易班”网络平台等方式，让学生参与班级文化建设，共同营造健康向上的班级文化（韩丽红，2017；徐兰英，2019）。

四、群体凝聚力

（一）群体凝聚力的含义

群体凝聚力（group cohesion）是指群体对每个成员的吸引力。它通过群体成员对群体的忠诚、责任感、荣誉感，成员之间的友谊感等来体现。群体凝聚力的强弱是衡量一个班级成功与否的重要标志，对班级管理作用的实现有重要的影响。有研究表明，凝聚力强、人际关系融洽的班级，会使学生产生强烈的自豪感和认同感，促进学生的发展。反之，凝聚力差、人际关系紧张、经常产生摩擦的班级，会使其成员灰心丧气、离心离德，阻碍学生的发展。刘煦，李威（2015）调查了北京城市学院的班级凝聚力，44.5% 的同学认为自己班级的凝聚力一般或很差。刘伟，高莉（2015）对青海大学的班级凝聚力调查研究发现，63.99% 的同学认为本班的班级凝聚力差（王戈弋，2016）。所以，大学教师应采取措施提高班级的凝聚力。

(二)群体凝聚力的影响因素

1.群体成员对目标的认同

群体依靠共同目标来聚合成员。群体成员对群体目标的认同形成了一种共同的忠诚。共同的忠诚是群体成员相互认同的基础。群体成员对群体目标的认同感越高,群体的凝聚力就越强。群体如果缺乏共同目标,或目标得不到广大群体成员的认同,群体就没有将群体成员联系起来的灵魂,就会缺乏凝聚力。

2.群体领导的方式

不同的领导方式对群体凝聚力有不同的影响。勒温、李皮特和怀特的研究表明,民主型领导方式比专制型或放任型领导方式更有利于提高群体凝聚力。教师采用民主型的领导方式可以加强班级成员内部的团结,受到学生爱戴的教师会成为班级团结的核心。教师采用其他的领导方式,会导致学生对教师的盲目顺从、依赖、反抗和自以为是等问题,使班级的人际关系不良,互相争吵,互相攻击。

3.群体目标结构和奖励方式

目标结构是指群体中个人目标之间的相互依赖关系。一般存在三种目标结构,即竞争、合作和独立的目标结构。不同的目标结构采用的人际相互作用方式不同,对群体凝聚力的影响不同。多伊奇等人的研究发现,合作的目标结构有利于增强群体的凝聚力,而竞争的目标结构则会降低群体的凝聚力。

教师对学生的奖励方式有两种,即个人奖励和群体奖励。不同的奖励方式对群体成员的情绪和期望有不同的影响。个人奖励有利于激励个人的积极性,但有离散成员之间关系的负面作用。群体奖励有增强群体成员归属感和认同感,密切彼此关系的作用,但它的负面作用是可能导致群体成员产生依赖感,个人努力不够。从增强群体凝聚力来说,教师应更多地使用群体奖励。

4.群体间的竞争

当一个群体面临外部压力,如存在竞争对手,受到威胁,表现不好会失去荣誉或受到惩罚时,群体内部的凝聚力会大为增强。因此,群体之间的竞争有助于增强群体的凝聚力。

班级凝聚力的强弱是班级发展水平的重要标志，也是培养大学生集体主义精神不可缺少的条件。从维持班级凝聚力的角度来看，教师应着重培养学生间的合作气氛。要帮助班级里的所有学生对一些重大事件与原则问题保持共同的认识和评价，形成认同感。要引导所有学生积极参加丰富的班级活动，包括网上新媒体平台——班级QQ群、微信群、微博等，以及线下交流平台——班会、文体活动、郊游、聚餐等，使班级成员有开放和畅通的沟通渠道，使学生对班级产生自豪感，形成归属感(王云飞，2018)。当学生表现出符合群体规范和群体期待的行为时，教师就要给予赞许和鼓励，使其行为因强化而巩固，形成力量感。

第三节　大学生班级管理中的人际沟通

大学班级中的各种人际沟通都会对班级管理产生重要影响，这关系到班级的建设和发展。师生间积极、温暖、支持的人际沟通能够影响学生的行为反应，如提高课堂活动的参与度、形成更好的批判性思维技巧、提升自尊心、增强学习动机、提高出勤率、减少破坏性行为等。而当前大学中普遍存在师生沟通不足的问题，据蒋庄(2018)对352名大学生的问卷调查发现，70.17%的学生更希望与教师成为朋友与知己，但是事实上仅有6.53%的学生对师生关系感到满意。

一、人际沟通的含义

人际沟通是指人与人之间的信息交流过程，也是人们在共同活动中彼此交流各种观念、思想和情感的过程。人际沟通是大学生人际交往的重要方面，是维护和发展大学生人际关系的基本手段，是大学师生互动交往的重要形式，贯穿于整个班级教育和管理活动的全过程。教师要达到班级管理的目标，要依赖于各种形式的人际沟通。

二、人际沟通的特点

（一）主动性

在人际沟通中，沟通双方都有各自的动机、目的和立场，都会设想和判定自己发出的信息会得到什么样的回答。因此，沟通的双方都处于积极主动的状态，在沟通过程中发生的不是简单的信息运动，而是信息的积极交流和理解。

（二）符号性

人际沟通要借助言语和非言语两类符号，如言语的表达、表情、动作、姿态等。言语和非言语沟通，在人际交往中可能一致，也可能矛盾。

（三）互动性

人际沟通是一种动态系统，沟通双方都处于不断的相互作用中，刺激与反应互为因果，如收信者对发信者发出的信息会给予反应，这种反应作为一种信息又反过来作用于发信者，发信者根据它来调节自己的行为。

（四）理解性

在人际沟通中，沟通双方应有统一或近似的编码系统和译码系统。这不仅指双方应有相同的词汇和语法体系，而且要对语义有相同的理解。语义在很大程度上依赖于沟通情境和社会背景。沟通场合以及沟通者的文化程度、社会地位、职业等差异都会对语义的理解产生影响，理解偏差易导致沟通障碍。

三、人际沟通的过程

人与人之间的思想和情感交流，归根到底是一种信息沟通。人际沟通的一般模型如下（见图9-2）。

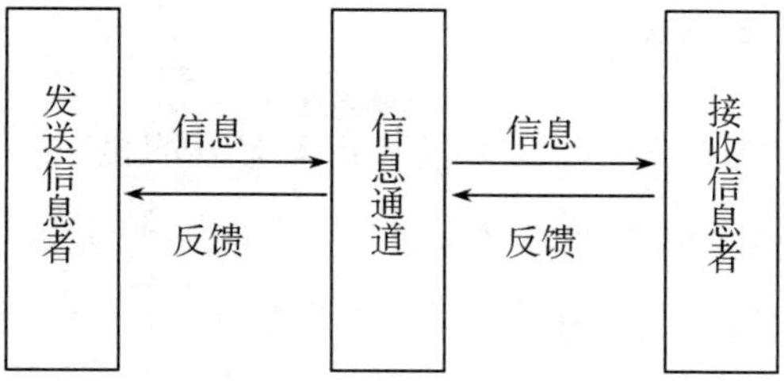

图 9-2　人际沟通模型

(1)信息发送过程,是指信息的发出者确定沟通对象、选择沟通目的、主动发动沟通的过程。(2)信息接收过程,是指信息的接收者根据已有经验,将接收到的信息符号转译。沟通质量取决于信息发送者与接收者之间已有经验的差别大小。(3)信息,是指沟通者试图传达给他人的观念和情感。个体的感受要被他人接受,就必须将它们转化为各种不同的能被他人觉察的信息信号。信息信号中最重要的是词语、表情和肢体动作。(4)通道,是指信息的载体。同一信息经过不同的信息通道传递,其效果大不一样。因此,要注意选择适当的沟通渠道,使之与传播的信息相配合,并符合接收者的需要。

根据以上模型,大学教师在处理学生问题之前,必须首先明白真正的问题是什么,这是与学生交流的第一步。当学生(发送信息者)对教师(接收信息者)大声地说(信息通道)"这本书的内容真糟糕!为什么我们必须读它"(发送信息)时,教师若产生共情并认为学生可能想表达:"这本书对我来说太难了,我读不懂,所以感觉书很糟糕"(接受信息)。这种共情将促使教师调整其语音语调、身体动作、词语表达、教学策略等,进而耐心地为学生分享该书的阅读经验(正确反馈),而不是简单粗暴地批评学生(否则为错误反馈)(安妮塔·伍尔福克,2023)。

四、班级管理中的沟通技巧

沟通是大学教师必备的一项工作技能,现实生活中发生的师生冲突多是师生间缺少良好的沟通造成的,因此,大学教师在班级管理中要注重培养沟通技巧。

（一）重视沟通的第一印象

在与他人交往的过程中，所得到的有关对方的最初印象称为第一印象。第一印象并非总是正确的，但总是最鲜明、最牢固的，并且决定着以后双方交往的过程。在大学师生沟通中，教师给学生的第一印象非常重要。教师初次传递信息的方式，往往决定了与学生沟通的结果，会影响学生对教师的评价。如果教师漫不经心地展开与学生的初次沟通，几句话就会使学生的注意力分散，甚至使他们厌倦，进而拒绝教师所传递的信息。

（二）真诚、尊重与接纳学生

真诚是教师应当表现出开放和诚实，成为表里如一、真实可靠的人。教师真诚的基础是基于对学生的信任和坦诚。教师要开放自己的心灵，不能在学生面前装腔作势、摆出深不可测的架势，而要与学生交心。尊重与接纳，就是教师要相信学生是有价值的人，即使学生有的想法是幼稚、不成熟的，也有其意义。教师要理解学生，给予学生安全感，使学生获得温暖，产生心理需要的满足感。

（三）培养对学生的同理心

同理心要求教师进入并了解学生的内心世界，站在学生的立场去理解他们，设身处地为学生考虑。教师要学会从学生的立场、利益、处境出发，理解学生看问题的思维方式，考虑学生对事物的感受和体验，使学生产生对教师的信任感和安全感，能够在教师面前毫无顾虑地敞开心扉，与教师进行良好的沟通。

（四）采用丰富的沟通方式

班级管理中的沟通充满了语言和非语言、有意传达和无意传达的信息，师生之间的沟通无时无处不在。教师传递信息的方式影响着学生对这些信息的理解和评价。教师说话的语气语调、词汇的使用或省略、与学生眼睛接触的频率、表情姿态等，都在帮助学生接收、理解教师所使用的语言意义。教师只要和学生接触，师生的沟通就开始了，教师要采用言传身教等丰富多彩的方式以实现有效沟通。

(五)善于倾听和归纳总结

倾听是凭助听觉器官接收言语信息，并综合感知觉、思维和感情等心理操作，达到认知理解的过程。美国心理学家梅拉宾(1968)通过对言语和非言语方式的沟通数据的分析发现，在沟通中言语占7%，声音占38%，面部表情占55%。善于倾听是良好沟通的关键技巧。

教师要培养自己积极倾听的能力：(1)排除外在刺激。倾听要设身处地、全神贯注，不带偏见、不带主观情绪，避免错听、错解。在倾听中切身体会学生的思维和情感，鼓励学生畅所欲言。(2)注意言语和非言语信息。要细心注意学生的言行举止，以及在叙述时的犹豫停顿、语调变化及伴随言语出现的各种表情、姿势、动作等，听出言外之意，从而对言语做出更完整的判断。(3)区分信息中包含的理性和情感成分。(4)推断说话人的感受。(5)适当参与和反应。通过鼓励、澄清、释义、情感反映和归纳总结等倾听技巧对学生传达的信息进行反应。主要的倾听技巧概况如下(见表9-1)。

表9-1　倾听技巧一览表

倾听技巧	主要特征
鼓励	教师要运用言语或非言语方式，如微笑、关心、点头、张开手、肯定性短语、重复学生话语中的关键词等，使学生消除顾虑，能够讲述更多信息
澄清	当学生发出模棱两可的信息后，教师要对其信息进行澄清，如“你的意思是……”或“你是说……”这样的问句，重复学生先前的信息，鼓励学生更详细地叙述，检查内容的准确性
释义	教师将学生所说的信息与情境、事件、人物和想法有关的内容进行重新解释，帮助学生注意自己信息的内容
情感反映	教师对学生的感受或信息中的情感内容重新加以解释，鼓励学生更多地倾诉感受，帮助学生认识并管理情绪
归纳总结	教师将学生话语中的多个不同信息联系起来，并重新编排，确定一个共同的主题或模式，清除多余的陈述，回顾整个师生谈话过程

(六)教会学生冲突解决策略

在大学中，舍友之间、同学之间以及师生之间都可能会产生冲突，面对冲突，大学生最常用的解决方式是逃避、武力和威胁。大学教师可以通过主题班会等形式进行冲突解决策略的培训，教会学生通过同辈协商和调解的方式掌握冲突解决策略以及调解他人冲突的策略。美国沟通学家约翰逊(1995)提出了五个阶段的冲突调节策略：(1)共同认识冲突。让冲突双方跳出冲突情境，避免“非输即赢”思想阻碍对问题的认识，让双方的问题解决目标清晰。(2)交换想法。双方均提出一个解决问题的提议，并说明相应的理由。同时，认真倾听对方的想法，保持灵活性和合作性。(3)换位思考。站在对方的角度重新考虑问题，提出意见，并对这个意见进行辩护。(4)提出至少三个建议实现双赢。通过头脑风暴、锁定问题目标等方式共同协商解决方法，相信每一个学生都有能力解决问题。(5)最后达成一致的解决方案，此方案让双方都能实现目标。

第四节　大学班集体的形成与管理

任何学校都由若干班级组成，并非所有的班级都能称为班集体。班集体是班级发展的高级阶段。班集体有明确社会意义的集体目标和维护集体利益的规章制度，集体成员能够以大局为重；有很强的凝聚力，集体成员能够得到集体的关心帮助，感受到集体的温暖，愿意为集体做贡献。在大学，同一个班级的学生有时会分散在不同的教室学习，流动性较大，导致学生相互交流的机会减少，学生容易缺乏班级意识、集体意识，管理的难度和组织集体活动的难度加大。因此，尽快促进班集体形成是大学教师对班级管理的重中之重。

一、大学班集体的形成

大学班集体的发展要经历一个过程，分为四个连续的阶段。

(一)形成阶段

对于新入学的大一新生来说，经过紧张的高中学习后步入大学生活，不仅是学习环境的硬件和软件发生了变化，更是班级环境的改变。新生刚进学校，班级成员之间的交互活动带有相互探询和适应的性质，可能会因文化基础、风俗习惯各异而造成心理压抑感，进而影响新生的学习和生活。教师要引导学生适应变化，做好思想、心态上的准备和调整，积极融入大学班集体。教师要提供给学生多种交往机会，通过班会、文体活动、团体心理辅导等形式让班级成员相互了解，尽快摆脱松散和孤立的状态。

（二）动荡阶段

班级新生经过一段时间的接触与了解，逐步摆脱了拘谨，进入比较坦然表现自己的状态，由起初的焦虑不安到彼此尊重、有说有笑。在教师的引导下，班集体同学如兄弟姐妹一样相互照顾，相互学习。这一阶段，学生在班级中的地位开始分化，出现了集体活动的积极参与者或旁观者，开始出现非正式群体。在这一时期，教师要通过组织丰富多彩的集体活动，使学生取得集体活动的经验，激发他们参与集体活动的热情与建立班集体的意向，促使班级成员的道德观念和行为要求在相互影响下趋向一致，加速同化的进程，为形成班级核心和健康的集体舆论奠定基础。

（三）规范阶段

在同化期的基础上，大学生之间的交往进一步发展，越来越多的大学生有了共同语言和思想，愿意为班级活动的成功付出努力，并在共同活动中形成了相互关心、相互合作的关系。学生干部和班级先进分子成为班集体核心。大学生在班集体井然有序地上课和积极参加学校组织的活动。班集体学生为了能够充分锻炼自己，发展自己，每个人都在为班集体的发展建言献策，创新实践，共同建设良好的班集体。在这一时期，教师应特别注意和重视班级“领袖人物”，通过班级骨干来影响班集体的活动。

（四）成熟阶段

在班级核心层的带动下，班集体形成了关心集体、互帮互助、团结融洽、积极进取的班风、学风，以及积极健康的集体舆论，并对班级成员起着潜移默化的教育作用。班干部认真负责，共同为集体目标的实现而努力。班集体已经成为教育的主体，不需要外来的监督，就能高度自主地进行运转，能主动提出班集体发展的目标和要求，适应外界的各种挑战，集体成员的主动性、创造性得到了充分发挥。这一阶段,教师应重视舆论的作用,并由此来影响班集体成员(段世界,2016)。

二、大学班集体的管理

班级管理(classroom management)是指在师生互动的教学活动中,教师对学生行为的处理方式,包括:避免学生违规行为的发生,培养学生遵守班级规范的习惯,形成良好的班风,加强学生品德教育,提高学生的学习能力,促进学生健康发展。

(一)大学班集体的管理模式

大学班集体的管理主要有四种模式。

1. 树状模式

这种模式以教师为班级管理中的主干。教师并不直接参与对全班学生的管理,而是管理班委会,再由班委会具体参与班级管理。由班委会将教师的管理意图渗透到班级成员中。它的特点是管理结构层次分明,有利于发挥班委会成员的积极作用,锻炼其能力,使学生逐步学会自己管理班级,但不利于教师和学生之间的情感交流与信息反馈。这种模式的操作要点是要注重先行培养班委会成员的管理能力,正确看待和发挥班委会的中介作用,使他们成为管理过程中的"主角"。

2. 网状模式

这种模式以教师为"纲要",以班委会为骨干。教师充分发挥每个学生的特长,调动他们的积极性,使他们由被动接受管教变成主动参与管理,由此形成一种相互影响的管理关系的网络。在这种模式中,每个学生的位置、角色在不断发生变化。例如,在体育活动中,具有体育才干又有较强组织能力的学生处在管理者的地位,而在讲演或文艺活动中,表达能力强、有艺术能力的学生则处在管理者的位置。这种模式有利于发挥学生的主动性和潜能,使其特长和个性在集体活动中得到充分体现。但这种模式对教师提出了更高的要求,教师必须充分了解每个学生的个体差异,注重在不同的管理环境中发挥不同学生的作用。

3. 交叉模式

这种模式的结构开放，班级管理处于整个学校环境中。例如，班集体要接受来自班主任、年级辅导员、教务处、学生处、团委等多方面的管理。其主要特征是：结构倾向于开放，有利于学生接受全方位的管理和多方面规范化的发展。这种模式要求各方面协调一致，否则就会造成管理上的混乱。

4. 轴辐模式

这种模式以教师为中心，整个班级的管理工作都围绕教师的中心意图运作，这样在结构上就形成闭合圆周式，以教师为圆点将管理影响辐射到每个学生身上，形成明确的管理和被管理关系。教师直接参与每个学生、每个事件的管理。这种管理模式能使教师及时掌握班集体发展的动态和学生的情况，但容易使学生处于被动的地位，教师凡事面面俱到也会比较劳累，难以达到更高层次的管理目标。这种模式要求教师要全面关心学生，以情感交流作为联系学生的纽带，逐步形成教师的权威性。

以上四种模式孰优孰劣不能一概而论。教师应该根据班集体的发展水平及师生关系的特点选择恰当的管理模式。

（二）大学班集体的管理策略

1. 情感管理策略

大学教师要关爱学生，真诚呵护学生，使学生感受到教师的关心爱护，让学生体会到班集体是他们在大学当中的“家”，学会如何关心别人，如何为别人着想，正确处理师生之间的矛盾与冲突，形成班级良好的人际关系环境，就能激发学生积极向上的情感，调动学生的积极性，提高班级管理的效果。

2. 自主管理策略

每位大学生都是班集体的主人，教师在班级管理中主要充当组织者和指导者的角色，在组织学生比赛、参观、游览等活动中，教师要帮助学生树立班级为“家”的意识，使每个学生都有平等参与的机会，能够相互配合、大胆探索，使学生能够充分展示自己的特长，发挥自己的能力。另外，对班级干部的选举，教师可以设置多个职位,重视培养班干部的领导才能,使他们能够为班级建设群策群力、团结合作,要培养学生的自主管理意识,使他们能够更好地为班级做贡献。

3.差异管理策略

在班级中不同的学生受遗传、教育和社会环境的影响,其体力、智力、兴趣、爱好、性格等存在差异。教师要从多方面了解学生的成长经历和心理特点,在此基础上因势利导,进行恰当的教育。正如美国教育学家米尔纳(2006)所说:问题的关键并不在于哪种方式是正确的,哪种方式是错误的,而是哪种方式与学生的先前经验和认知方式相符。例如,有的学生需要严厉批评,有的学生需要和风细雨式的说服,有的学生则需要关怀式的温情,给予信心。教师的教育要因人而异,扬长补短,让每位学生都为班级增添光彩。

4.公平激励策略

激励是教师通过适当的奖惩形式,以一定的行为规范和措施,来激发、教育、引导学生的行为,实现班集体目标。美国心理学家亚当斯认为,公平感是影响人类积极性的普遍现象。如果大学生遇到教师不公平的评价,就会产生受挫感,影响积极性的发挥。大学教师要一视同仁地对待每个学生,避免先入为主、主观片面的评价;要设计出衡量大学生品行规范的科学指标,实行量化管理,把公平落到实处。教师要注意对事不对人,增强奖惩的客观性、公正性以及透明度,从整体着眼,从细处着手,激发学生的自觉性和积极性,从而达到学生自我约束、自我提高的目的。

5.榜样激励策略

榜样是根据大学生爱模仿的心理特点而树立起来的一面旗帜,它具有说服力和号召力,容易引起大学生感情上的共鸣,给予大学生鼓舞、教育、鞭策,激起他们模仿和追赶的愿望。榜样可以是社会上的英雄人物,也可以是大学生身边的先进人物。大学生中的先进人物更具有现实性、可信性、可比性,更易为大学生所接受、模仿。大学生会用先进人物的事迹对照自己的言行,检查不足,激发上进心,从而自觉抵制外界的不良诱因,克服缺点,矫正不良行为。教师可以通过QQ群、微信群、班级微博等途径,设立荣誉专栏,展示先进人物的荣誉证书、个人彩照及先进事迹等,激励大学生向他们学习,形成班级学习先进人物的好风尚,使班级在先进人物的带领下欣欣向荣,蒸蒸日上。

本章小结

1.班级是学校的基本单位,也是学校行政管理的最基层组织,是学校为了实现教育目的,按照一定的规章制度和学生人数规模建立起来的教育组织。

2.班级群体是在班级中,为了实现特定的目标,按照一定的规范相互作用、共同活动的组织团体。按照形成方式,班级群体可以分为正式群体和非正式群体两大类。

3.大学班级中常见的群体心理包括:从众与服从、社会促进与社会抑制、群体规范以及群体凝聚力等。

4.班级管理中的沟通技巧包括:重视沟通的第一印象,真诚、尊重与接纳学生,培养对学生的同理心,采用丰富的沟通方式,善于倾听和归纳总结以及教会学生冲突解决策略。

5.大学班集体的形成要经历:形成阶段、动荡阶段、规范阶段和成熟阶段。

6.大学班集体的管理策略包括:情感管理策略、自主管理策略、差异管理策略、公平激励策略以及榜样激励策略。

复习思考题

一、简答题

1.班级群体的心理功能有哪些?

2.大学班集体的形成有哪几个阶段?

二、论述题

1.论大学生班级常见的群体心理。

2.论大学班级管理中的沟通技巧。

3.试论述大学班集体的管理策略。

三、分析题

由于学院学生工作安排,从事教学工作没几年的李老师第一次当上了大学新生班主任。步入教师行业以来,李老师一直朝着传道、授业、解惑的方向努力着,尽到了一个教师应尽的职责,但在班级管理工作方面还是比较陌生,如何管理好这群刚步入大学、充满朝气的大学新生群体,让她时常倍感焦虑。请从班集体形成阶段以及班级规范创建方面谈谈李老师应该如何对新生班级进行管理。

参考文献

安妮塔·伍尔福克.伍尔福克教育心理学[M].12版.伍新春,张军,李娇,译.北京:中国人民大学出版社,2015.

陈琦,刘儒德.当代教育心理学[M].3版.北京:北京师范大学出版社,2019.

冯维.现代教育心理学[M].3版.重庆:西南师范大学出版社,2013.

傅小兰,张侃.中国国民心理健康发展报告(2021~2022)[M].北京:社会科学文献出版社,2023.

刘栋,薛少一.当代视阈下大学生心理健康教育理论与实践研究[M].北京:中国书籍出版社,2018.

张大均.教育心理学[M].3版.北京:人民教育出版社,2015.

张大均.学校心理健康工作保障体系:基于学校社会工作视角的研究[M].北京:科学出版社,2014.

中国就业培训技术指导中心,中国心理卫生协会.心理咨询师:三级[M].2版.北京:民族出版社,2012.

鲍伟红.教师专业发展视野中的教育机智[J].教育理论与实践,2021,41(32).

陈小萍,钱海娟,李玲.大学生学业自我效能感与学习策略、学业归因的关联[J].咸阳师范学院学报,2023,38(6).

龚春芬.双一流建设背景下大学教师社会角色认同的重构[J].汉江师范学院学报,2019,39(3).

谷世乾,李伟.不同教学模式下高校教师教学监控能力影响机制——一个具有调节作用的中介效应模型[J].暨南学报(哲学社会科学版),2021,43(9).

管敏岑,崔岐恩.师生之爱的属性与边界[J].中小学德育,2022(1).

郭俊杰,李芒,王佳莹.解析教学反思:成分、过程、策略、方法[J].教师教育研究,2014,26(4).

韩丽红.易班网络视域下高校班级管理探究[J].长春师范大学学报,2017,36(1).

金羽西,程亮.爱亦有道:师爱实践的正当性探寻[J].教育发展研究,2025,45(2).

靳玉乐,林浩扬,胡瑜洁,等.未来课程的变革趋势[J].中国教育科学(中英文),2023,6(6).

李建伟,胡凌燕.大学教师师爱的核心内涵及其养成研究[J].杭州电子科技大学学报(社会科学版),2024,20(3).

梁明伟.教育家精神视域中的师爱[J].河北教育(德育版),2024,62(10).

龙成志,刘志梅,吴喜雁.大学生自主学习策略对学习绩效的影响:学习动机的调节作用[J].心理技术与应用,2017,5(2).

卢米雪,王睿,王东红.大学生自主学习能力的影响机制研究[J].湖北成人教育学院学报,2024,30(5).

庞上娟.教育现象学视域下高校教师教育机智的内涵、特点及培养策略[J].教育观察,2022,11(11).

邱娟,钟志贤.论努力管理的定义与构成要素[J].江西广播电视大学学报,2011(3).

全晓洁,邱德峰.论人工智能视域下的课程新形态[J].当代教育科学,2020(6).

饶妙,许玉军,邱邑亮.商务英语本科生学习资源管理策略研究[J].集美大学学报(教育科学版),2010,11(2).

谭霞,张正厚.英语学习策略、自主学习能力及学习成绩关系的分析[J].外语教学理论与实践,2015(1).

王戈弋.新媒体作用下高校班级管理研究[J].齐鲁师范学院学报,2016,31(4).

吴超,王心亮.民族院校大学生自我效能感与时间管理倾向:内部动机的中介效应[J].甘肃高师学报,2016,21(1).

武悦,姬伟,郑晓娜.高校青年教师教学反思策略构建[J].牡丹江教育学院学报,2024(3).

夏歆怡,文陈平.教师教育机智的意涵、特点、价值及行动路径[J].教育科学论坛,2022(20).

徐兰英,刘一.社会主义核心价值观融入高校班级文化建设研究——基于河北大学省级优秀班集体的分析[J].河北大学成人教育学院学报,2019,21(1).

杨春,路海东.不同形式的评估反馈对大学生的学习动机和学习成绩的影响[J].心理与行为研究,2015,13(2).

杨颖,杨凡,贺昭婵,等.大学生学习动机与学业自我效能感的关系——以贵州新建本科院校为例[J].集美大学学报(教育科学版),2018,19(6).

张向向,孙征.大学生学习策略的调查研究——以河北省S大学为例[J].宁波教育学院学报,2012,14(5).

张永胜.基于教学反思的高校教师教学效能感提升策略研究[J].开封教育学院学报,2019,39(6).

周海涛,景安磊,李子建.大学生学习策略使用水平及其影响因素分析[J].中国高教研究,2014(4).

周佩云.大学生学习策略和自主学习能力相关性研究[J].山东广播电视大学学报,2016(3).

朱永新.专业阅读:教师专业发展的基石[J].教育科学研究,2009(6).

丁阳.当代大学生学习动机的调查与教育引导研究——基于安徽省高校问卷调查的思考[D].马鞍山:安徽工业大学,2014.

段世界.新时期高校班集体建设研究[D].西安:西安工程大学,2016.

冯文慧.高中英语词汇教学策略的实证研究[D].济南:山东师范大学,2012.

康雅婷.大学生学习动机、学习自我效能感与学习倦怠的关系研究[D].太原:山西财经大学,2018.

吕永琪.大学教师学术责任研究[D].太原:山西师范大学,2023.

马一艺.PBL教学模式对提升大学生体育自主学习能力影响的实验研究[D].武汉:华中师范大学,2023.

万梦君.民办高职院校班级文化建设研究[D].成都:四川师范大学,2013.

王云飞.高校本科班级凝聚力提升研究[D].徐州:中国矿业大学,2018.

韦姗姗.教师教育机智的实践与价值研究[D].桂林:广西师范大学,2023.

吴娟.中国非英语专业大学生学习策略与英语四级成绩的相关性研究[D].郑州:郑州大学,2012.

张国栋.我国高校班级问题研究——以N校为例[D].南京:南京师范大学,2015.

张鸣.在线学习环境下大学生自主学习能力影响因素研究[D].武汉:华中师范大学,2020.